大教育家

最具施教力的教学思想

白刚勋 编著

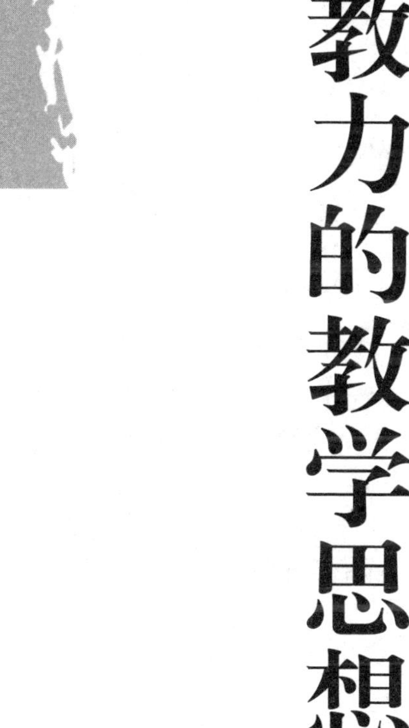

江苏教育出版社

图书在版编目（CIP）数据

大教育家最具施教力的教学思想/白刚勋编著.
—南京：江苏教育出版社，2014.5（2023.11重印）
ISBN 978-7-5499-3821-6

Ⅰ.①大… Ⅱ.①白… Ⅲ.①中学—教学法
Ⅳ.①G632.4

中国版本图书馆 CIP 数据核字（2014）第 030730 号

书　　名	大教育家最具施教力的教学思想
作　　者	白刚勋
责任编辑	午新生　雷利军　张晓兰
出版发行	凤凰出版传媒股份有限公司 江苏教育出版社（南京市湖南路 1 号 A 楼　邮编 210009）
苏教网址	http：//www.1088.com.cn
照　　排	润星之源文化有限公司
印　　刷	唐山富达印务有限公司
厂　　址	唐山市芦台经济开发区农业总公司三社区
开　　本	787 毫米×1092 毫米　1/16
印　　张	16.5
字　　数	244 千字
版　　次	2014 年 5 月第 1 版　2023 年11月第 2 次印刷
书　　号	ISBN 978-7-5499-3821-6
定　　价	78.00 元
网店地址	http：//jsfhjy.taobao.com
邮购电话	025-85406265，85400774　短信　02585420909
E - mail	jsep@vip.163.com
盗版举报	025-83658579

悠悠清风，柳暗花明

教育理论是人们在长期的教育实践过程中经过不断总结、归纳、抽象、概括而形成的理性认识，是由概念、命题、原则等构筑的系统的理论结构，反映着教育活动现象背后的必然的联系。马克思主义认为："一个民族想要站在科学的最高峰，就一刻也不能没有理论思维。"在欧美国家，教育理论是教师的必修课。他们认为，不学习教育理论就不会当教师。一线教师通过学习教育理论，结合自身的教学实践，最终提高教育教学水平，成为一个成熟的教育者。

白刚勋校长通过多年对教育理论的学习，在该书中对中外十五位大教育家的教育思想进行了条分缕析，针对当代教育思想上的"多"与"散"进行了梳理整编，收录了富有时代气息，蕴含时代精神，能反映时代特征的经典教育思想，这些理论符合教育工作者的理论和实践需求。该书在每一种教育思想之后都配置了教育教学案例，形象直观地展示了大教育家思想在具体教学中的应用，使其犹如"悠悠清风"，带给困于当代教育思想之纷繁复杂的读者以"柳暗花明"的清爽之感，是广大教育工作者学习教育理论的上乘佳作。

在内容上，该书为读者提供了两种学习视窗。

第一种视窗是"全景式"的，用简明扼要而又隽永深刻的语言总览现代教育思想，展示教育家最精彩独特的思想观点。

如杜威"从做中学"——让学生在动手实践中学习；罗杰斯"非指导性教学"——让学生主动学习；布鲁纳"发现式学习"——让学生做发现者；维果斯基的"最近发展区理论"——让学生有联系地学习；加涅"九步教学法"——让学生有规则地学习；加德纳"多元智能理论"——让每个学生都成才；洛克"思维能力养成"——让学生开动脑筋学习；赫尔巴特"四段教学法"——让学生有规律地学习；赞科夫"发展性教学"——

让学生有希望地学习；马卡连柯“平行教育影响”——让学生有榜样地学习；马赫穆托夫“问题教学”——让学生在探究中学习；夸美纽斯“泛智教育”——让学生在应用中学习；裴斯泰洛齐“从最简单的要素开始”——让学生简单学习；皮亚杰“认知发展论”——让学生生动学习，陶行知“教学做合一”——让学生综合学习等。

第二种视窗是“点击式”的，用契合教育思想的经典教学案例揭示教育理论内涵，展示教育思想在实际教学活动中的应用，使读者用眼睛点击思想。

他山之石可以攻玉，如作者以特级教师的教学案例分析杜威的“从做中学”的教育思想，对我国正在实施的基础教育课程改革有很大的启发性和指导性。我国基础教育的一个最大问题就是学生动手能力差，创新能力弱。学生死读书、读死书的情况至今还相当严重。当前国际教育界流行着三句话：“听到的忘得快，看到的记得住，动手做学得会。”其中蕴含的观点与杜威几十年前倡导的观点不谋而合，因此，在教育教学活动中，强调知与行、学与做的统一，鼓励、引导学生“从做中学”，应该成为教育教学工作的一个重点。

苏霍姆林斯基指出：“只有当知识成为精神生活的因素，占据人的思想，激发人的兴趣时，才能称之为知识。”积极性、生命力，是知识得以不断发展、深化的决定性条件。而只有不断发展、深化的知识，才是活的知识。只有在知识不断发展的条件下，才能实现这样的规律性：学生掌握的知识越多，学习就越容易。大教育家的教育思想是对教育家实践经验的理论总结，所以我们在研读时，要结合自身的教育教学实践，反思自己的教育行为，运用教育理论改进教育教学，在运用理论的过程中加深对教育理论的理解，从而真正将教育家的经验变成我们自觉的教育实践，学以致用。

张志勇

目录

让学生在动手实践中学习

——杜威“从做中学”

（一）杜威及“从做中学”思想概述

约翰·杜威（1859—1952），美国著名哲学家、教育家，实用主义哲学的创始人之一，机能主义心理学的先驱，美国进步主义教育运动的代表。

19世纪美国流行的是殖民时期沿袭下来的传统教育，它要求学生坐在固定座位上聆听讲解或背诵课本，使学生全然处于消极被动的状态，而教师则强硬向学生灌输与生活无关的教条，教学完全脱离社会现实且不符合儿童身心发展的规律。结果，不仅无法使学生掌握真正的知识，反而激起学生极其严重的厌学情绪，扼杀了学生的创造才能。

当时杜威是传统教育的改造者，是新教育的拓荒者。杜威提出，学生必须在与环境相互作用的过程中学习和成长。将学生关在课室里，单纯向其灌输书本上的知识，既不是真止的学习，也无法带来真正的成长。杜威认为教育的本质是“学生的成长”，成长就是经验的不断改组或改造，而在传统的学校里不会有经验的发生和改造，因为其教学脱离了生活。经验只有在生活中才能发生，才能改造，学生也只有在行动中、在实践中、在与环境的相互作用中才能有真正的成长。

杜威的主要教育著作有：《我的教育信条》（1897）、《学校和社会》（1899）、《儿童与课程》（1902）、《民主主义与教育》（1916）、《明日之学校》（1915）、《经验与教育》（1938）等。

杜威一生都在对现代教育进行探索，在理论和实践紧密结合的基础上构建起实用主义教育思想体系。

这一思想体系是在实用主义哲学、机能主义心理学和民主主义信念的理论基础上构建起来的。综观他的教育思想体系，他系统阐述了教育与生活、学校与社会、经验与课程、知与行、思维与教学、教育与职业、教育与道德、儿童与教师八大关系。

在教育与生活的关系上，他提出了“教育即生活”的观点，强调教育就是生活的过程；在学校与社会的关系上，他提出了“学校即社会”，强调学校应该是一个雏形的社会，学校生活就是社会生活；在经验与课程的关系上，他提出了“课程教材心理化”，强调课程应该以儿童现代生活的经验为根基，在课程教材和儿童心理之间建立联系；在知与行的关系上，他提出了“从做中学”，强调知与行的结合，“从经验中学”，“从活动中学”；在思维与教学的关系上，他从“思维五步”出发，提出了“教学五步”，强调教学活动应该唤起儿童的思维，培养他们的思维能力；在教育与职业的关系上，他提出了把职业教育与普通教育结合起来，使儿童养成一种对其工作或职业的明确态度；在教育与道德的关系上，他提出了“学校道德的三位一体”，主张通过学校生活、教材和教学方法三个方面来进行道德教育；在儿童与教师的关系上，他赞同和提倡“儿童中心论”，强调学校的一切应该为了儿童的发展。

杜威的实用主义教育思想不仅在美国，而且在世界上许多国家产生了广泛而深刻的影响。杜威曾于 1919 年 4 月到 1921 年 7 月在中国访问和演讲，胡适、陶行知、陈鹤琴等趁势在中国教育界推介了杜威的教育思想。

早期教育的倡导者之一卡尔·威特牧师，把他的并不聪明的儿子小威特培养成为举世瞩目的神童。威特牧师是怎样做到的呢？

原来从小威特三四岁的时候起，老威特就每天和他一起散步。在散步的这一两个小时里，他们总会探讨各种知识。比如，老威特会摘下一朵野花，告诉小威特关于野花的知识；或者捉只小虫，教小威特一些昆虫学知识。所有的草木和景物都能成为教育素材。老威特总是先唤起小威特的求知欲，然后根据他的兴趣对这些问题进行讲解。这种教学并不是刻意的，老威特并没有严格地把这些知识进行学科上的分类，而是生活化地随意教授。

除了动植物学知识外，为了扩大孩子的知识面，老威特还教给小威特许多地理知识，他们学习地理知识的方法非常生动。父子俩常常一起到村庄附近散步，在基本了解邻村的地理状况后，两人会登上村里的高塔通观整个地形。然后，由小威特画出简略的地图，画好以后，父子俩再次去实地考察，并在那幅地图上标出道路、森林和河流等。修改好自己画的地图后，他们会到书店买来印刷的正规地图，与自己画的进行对比。在这样的训练下，小威特轻松地理解了那些复杂的地理概念。老威特还采用了类似的方法来教小威特物理学、化学和数学等知识，同样取得了惊人的效果。

从做中学，从与环境的相互作用中学，并唤起孩子的求知热情，让他主动地学习和提问。这就是小威特成长为天才的秘密。

在杜威看来，“从做中学”充分体现了学与做的结合、知与行的结合。“从做中学”，实际上就是“从经验中学”，“从活动中学”。

杜威认为，“从做中学”有三个方面的依据。

1. “从做中学”是自然的发展进程的开始

在《民主主义与教育》一书中，杜威明确指出：“人们最初的知识和最牢固地保持的知识，是关于怎样做的知识。例如，怎样走路、怎样谈话、怎样读书、怎样写字、怎样溜冰、怎样骑自行车、怎样操作机器、怎样运算、怎样售货……应该认识到，自然的发展进程总是从包含着从做中学的那些情境开始的。”他还认为，美国许多进步学校的实验表明，正是通过“从做中学”，儿童得到了进一步的发展，获得了关于怎样做的知识。而且，“随着儿童的成长以及他对控制身体和自然环境的能力的增强，他将接触到周围的生活中更为复杂的知识和理论”。

2. “从做中学”是儿童的天然欲望的体现

杜威认为，儿童充满了生机与活力，生来就有一种天然的欲望，要做事，要“工作”，对此，教育工作者要加以引导。他强调，儿童“要是看见人家做事，就要动手，最不愿意旁观”，对于这种天性，教师应该适当引导，让它发展起来。如果教师忽视了这些，在讲课中让教科书占据主宰地位，其结果只能是使学生的思维变得迟钝。

3. “从做中学”是儿童的真正兴趣所在

杜威认为，成长中的儿童的兴趣主要是活动，如果缺乏正常的活动，儿童就会感到不安和烦躁。因此，要使儿童在学校里保持愉快，就必须让他有事可做，而不是整天静坐在课桌旁。杜威说："当儿童需要时，就该给他们活动和伸展躯体的自由，并且能给他们提供真正的练习机会。这样，当听其自然发展时，他们就不会过于激动、兴奋，以致急躁或无用地喧哗吵闹。"

"从做中学"的含义在于，它不完全针对教学，而是"涉及一切活动，包括使用材料、用具以及使用各种有意识地用以获取结果的技巧，包括一切形式的艺术活动和手工活动，还包括要动手的科学研究，对研究材料的搜集、对器具的管理以及记录实验情况所需的活动程序等"。由此可见，杜威所指的"做"包括艺术创作、手工活动和科学探究三方面，而且，他在教学实践中更重视手工活动。他要求在课堂中为儿童准备能够充分活动的场所和适合儿童活动所需的各种材料、工具，要在学校里设实验室、工厂、园地等，让儿童在活动中学习。

杜威也非常重视科学方法，他认为"在时间先后和重要程度上，把科学作为方法的看法优于把科学作为事实材料的看法"。从实用主义的角度出发，他认为科学方法应该对任何学科都有效。所以，他把科学方法作为教育的基本目标，作为"做"的依据和程序。杜威把科学方法分成以下五个基本阶段：(1) 出现一个问题情境；(2) 将起初的疑问确定为一个有待解决的问题；(3) 提出解决问题的种种假设；(4) 判断各种假设的含义和结果，从中选择最有可能解决问题的假设；(5) 投入解决问题，证明假设。

杜威强调学生的本能和兴趣，他认为，学生"从做中学"时，必须排除外部的强制或命令。杜威建议取消讲授，采用以答疑和活动作业为主的教学方式。他认为教师"应该是一个社会集团（向儿童与青年传授学问的集团）的领导者。他的领导，不是以地位，而是以其渊博的知识或成熟的经验。……教师之所以有权为教师，正是因为他们最懂得儿童的需要和发展的可能，从而能够计划他们的工作"。他认为要实现"从做中学"，"与其说是通过专门设计来使课程更有活力和更具体，或者通过取消教科书以及师生间过去那种储水池和抽水机般的关系来达到的，不如说是通过给儿童一个充满了要做的有趣的事的环境来达到的"，并认为"一个良好设计的检验标准是，它是否足够充分和足够复杂，向不同的儿童要求各种不同的反应，并允许每个儿童自由地去做，而且按照自己特有的方式做出贡献”。

具体地说，“从做中学”具有如下几方面意义。

1. “从做中学”体现了现代教育的特征

在杜威看来，“从做中学”将会增强教育与生活、学校与社会之间的密切联系。如果我们的教育能使儿童天生的主动性在工作和活动中得到充分的调动，同时培养儿童的观察力和想象力，那么，这种教育才是现代社会需要的教育。

2. “从做中学”有助于学生的全面发展

杜威认为，无论在身体和心理上，还是在智力和道德上，“从做中学”对儿童的全面发展都具有重要的作用。从身体上来说，它促使儿童经常活动，从而有利于儿童的手和眼的协调；从心理上来说，它使儿童提高了自制力，增强了自信心；从智力上来说，它使儿童获得了知识，锻炼了能力；从道德上来说，它使儿童更好地了解社会，从而培养社会性习惯以适应新的环境。

3. “从做中学”引起了课堂教材的变化

杜威认为，用“从做中学”代替“从听中学”，必然会促使学校教材、课堂教学发生变化，如果教师以“从做中学”的方式来“扩大儿童的经验”，就可以大大增强教学效果。我们都知道，儿童在进学校以前所学的东西，没有一样不是与他的生活有直接联系的。他既没有阅读书本，也没有得到关于火或食物性质的说明，而是被火烧了一下或自己吃东西，这就是“从做中学”。因此，学生也应当在学校中做些事情。

杜威“从做中学”的教育思想，对我国正在实施的新一轮基础教育课程改革有很大的启发性和指导性。我国基础教育面临的一个最大的问题就是学生动手能力弱、创新能力不强，学生死读书、读死书的情况至今还相当严重。正所谓“听来的忘得快，看到的记得住，动手做学得会”，其中蕴含的观点与杜威倡导的“从做中学”不谋而合，因此，在教育教学活动中，教师应强调知与行、学与做的统一，鼓励和引导学生“从做中学”。

（二）“从做中学”经典案例

【案例 1】

上海市特级教师、浦东名师贾志敏老师，在教学生写作文时，让学生“从做中学”，取得了非常好的教学效果。下面是贾老师“记一件________事”作文指导课实录：

第一课时

一、让学生练习找中心句（略）

二、引导学生仔细观察

师：（出示一个大橘子，放在学生容易看见的位置）这是一个橘子。（板书“这个橘子真可爱”）谁来读呢？

（一学生读）

师：读得一般，谁再试一下？

（另一学生读，“这个”拖调了）

师：不是念“这——个”，应该念“这个”，语速要快些。你读。

（学生读）

师：你读得真好！大家一起读。

（学生齐读）

师：（板书“啊”）在前面加一个“啊”，谁能读好？

（学生读得不错）

师：啊，这个橘子真可爱！怎么“可爱”了，要用事实说话，要表达形象，要把话写具体。怎样写具体？要——（板书“观察”），观察，指的是以看为主，对事物进行调查。观察要——（板书“仔细”），如果要写这个橘子，你们可以从哪几个方面来观察？

（学生说了颜色、形状、大小，教师板书）

师：小朋友真聪明！还有吗？

（见学生不举手，老师走过去，拿起橘子，作了一个“掂”的动作）

生：（脱口而出）重量。

师：（板书“重量”）好！再近一点呢？

（教师把橘子放到鼻子前，做出嗅的动作）

生：（抢答）味道。

师：（反问）是味道吗？鼻子能知道它的味道吗？

生：（恍然大悟）香味。

师：（板书"香味"）再仔细观察。

（特意展示了橘子带叶的柄）

生：这个橘子上有叶子。

师：一般橘子都没有，这是这个橘子的个性——（板书"特征"），现在剥开橘皮，你就看到——

生：橘瓤。

师：一尝就知道——

生：味道。

师：这样观察就仔细了，如果把观察到的内容写下来，也就具体了。

（板书"写得具体"）

三、指导学生具体写作

师：光写具体还不够，文章还要生动，怎么写才生动呢？那就要展开想象（板书"想象"），想象要合理（板书"合理"）。把你想象的写进去，文章不就具体、生动了吗？

（教师手拿橘子，引导学生边看边展开想象）

师：颜色——

生：黄中带绿。

生：黄中透绿。

师："透"字用得好，这说明绿色是慢慢显现出来的，很淡。形状——

生：圆溜溜的。

生：像一个小南瓜。

师：大小呢？

生：有我的拳头那么大。

师：请你掂一掂，它大约有多重？

生：（用手掂了掂）大约有二三两。

师：（把橘子送到一个学生面前）你闻闻。

生：清香。

（又送到另一个学生面前）

生：一股淡淡的清香。

师：对，不是刺鼻的香。再看特征，橘子上有叶子，像什么？

生：像顶着一个小小的帽子。

师：再想开去，它一定是——

生：它一定是刚被摘下来，一定很新鲜，一定很好吃。

师：（剥开橘皮，请了一名学生）你数一数，一共有多少片橘瓤？

（学生数了数，共有12片）

师：它看着像什么呢？

生：像含苞欲放的花骨朵。

生：好像12个胖娃娃围在一起说悄悄话。

师：你们尝一尝，什么味道？

生：甜滋滋的。

生：甜中带点酸。

四、学生练笔，教师评价

师：我们以“啊，这个橘子真可爱”开头写一段话。

（学生练笔后交流）

生：啊，这个橘子真可爱！

师：你读出了感受，我听了，也觉得这个橘子很可爱。

生：它黄中透绿，扁扁的，像个小南瓜。

师：写得形象。这么一想象，文章就生动了。

生：又像节日里挂着的灯笼。你看！你看！

师：好！这儿为什么要用两个“你看”呢？可以更好地表达出惊喜的感觉，小孩子就喜欢这样说话。

生：放在手上掂一掂，沉甸甸的。放在鼻子前闻一闻，有一股淡淡的清香。

师：“闻”“有”可以去掉。另外，“放在鼻子前一闻”和“一股淡淡的清香”中间缺了一个字。你再读，读好了，语气出来了，这个字也就出来了。

生：（一连读了好几遍，直到仿佛为清香所陶醉时，“啊”字脱口而出）放在鼻子前一闻，啊，一股淡淡的清香扑鼻而来。剥开橘皮，我一数，一共有12片瓤，它们多像12个胖娃娃围在一起说悄悄话。

师：加上“着”和“啊”，再读一下。

生：它们多像12个胖娃娃围在一起说着悄悄话啊。我摘下一片，放在嘴里。

师：“放”，是把东西放在桌子上、阳台上等，嘴是一个腔囊，应该说“放进”。

生：我摘下一片，放进嘴里，咬上一口，甜滋滋的，还有点酸溜溜的感觉。

师：是感觉？

生：还带有酸溜溜的味道。真是“吃在嘴里，甜在心里”呢。

师：这位同学写“吃”用了12个字，三个动作“摘下一片，放进嘴里，咬上一口”。写得比较细腻，文句通顺，很好！

第二课时

一、师生表演

师：上一堂课，我们一起观察了橘子，大家边看边想，通力合作，最后，对这个橘子的描述就形象、生动了。这一节课，你们先观看一个小品，也请大家边看边想，然后把这个小品叙述清楚。谁愿意当小演员？

（学生纷纷举手，一名男生上台）

师：我们合作，一起演爷孙俩，好吗？

（学生高兴地表示同意）

师：我先给大家介绍一下这个小品的故事梗概。一天晚上，一个叫小明的孩子正在家里做作业，到7点了，爸爸妈妈还没有回来，小明饿坏了。这时，爷爷来了，还带来了一个大橘子。这个橘子又大又新鲜。小明好不开心，他剥开皮刚想吃，突然想起平时爷爷那么关心自己，什么都舍不得吃，现在，他也要尽一份孝心，把这个橘子留给爷爷。但是，他又怕爷爷不肯吃。怎么办呢？于是，他故意说这个橘子是酸的。爷爷听说这个橘子是酸的，便抢过橘子不让小明吃。爷爷吃了橘子以后，发现橘子并不酸，还很甜，心里很纳闷儿。这时，小明见爷爷吃了橘子，便高兴地叫道：“爷爷上当了！爷爷上当了！”

（师生共演小品，表演很成功）

二、概括要点，进行练笔

师：你们看了老师和这位同学演的小品，能不能用几句话概括一下主要内容？

学生回答，教师完成以下板书：

①晚上，爷爷回来了，还带回一个大橘子。

②这个橘子真可爱，吃起来一定很甜。

③我想给爷爷吃，又怕他不肯吃，便故意说橘子是酸的。

④爷爷抢过橘子吃了，发现橘子很甜。

⑤我高兴地说：“爷爷上当了！”

师：这位同学概括得很好。如果一位小朋友真是这么写的，并把它当作一篇作文交给了老师，你们说，老师会满意吗？

生：不满意，因为他写的内容不够清楚、具体。

师：对，它缺少具体的内容。写作文要注意用事实说话，要表达清楚，不说空话，不说套话。比如，“晚上，爷爷带回一个大橘子”，写“晚上”，可以从天色、时间等多个角度去写。“我想给爷爷吃，又怕他不肯吃，便故意说橘子是酸的”，这里有心理活动，为什么要把橘子给爷爷吃，为什么觉得爷爷不会吃，等等。小明的这些心理活动都要写出来。“故意说橘子是酸的”，怎么做动作？怎么装出“故意”的样子？如何把这几个“怎么样”“为什么”写清楚、写明白，这篇作文就具体了。

（学生进行扩写）

三、当堂评点

（教师请5名学生上台交流写好的作文）

师：俗话说，“三分文章七分读”，这说明朗读很重要。文章写得一般，如果读得好，也可以给文章增色不少。

生1：屋外一片漆黑。

师：“屋外”改成“窗外”更好。

生1：窗外一片漆黑。家家户户的厨房里都飘出了饭菜的香味。唉！都快7点了。

师：没有用“晚上”二字，而写的全是晚上。

生1：家人怎么还没有回来呢？

师：把“家人”换成“爸爸、妈妈”。

生1：爸爸、妈妈怎么还没有回来呢。我的肚子都快饿瘪了。还好，不一会儿，爷爷回来了，他惦记着我这个小馋猫，变戏法似的从口袋里摸出了一个大橘子。

师：表达清楚，语句流畅。很好！

生2：啊，这个橘子真可爱。圆溜溜的，像个小南瓜。

师：你展开了想象，比喻十分恰当。

生2：它金灿灿、黄澄澄的。我用手掂了掂，大约有二三两重。你瞧，你瞧……

师：“你瞧，你瞧”表示惊讶，能引起读者注意。

生2：橘子上面还顶着一片绿叶呢，多像戴着一顶绿色的小帽子。我想，它一定是刚从树上摘下来的，一定十分新鲜，吃起来一定十分可口。

师：推断合乎情理，一连用了三个“一定”，构成排比句，读起来通顺流畅。

生3：我突然想到，爷爷平时总是把好吃的东西给我，凡是不好吃的，他都抢着吃。这么一个甜橘子，我一定让他也尝尝。

师：“一”可以去掉，更简练。

生3：这么个甜橘子，我一定让他也尝尝。可爷爷一定不会吃的。

师：爷爷怎么“不会吃”呢，换成“不肯吃”就准确了。

生3：可爷爷一定不肯吃的。这可怎么办呢？

师：好一个设问！

生3：我踱着步子，左思右想。

师：我这么个六十多岁的老人思考问题才“踱着步子”呢，你这么个孩子怎么像个老人了？改一改。

（教师做出歪脖子思考的样子）

生3：我歪着脖子，左思右想。突然，一拍脑门，有了！

师：语句轻快，写得很好！

生3：我摘下一片放进嘴里，左手捂着脸，歪着脖子，叫起来：“爷爷坏，坏爷爷，这橘子真酸，不好吃！”

师：这儿写“我”的心理活动，十分细腻，烘托了“尊老、爱老”的主题。

生4：正做饭的爷爷连忙跑过来，抢过我手中的橘子。

师：“抢”在日常生活中是不文明的行为，然而这里用上“抢”字却再恰当不过了，写出了爷爷对“我”的疼爱。

生4：取下一片就往嘴里塞，咬了几下，奇怪地问我：“孩子，这橘子不是很甜吗？”

生5：我见爷爷上当了，就捂着嘴笑了，爷爷正疑惑不解时，我一蹦三尺高，边鼓掌边大声叫：“爷爷上当了！爷爷上当了！”

师：“爷爷上当了”为什么要说两遍呢？小孩子高兴起来就是这样，写得活灵活现。

生5：爷爷这才恍然大悟，搂着我，捏着我的小鼻子，说：“真是我的乖孙子！”

师：这几位同学写得都很清楚，很具体，我们向他们表示祝贺！

（学生鼓掌）

四、起题目

师：这篇作文很生动，咱们一起来给它起个题目吧！可以从文章中摘录一个词语或短句作为文章的题目。

生：爷爷上当了。

师：好！如果用“我”作题目呢？

生：我骗爷爷吃橘子。

师：“骗”要加引号。

生：我哄爷爷吃橘子。

生：我笑了。

师：多么富有诗意的题目。

生：我让爷爷上当了。

师：都不错。语文老师平时出的多是这样的题目。（板书“记一件________事”）你们填一下这个题目。

（学生说了很多，如难忘的、高兴的、快乐的、有趣的、有意义的、印

象深刻的、值得回忆的等）

师：如果按地点来起题目呢？

生：发生在家里的一件事。

师：按时间呢？

生：发生在晚上的一件事。

师：按事情的大小呢？

生：记一件小事。

师：同学们，这些都能作为这篇作文的题目。题目是文章的眼睛，起到揭示文章中心的作用。作文有点像拉面，一个面团，拉长以后，一折二，二折四，四折八……面条越拉越细，最终拉出的面条竟然比机器上轧出的还要细。写作文也是由一句话变成几句话，而后再由几句话变成数十句话、数百句话。

作文，是写出来的；好作文，却是改出来的。改作文，几遍才算好呢？我的体会是，一百遍不多。谁改得多，谁就进步快。希望同学们多读多改，把文章写得更好。

下课——

由观察到想象，由想象到片段描写，紧接着，调动学生的经验世界，把片段扩充成文。这样，使本次习作借描写橘子融入了伦理教育和情感熏陶的内容，体现了一种开放的作文教学思维，让学生在动手中体验，在情境中感悟。这对于活跃作文教学的课堂气氛是一种非常有益的探索，值得广大教师思考和借鉴。

用贾老师的话来说，学生的作文可分为两大类：一类是练习作文，一类是生活作文。长期以来，小学生的作文一直以形式机械、内容干瘪者居多。而贾老师的这堂作文指导课却形式灵活、内容丰富且充满着趣味与“做”的智慧。正如他所说：“作文就像拉面，要长就长，要短就短。”贾老师的作文指导课，可以与广阔的生活时空相联系，从而不断地扩充内容，丰富情感；也可以抓住要领，不断抽丝剥茧，直至浓缩为题目。这种教学思路、教学风格与杜威“让学生在动手实践中学习”的思想是一致的，应该能使教师受到很大的启发。

贾老师说，要让学生将一个情节写得具体生动，就要让学生在具体情境中亲身感受，在感受中学会准确地用词造句，而且“亲自做”还能发展学生的观察能力和思维能力。苏霍姆林斯基认为，传统语文教学的重大弊病是语言与思维相脱离，而学生书面文字的贫乏和苍白无色，其主要原因是“学生未能把词和词组的鲜明的表象，跟周围典型的事物和现象结合起来”。因此，要提高学生的作文水平，不能局限在语言训练的小圈子里，而要像贾老师那样探索学生写作的心理机制，把思维训练和语言训练紧密地结合起来，在“做”中逐步培养学生的写作技能。

通过践行“从做中学”的思想，贾老师理顺了作文教学中各种关系，创造出一套完整的，以“高”“趣”“真”“活”“实”为特色的作文教学经验，值得广大语文教师学习借鉴。

【案例 2】

以下是临沭县双语实验学校李秀梅老师讲授《火车开啦》一课的教学实录：

（李老师先播放音乐，接着，让学生猜谜语，玩游戏）

师：同学们，你们喜欢猜谜语吗？

生：非常喜欢。

师：今天，老师给大家带来一个谜语，看哪位同学最聪明，最先把它猜出来。轰隆隆，轰隆隆，一条长龙多威风，跨大河，穿山洞，“呜”的一声到北京。

生：老师，我知道是什么，是“火车”。

师：真聪明！现在谁来模仿一下火车的声音？

生：我来！火车的声音是，“呜——呜——呜——”。

生：不对，火车的声音应该是，“咔——嚓——咔——嚓——”。

师：模仿很到位！谁能再用动作模仿开动的火车？

（学生展开讨论，并分组模仿）

师：同学们模仿的真像是开动的火车！不过，在火车开动之前还需请大家帮个忙。随着科学技术的发展，农民伯伯科学种田，生产的水果、蔬菜大丰收了，司机叔叔要把它们运到城里。这些水果、蔬菜的名字是用节奏来表示的，谁来帮司机叔叔清点、搬运？

（学生拿着教师事先发的卡片站成一排，李老师把“火车”图贴到黑板上）

师：现在老师来当司机，点到谁手里蔬菜的名字，谁就举手，然后把它装到车厢里。

（李老师拍节奏，学生贴卡片）

师：全部装好！司机叔叔发出命令，时间到了，火车要开啦！让我们一起听着小朋友的歌声，随司机叔叔到很远的地方看看。

（学生边随音乐做动作，边欣赏歌曲）

师：这首歌曲就是我们今天要学习的第九课《火车开啦》。

（李老师又播放一首歌，让学生自主学习，感受音乐）

师：同学们欣赏了这首歌曲，能找出歌中相同的乐句吗？

（学生纷纷举手发言）

师：下面我们一起随音乐轻声模唱歌曲的旋律。

（学生拍手、拍腿模唱）

师：同学们模唱得好极了！谁能有感情地朗读歌词？

（一学生有节奏地朗读起来）

师：读得这么有感情，相信一定能唱得更好。

（学生又随音乐有感情地唱）

师：大家讨论一下，这首歌曲表现了司机叔叔怎样的心情？

生：高兴、愉快的心情。

师：很好！请问，同学们见过火车吗？坐过吗？谁能说一说坐火车的心情？

（学生争相发言）

师：假如你就要坐火车到北京去，或者到你非常想去的地方，当火车“咔——嚓——咔——嚓——”开了的时候，你心情怎样？

生：高兴！

生：激动！

师：同学们，现在老师要带你们去旅游了，你们想到哪里去呢？

生：老师，我想去北京。

生：老师，我要去青岛。

生：不，老师，我们去上海吧！

师：好，好！不过，今天咱们先去北京看看吧！

（学生集体赞同）

师：谁来当导播员？

生：老师，我来当。

师：好！现在请导播员播音。

生：旅客朋友们，大家好！欢迎您乘坐××次列车。火车就要出发了，请您带好行李，注意安全，祝您旅途愉快！

（学生在祝愿声中，集体表演）

师：咱们的旅程马上就要结束了，现在我们应该用什么形式把学过的歌曲展示给大家呢？

（学生分组讨论，然后表演展示，交流评价，最后教师总结）

低年级学生爱动、爱唱，喜欢表演，即他们爱“做”。案例中，李秀梅老师让“唱”贯穿教学的始终，既抓住了学生的注意力，迎合了学生爱表现的心理，又激发了学生的学习兴趣，使本课教学达到了良好的效果。

首先，音乐的律动使学生受到熏陶。教师鼓励学生用形象的肢体语言，表达自己对音乐的感受和理解，培养了学生的韵律感、形体美感，使学生的情绪受到音乐的感染。

其次，李老师以猜谜语的形式导入课堂内容。这样的导课富有情趣，激起了学生的兴趣和求知欲。教师用节奏代替蔬菜名称，让学生感到新奇，他们“帮忙清点，搬运蔬菜”，兴致高涨。李老师将游戏与音乐有机地结合起来，为新课学习作铺垫，调动了学生学习的主动性和积极性。

再次，李老师让学生转换角色——做旅客。学生在活动过程中不知不觉地融入了情境，提高了演唱水平，也提高了想象力及合作能力。这种寓教于乐的教学方式，既增强了学生的学习兴趣，又将知识性、思想性、趣味性融于一体，收到了良好的教学效果。学生自主学习，老师加以点拨，从而充分发挥了学生的主体性，培养了学生的自学能力。通过让学生分组讨论，合作探究，增强了学生团结协作的意识。让学生参与表演，自主评价，锻炼了学生的胆量，培养了学生的语言表达能力及动作的协调性。

最后，李老师以“结束旅程”的形式结课，让学生有一种身临其境的感觉。学生唱着歌曲走出教室，沉浸在音乐的美感之中。

整个教学过程中，学生在师生共同创设的“做”的情境中学习，在生动多样的活动中受到美的熏陶，体会音乐带来的乐趣，培养了想象力和审美情趣。

案例中，李老师走出传统的教学模式，让学生在“做”中学习，在“做”中思考，在“做”中体验，由做而乐，由乐生爱。由此，在积极的学习氛围中发展了学生的智能，培养了学生的创造力，使他们越学越聪明，越学越爱学。

（三）践行“从做中学”应规避的误区及高效策略

1. 应规避的误区

杜威的教育理论和教学思想博大精深，是我们进行教育革新的重要参考。但他的理论也存在一定的局限性。教师应以历史的辩证的眼光，取其精华，去其糟粕。

（1）过分强调直接经验

杜威的“教育即生活”的学说，在克服脱离社会现实和不顾儿童身心发育的教育弊端方面，是富有积极意义的。但就人接受教育的实际途径看，除了通过直接经验接受教育外，通过间接经验接受系统的知识教育也是极其重要的，系统的知识传授也应该是学校教育的中心工作。

（2）否定学校教育的特殊职能

杜威强调教育应与实际的社会生活协调一致。通过把学校办成“小社会”来让学生获得直接经验的设想，相对于过去“只让学生读死书”的学校教育，应当说是一种进步。学校应当给学生提供动手和获得必要的直接经验的场所与条件。但是，他把教育等同于生活，把学校等同于社会，则否定了学校教育的特殊职能。教育只是社会生活的一部分，社会生活中固然有教育活动，但有些生活就不一定是教育。另外，按“小社会”来办学校的设想，难以成为现实，而且会给学校管理带来许多无法解决的难题，使教师由此不能集中精力管理好学生。

（3）过分强调学生的中心地位

杜威批评传统教育“忽视学生，压制学生”，提倡教育工作心理化，要求教师在教学过程中充分认识学生的心理特点，探索适合学生身心发展的教育途径和手段，从而增强学生学习的独立性与创造性。但是，他过分强调学生的中心地位，忽视了系统知识的学习以及教师作用的发挥，这会造成学生基本知识和基本技能的匮乏，是违反教育规律的。

(4) 将“从做中学”绝对化

杜威主张“从做中学”，强调学生直接的主观经验的获得，提倡学生的个人探索，重视知识的学以致用，主张培养学生的实际操作能力，就教学过程的一个侧面而言，是有一定道理的。但是，把“从做中学”绝对化，其结果必然导致否定间接知识和系统知识的价值；而把学生的独立探索同教师的讲授、指导与训练人为地割裂开来，这又是片面的。

2. 高效践行策略

杜威的教育理论产生于美国社会并且是为完善其制度服务的，因此必然有其历史的局限性。但他对传统教育的批判是深刻的，对进步教育的态度是热情的。他指出的一些富有启发性的问题，提出的一些具有积极意义的主张，值得广大教师思考和借鉴，同时，对深化教育教学改革有许多启示。

(1) 建设活动课程

现代教育更加注重提升学生素质，注重完善学生的素质结构，而传统的课程体系则主要注重知识的传承。新一轮课程体系的构建强调学生终身学习的愿望和能力，强调学生的创新精神和实践能力。因而学校必须加大课程与社会、科技、学生发展的联系，将综合实践活动列为必修课；教学上加强对学生动手能力、操作能力的培养，使理论联系实践；注重学生个性特长的培养，把它作为整体教育改革的一个重要组成部分。

使学生有机会把学到的知识运用于实践，这不仅可以让学生更好地掌握课堂知识，并在实践中实现认识上的飞跃，还可以拓展知识领域，开阔视野，提高学生获得知识、驾驭知识和运用知识的能力，理论联系实际和手脑并用的能力，分析和解决问题的能力，还能培养学生实事求是、独立思考和勇于创新的精神。

课外兴趣活动课是活动课程的一个重要组成部分，具体做法有：①从培养学生兴趣着手，发展学生的兴趣和特长，利用学生的兴趣提高学生学习的自觉性；②面向全体学生广泛开展课外活动，在丰富多彩的活动中培养学生的兴趣和爱好；③组织形式多样的竞赛活动，让不同层次、不同爱好的学生都有成功的体验，从而巩固学生的兴趣。

（2）进行方法的指导

由于受年龄、阅历等条件的限制，学生们即便想“做”，但也会因为缺少必要的技能而会产生畏难情绪。

这时，教师要利用班会、劳技、实验课等机会，多传授给学生一些切实可行的“做”的方法，不但让他们想做、爱做，还要让他们会做。

（3）发挥竞赛的作用

竞赛可以有力地挖掘学生主动学习的潜能，有效地激发学生自主学习的热情，锻炼他们思维反应的敏锐性和敏捷性，培养、提高学生的动手能力。

魏书生认为：“大脑处于竞赛状态时的效率要比无竞赛时的效率高得多。即使对毫无直接兴趣的智力活动，学生因为热望竞赛取胜而产生的间接兴趣，也会使他们忘记事情本身的乏味而兴致勃勃地投入到竞赛中去。”

因此，教师应适时开展一些课堂竞赛活动，让学生在这样的氛围中学会做，做得好。

（4）布置实践任务

教师可以改变学生做作业的方式，把他们在书本上完成的作业，放在“做”上；让他们把用笔和纸完成的作业，用手做出来。

未来的世界，不仅需要学生动脑，更需要学生动手。为了培养高素质、创新型人才，教师应从践行杜威的“从做中学”思想做起，从培养学生“做”的意识和技能做起，让他们从做中学，既让他们学得好，也让他们做得好。

让学生主动学习

——罗杰斯“非指导性教学”

（一）罗杰斯及“非指导性教学”思想概述

卡尔·兰塞姆·罗杰斯（1902—1987）生于芝加哥附近的奥克帕克，他在威斯康星大学学习了农业、历史和宗教，后去哥伦比亚大学师范学院读临床心理学和教育心理学，1928 年获得硕士学位，1931 年获得博士学位。完成博士论文后，他开始从事儿童研究。罗杰斯是美国著名的人本主义心理学家和教育改革家，他独辟蹊径，把“以人为中心”的心理治疗理论运用于教育领域，提出了“非指导性教学”思想。罗杰斯把“人按其本性去生存”作为其终生的理论追求，“非指导性教学”思想正是这一追求在教育教学中的体现。

罗杰斯的教育思想很早就引起了中国教育界的重视，并被运用到具体的教育实践中。如上海市闸北八中从 1987 年开始试验“成功教育”，其理论基础同罗杰斯的人本主义教育理论息息相关。2000 年，根据罗杰斯的“非指导性教学”思想，浙江省江山中学的语文特级教师郑逸农提出了“非指示性教学”。

郑逸农认为，罗杰斯的人本主义教学理论对转变教学观念至少有三点启发：(1) 教学应该有一个宽松、自由、平等、民主的友好氛围；(2) 学生是教学过程中的主体，是课堂教学活动的主人；(3) 在教学活动中，学生应该有自主性、能动性、创造性，应该独立地去尝试和探索。教学的主体性原则虽然叶圣陶早有论述，钱梦龙也进行了概括和实践，但时至今日，教学中还普遍存在“学生围着教师转”的现象——教学内容由教师设定，教学过程由教师控制，以“满堂灌”或“一问一答”的形式进行着教学。近年来，随着公开课、示范课、创优课的增多，另一种“时代病”又出现了：教学成了表演，教师成了演员，学生则成了道具。教师为了表演给听课教师看，竭尽花样翻新之能事，随意摆布学生，使学生的主体性荡然无存。因此，郑逸农认为在提倡“以人为本”的今天，重新学习罗杰斯的“非指导性教学”理论具有重要的现实意义。

郑逸农试图以罗杰斯的人本主义心理学为理论依据，强调既给学生充分的自由，发挥他们的主动性、创造性，又要发挥教师的指导、引导作用，要求教师不进行明确的指示，不给“标准答案”。郑逸农模仿罗杰斯的非指导性教学思想进行了教学实验，并将自己的教学模式命名为“非指示性教学”模式。“非指示性教学”模式主要包括以下教学步骤。

第一步：自读。学生先自读课文，教师不作任何指示和暗示，以免左右和影响学生的思维。

第二步：定向。读完课文之后，学生自己决定本文或本节课的学习主题（包括内容、目标等），教师不作决策，只起组织作用。个人定向后进行小组（前后两桌为一个小组）讨论，形成本组的共性主题；之后交由全班讨论，形成班级的共性主题。每个学生根据自己的学习情况（学习基础、学习特长、学习兴趣等），或选取班级的共性主题，或选取自己的个性主题，或两者兼顾。这样既能形成共同的学习目标，又能照顾到个体差异。

机动步骤：引导。这一步一般不用，只在刚开始学习新一类文体（如第一次学习小说，第一次学习新诗）时才用。引导仅限于学习方法之类，且要求十分宽泛，决不作具体的示例性指示，以免束缚学生的思维，限制他们的自由探索和创新尝试。

第三步：研读。与第一步的自读相比，研读是定向后的研究性阅读，学生围绕一个（或几个）主题以科学研究的方式主动地进行探索，而不是被动地模仿教师的示例。这种研读能改变学生传统的学习方式，同时也改变了教师的教学方式。

第四步：讨论。研读结束后，以前后两桌为一个小组，进行讨论。首先，每人介绍自己的研读感受，然后相互讨论，补充完善。

第五步：交流。每小组选派一人参加全班交流，交流过程中教师不插话、不提问，让学生完整地表达自己的想法。

第六步：引导。教师在学生充分表达思想后，作适当的补充，以深化学生的认识，或给他们新的启发。教师的发言不能成为指示，更不能成为“标准答案”，仅供学生参考、思考。另外，引导要精讲，一要讲得少，二要讲得好。

下面是郑逸农依据“非指示性教学”模式讲授《荷花淀》一课的过程。

第一步，学生自读《荷花淀》全文，总体了解本文内容和艺术特色。

第二步，学生读后思考“本文哪些方面可作为学习主题”，学生定向后，进行小组讨论，最后全班讨论。教师不作任何指示和暗示，只是组织者和倾听者。在本课的学习中，全班达成的共识是：本文内容和形式两方面都值得学习，其中形式更突出一些，所以本节课以艺术特色为学习主题，以景物描写、语言描写为研读主题。学生选择的个性化的研读主题有细节描写、选材构思、全文风格等。

第三步，引导。由于本节课是学生进入高中后第一次学习小说，所以教师针对研读方法进行了引导：(1) 研读时要找一些典型的句段，深入地品味、欣赏，不能蜻蜓点水，浮光掠影；(2) 欣赏后要谈谈自己的感受，不能简单地说一句“只可意会，不可言传”，并且要能用散文化、情感性的语言表达，而不能用“这说明”之类的理性化语言抽象地分析。自己阅读本文是一种享受，要让他人听你的赏析也是一种享受，能激起他人阅读《荷花淀》的兴趣，也想一读为快。(这一步就是前文所指的“机动步骤”)

第四步，学生根据定向的主题和研读方法研读、欣赏文章，以科学研究的方式主动地进行探索。课堂上给学生 20 分钟左右的时间，让他们细细地品味欣赏。

第五步，每位学生在小组内介绍自己的研读感受，然后相互讨论补充。各组同时进行。

第六步，每组派一名代表参加全班交流。每位代表发言结束后，其他学生都可自由发言，或点评，或补充，或纠正。教师只做认真的倾听者，对任何发言都表现出鼓励和赞赏的神情，让学生的表现力、想象力和创造力都能尽情地发挥出来。

当学生对《荷花淀》一文的艺术特色讨论得比较充分了，教师再进行最后的引导。这引导不是下结论，更不是发布标准答案（文学欣赏没有标准答案），而是谈谈自己对《荷花淀》艺术特色的研读感受，让学生从中受到一些启发。郑逸农这样谈自己对文中景物描写的感受——

本文最典型的景物描写有两处，一处是夜景，一处是日景。荷花淀夜景，不仅景美，景中的人也美，甚至连景中人做的事也很美——苇眉子"柔滑修长"，"在她怀里跳跃着"，充满了诗情画意。我们也仿佛置身其中，心旷神怡，深深地陶醉了。淡雅疏朗的诗情画意与朴素清新的泥土芳香，故事就在这样的美景中开始了。荷花淀的日景与前面的夜景不同，不再那么妩媚、柔美了，而是充满了阳刚之美：大荷叶像铜墙铁壁，荷花箭则是监视敌人的哨兵。这不禁使人想起"草木皆兵"这个词来，而且情景相生，与这群逃命妇女的心情很一致。读到下文，则发现这一景物描写还是一个巧妙的伏笔——她们的丈夫确实就埋伏在其中，一场激烈的战斗就要在这清香四溢的荷花淀里开始了。

再比如语言描写，郑逸农这样引导——

本文语言描写有两处给我留下特别深的印象。一是几个青年妇女聚在水生嫂家里想去看望丈夫时的一番对话。第一个说："听说他们还在这里没走。我不拖尾巴，可是忘下了一件衣裳。"为看丈夫而找借口，真是伶俐机敏。第二个则说："我有句要紧的话，得和他说说。"她不知道找借口，实话实说，质朴憨厚。水生嫂则接着说："听他说，鬼子要在同口安据点……"言外之意——我们不能去。她深明大义，含蓄阻拦。可被她一拦，另一人马上发话了："哪里就碰得那么巧，我们快去快回来。"真是心直口快，拦也拦不住。另一位就不一样了："我本来不想去，可是俺婆婆非叫我再去看看他——有什么看头啊！"虽然忸怩羞涩，躲躲闪闪，却能让人感受到她那份真情与依恋。这里没有肖像描写，甚至连姓名也没有介绍，但我们却能读出她们的性格来。另一处是水生夫妻告别时的一句话："不要叫鬼子捉活的。捉住了要和他们拼命。"这话看似轻松，实却沉重。他们都知道拼命意味着什么，而不拼命就只能是受辱，不仅是个人受辱，更是中国妇女受辱！中国人受辱！所以，水生宁可牺牲可爱的妻子的生命，也决不给中国人丢脸。水生嫂也流着眼泪答应了他。高尚的民族气节，融合在对丈夫的忠贞之中。他们没有山盟海誓，没有豪言壮语，却真挚得让人感动流泪。

此外，郑逸农还谈了自己对细节描写、选材构思、全文风格等方面的研读体会。本节课结束前，郑逸农用一句话作为鼓励性的引导："文学欣赏，应该是浪漫而富有创造性的，让我们共同朝着这个方向努力！"

郑逸农的"非指示性教学"模式试图转变教师的教育观念，进而改变传授式教学方式和接受模仿式学习方式，让学生从被动学习的状态中走出来，主动去尝试，去探索，培养自己的创新精神和实践能力。不求教师教得生动，但求学生学得主动，增强教学的开放性，充分发挥学生的自主性、独立性，挖掘学生的智慧潜能。此模式以罗杰斯的人本主义心理学为理论依据，同时又运用了"尝试错误"学说和团体动力学原理。在"定向""讨论""交流""引导"等几步中，郑逸农试图通过团体的作用，相互影响，相互启发，形成团体的目标和共识，使个体产生良好的心理暗示，从而修正或完善自己的认识。

郑逸农的教学实验对罗杰斯的教育思想既有所改进，在教学中做到了相信学生，尊重学生，让学生成为学习的主人，又照顾到学生的个性差异，体现自主、合作、探究等多种学习方式。经过几年的探讨和实践，"非指示性教学"在理论阐释、目标定位、教学流程、操作技术、实验推广等方面都取得了一定的成绩，在全国范围内产生了积极影响，它的成功与罗杰斯的"非指导性教学"思想是分不开的。

"非指导性教学"是教师通过与学生间的非指导性谈话，帮助学生创设一种适宜的学习环境，从而使学生积极主动地完成学习任务的一种学习模式。在非指导性教学模式中，教师扮演着一个促进者的角色，与学生建立和谐的个人关系，并隐性地指导学生的学习与发展。这一模式成功的标志是学生乐于对他们自己的学习情况承担责任，且能发挥其学习的主动性与创造性。

1. "非指导性教学"模式的步骤

（1）确定辅助情境阶段

教师鼓励学生自由表达自己的思想、情感。教师事先要组织好若干话语，以限定学生表达情感的范围，明确对共同关注问题取得一致意见的目标。这一阶段一般在师生交谈中进行。

（2）探索问题阶段

在这一阶段，教师要鼓励学生表达消极和积极的情感，在此基础上，澄清和明辨学生的情感取向。

（3）发展学生洞察力阶段

教师启发学生从多种角度观察和分析问题，由学生发表自己对问题的看法，使学生观察、分析问题的能力有所提高。

（4）规划和决策阶段

学生对有关问题作出计划和决策。教师在此阶段要引导学生作出与自己的期望相一致的决策，并引导学生采取积极的行动。

（5）整合阶段

学生汇报其采取的行动，进一步提高分析和解决问题的能力，并且使自己的行动规划日益完善。

2.“非指导性教学”模式的特点

（1）以师生间的非指导性交谈为核心

非指导性交谈是指教师摒弃了传统教师专制者和决策者的身份，而以尊重学生情感体验的建议者、引导者的身份与学生平等地交流，并为学生采纳教师的建议提供心理帮助。

（2）体现以学生为中心的教育思想

非指导性教学的各个阶段，都是从学生的情绪体验出发开展工作的，该教学模式以学生自己制订学习行动计划、反思自己的计划、完善自己的计划并取得积极行动为目标，整个教学模式体现了学生的主体地位。

（3）强调师生间的平等关系

师生间的平等关系是非指导性交谈的必要条件，只有在学生对教师充分信任的情况下，该教学模式才能顺利实施。

（4）重视学生非智力因素的发展

此教学模式要求教师给学生一定的心理帮助，以鼓励、启发学生思维的创造性，体现了对学生非智力因素的极大重视。

非指导性教学模式强调学生心理健康的重要性，注重学生主体作用的发挥，重视学生创造性思维的培养。从中国目前的教育现实看，非指导性教学模式的核心思想仍有借鉴和推广的价值，尤其是它重视学生的心理健康和非智力因素的发展，更有着积极的意义。

（二）“非指导性教学”经典案例

下面是浙江省江山中学特级教师郑逸农执教《面朝大海，春暖花开》一课的教学实录：

1. 教师激趣

师：在当代诗人中，有一个我们颇为陌生的名字——海子。2001 年，“人民文学诗歌奖”在空缺了两年之后，授给了他和另一位诗人。今天，我们就来学习海子的诗歌《面朝大海，春暖花开》。

2. 学生初读本诗，说说自己的初始体验

（学生自由诵读）

师：读了这首诗，你一定会受到精神和情绪上的感染，请说一说你们的体验。

（学生先在备用纸上简略地写一写，然后进行小组交流；然后全班交流介绍，要求有话则长，无话则短，不讲空话、套话）

生：这首诗有某种吸引力，总是让人欲罢不能，也许是作者诗中那种乐观向上的精神感染了我，读时觉得轻松、清新、温暖。

生：写得很朴实，没有什么华丽的辞藻，写的是一种平凡、安逸、幸福的生活，很令人向往。

生：读完这首诗，觉得自己十分幸福，觉得这世界上的任何事物都十分美好。

生：这首诗让我感到生活是如此美好，可以和每个人分享快乐。

生：这首诗语言并不十分华丽，但是能让人产生一种亲切的感觉，心中涌起浓浓的春意。

生：全诗不长，但字字句句都透着一种温馨，一种真情。形式很随意，表达很自然。表达出一种积极向上的思想，读过之后有一种心旷神怡的放松的感觉，“活着”真好。

3. 学生再读本诗，推测诗人的情况

师：请再读一遍。透过字句，你们推测一下，诗人是个怎样的人？

（先小组交流，后全班交流）

生：诗人是一个乐观主义者，比较善良，对生活充满希望。

生：诗人大概是长期受到什么“痛苦”的缠绕，终于有一天，他挣脱了，可以做一个幸福的人，可以对那些自己热爱的人道出诚挚的祝福了。

生：根据诗句的用语和描述的细腻程度，我想她是个女的；然后，文中多次提到幸福，我觉得她是一个渴望得到幸福，并不断追求幸福的人；诗中不难看出她生活的艰苦，因此要追求幸福。

生：诗人是一个易于满足、懂得幸福的人，或许诗人是在经历了某种变故后，豁然开朗，懂得了幸福的真谛，希望别人也能快乐，也能热爱生活。

生：诗人像被什么东西束缚着，没有很大的自由，所以向往一种无忧无虑的幸福生活；他心地善良，关爱别人。

生：他可能是一个游牧诗人，家住在农村，生活水平不高，最大的愿望是周游世界。他为人肯定很乐观、友善，肯定是北方人，家乡有山有河。他以前可能不幸福。

生：我想，既然第一句是“从明天起……”，那么，当时作者并不幸福，可能处于低谷之中，但作者乐观、积极，仍保持着对世界的美好憧憬。

生：诗人住在大海边，房子周围有一排花。诗人正值青年，刚刚开始独立生活，对未来充满希望。诗人喜欢田园生活，不追求奢华。

生：诗人以前不是很乐观，可能有点自闭，情绪不是很好，活得可能很压抑，很孤独。

（从课堂实况看，没有学生认为诗人生活单调，“只知道写诗”；看来，学生并不知道作者对诗歌的痴迷与热爱，而诗人心灵的孤独与封闭学生倒是想到了）

4. 教师介绍诗人的情况

海子，原名查海生，1964 年 3 月生于安徽省怀宁县高河查湾，1979 年考入北京大学法律系，1983 年毕业后任教于中国政法大学，1989 年 3 月 26 日在山海关卧轨自杀。

海子的生前好友、诗人西川回忆说：“海子没有幸福地找到他在生活中的一席之地。这或许是由于他的偏颇。在他的房间里，你找不到电视机、录音机甚至收音机。海子在贫穷、单调与孤独之中写作，他既不会跳舞、游泳，也不会骑自行车。”可见他已全身心地投入诗歌创作，达到了忘我的境地，以牺牲尘世的幸福生活为代价了。

海子也是一个沉湎于心灵孤独之旅的诗人，一个理想主义的诗人。他具有复杂性格和双重人格，在人生观、价值观上既肯定世俗生活，又不甘于堕入尘世成为俗人。

5. 学生三读本诗，说说自己的新理解与新感悟

师：听了刚才的介绍，请再读本诗，然后说说自己有什么新的理解与感悟。

（教师推测，或许学生能注意到“从明天起”这四个字背后的内涵了，但最重要的新理解与新感悟是，能发现句末“只愿”二字，能从中体会出海子的固守清高以及他的孤独）

生：听完老师对海子悲惨一生的介绍，再来读本诗，的确能够看出海子对幸福，哪怕是一丁点的幸福的渴望。最后几个“愿你”，也是他对其他人的一种祝福吧，“只愿”也说明了他的无奈，他处境的艰难。我起初的揣测错了。

生：听老师说到海子心灵的孤独之旅，我颇有感慨。一个孤独的人，往往去追求别人看着很平凡的东西：喂马，劈柴……“只愿”两个字打破了原先编织起来的理想境界，把正在神游的诗人拉回了现实，一种无可奈何体现了出来。但我在初读时却没有注意到这点，始终觉得整首诗是轻快的。

生：听了老师刚才的介绍，再读时，我觉得诗人那时候可能已经有点精神崩溃了，他虽然希望自己的明天能够幸福，但更多的是祝福世人，而自己“只愿面朝大海，春暖花开”。作者对自己的生活仍充满憧憬，但他心中的那种自闭却无法摆脱。

生：“我只愿面朝大海，春暖花开”，体现出作者热爱美好人间，但厌恶人间的丑恶。

生：诗人不愿放弃理想中的生活——面朝大海，春暖花开；但又祝愿

生活在“尘世”之中的人们能幸福快乐。像一个人在爬天梯爬到一半，一面想着自己快点爬上天堂，一边又祝福在脚下那片大地上幸福生活着的人们，是以局外人的角度来看的。

生：从最后一段可以看出作者的孤独，他祝福所有的人在尘世获得幸福，而他自己却“只愿面朝大海，春暖花开”，幻想自己想过的生活。

（从课堂情况看，能领悟到诗末“只愿”二字背后内涵的学生不少）

6. 学生四读本诗，体会本诗的艺术价值

师：现在，请你们以研究性阅读的方式，欣赏、体会这首诗的艺术价值。如果你们认为诗歌中存在不足，也可指出。

（学生边读边写，5 分钟后小组交流，再作全班交流）

生：感觉这首诗很纯，让人想象到很美的意境。这首诗蕴含着诗人对自己理想中美好生活的憧憬，但是那种意境过于理想化。

生：全诗塑造了一个“世外桃源”，表达了作者内心深处对它的无比热爱与憧憬，也带给读者无限的联想。

生：整首诗只用了一些简单的意象，单纯平实的语言中蕴含着丰富真挚的感情。

生：开创了一种新的朴素的浪漫主义写法，语句不含华丽的辞藻，类似归有光。

生：这首诗歌的开头形式与其他诗歌不同，以“从明天起”开头，引人往下读，向人描绘了一幅明天的美丽画卷。最后一段有三个“愿你”，强烈表达了作者肯定世俗生活，但又不愿坠入世俗生活的情感。最后一句“我只愿面朝大海，春暖花开”，与第一段及诗题前后呼应，再次表达了作者对这种生活的渴望，对世外桃源的渴望。

7. 教师推介赏析文章

教师不介绍自己的研读感受，因为有更好的——刘真福先生的《明丽的画，空灵的心》（见《中小学教材教学》2001 年第 6 期），借此文来深化学生的理解与感悟。

8. 反省自己的研读感受，肯定优点，指出不足

师：学习了他人的赏析文章，对照自己的赏析阅读，请比较一下，说说自己的优点和不足。

生：听了刚才的赏析文章，感到自己每一次研读欣赏都没有把每节的不同意象区分开来，或者是没有深入体会诗人的内心感情。

生：读诗时，没有将全部感情注入其中，导致有时无法真切地表达出自己的感受。

生：课外对作者的了解不多，不能透彻地理解作者的内心世界。

生：对诗中的一些意象、词语等没有深入揣摩，思维不够活跃，发言也不积极。

生：自己对本诗的理解好像总是浮在表面，想再深入一点，却总是无法做到。我想多读多体会是唯一的方法吧。

9. 教师再介绍一篇关于海子的诗与死的文章

（略）

10. 学生五读此诗，深入体会

师：请大家带着现在的心情、现在的体验，自由朗读全诗。边读边体会。

（教师事先并不准备读，受到课堂气氛的感染，在学生自读了一遍后，也忍不住读了起来，并且很自然地成了领读，学生也情不自禁地跟读起来，课堂显得很温馨，也很肃穆）

11. 说说此时的阅读体会

师：现在，你们或许有了新的体验、新的感受，请你们说一说，好吗？

生：听了几篇有关海子死亡的文章之后，再来读本诗，觉得我先前的判断是如此苍白和肤浅。诗中无疑充满了作者的感情：他是痛苦的，但他又憧憬希望；他是封闭的，但他又渴望沟通。在诗的意境里，似乎只有他一个人，只有他才是一切动作的“主动者”。这是一种多么悲哀的告白呀。

生：诗人多么想拥有一个温暖的地方容纳自己，他想走出困顿，走出寂寞，走向幸福。

生：再读海子的诗，我感到了他内心的痛苦。他是一个完美主义者，他向往着天堂似的自由和幸福美好的生活，他也爱着身边的每一个人。

生：在了解了海子以及他的一些文章后，心里有一些阴影，但仍觉得这首诗很温暖、清新。他甚至还关心着别人，希望别人得到幸福。

（学生介绍阅读体会后，全班齐读）

（事先并没有设计“学生齐读”，由于课堂情境很好，教师觉得应该让大家齐读一遍，让学生在诗歌的温馨祝福与诗人的冷峻死亡的强烈对比中，调整自己的价值观、人生观，珍惜诗人的祝福，珍惜美好的生活）

12. 每个学生说一句最有感触的话，作为学习本诗的结束语

师：现在，就要下课了，请每人说一句最有感触的话，作为学习本诗的结束语。

生：我们不仅要“面朝大海，春暖花开”，还要勇敢地面对世界，面对生活。

生：在诗人的祝愿中，让我们做一个幸福的人吧！

生：执着固然可贵，生命更需珍惜。

生：生命诚可贵，爱情价更高，若为自由故，生命不可抛。

生：海子是一个诗坛高手，却不是一个生活高手。我们要对生活充满信心，学会在快乐中生活。

生：海子死了，走向了另一个世界，然而他对美好生活的憧憬是我们应该具有的。我们不能轻视生命，因为生命是最宝贵的。

生：尘世中没有幸福的桃源，脱俗的灵魂应当住在天堂。

生：虽然作者生前的生活并不宽裕，但他留给我们的诗却是无价的。

生：人原来可以在想象中活得如此快乐，如此脱离现实，而我不是海子，所以我现实地活着，寻找我该寻找的幸福。

生：海子，去你需要的世界，去拥有你需要的东西吧，谢谢你对我们的祝福。

本课的教学不同于那种精心编制、步步设套、请君入瓮式的阅读教学，而是郑逸农老师根据罗杰斯的非指导性教学进一步提出的非指示性教学模式，它有如下特征。

第一，充分尊重学习主体，把学生牢牢地摆在发展的主体位置上。教师只初拟“教学流程”，不预设教学目标及教学重点、难点，不预设线性的师问生答。学习目标由学生在课堂上自主确定，问题的答案由学生讨论后形成，而不是教师在教案中规定学生怎么回答。

第二，以体验性学习为主，采用体验性学习方法。学生用自己的心灵去感悟，用自己的观点去判断，用自己的思维去创新，用自己的语言去表

达。教师引导学生富有创意地挖掘文本意义，学生通过多遍诵读强化了对文本的体验。

第三，较好地体现了语文课程的育人功能，将思想教育和审美教育渗透于教学过程中，以使学生“充实精神生活，完善自我人格，提升人生境界”，但又与力求培养学生的感受力、理解力、审美力的语文学科目标相融合。

第四，教师的自我定位比较恰当，发挥了教学组织者和引导者的作用。教师不再充当全知全能的“权威”角色，而是成为对话者之一，又作为“平等的首席”，灵活地掌控教学流程，利用阅读期待、阅读反思等环节，适当提供背景资料，帮助学生加深理解。

19 世纪以前，我国的教育注重义理，尊崇圣贤，是训诲型的；20 世纪以来，教育是传授型的，注重作为交际工具的语言，尊重语言知识的权威。它们都有历史的合理性和局限性。进入 21 世纪，很多教师都明确了推行素质教育的大方向，但路在何方？郑逸农老师给出了一个富有创见性的答案。

郑老师清醒地认识到，以人本主义心理学为理论基础的非指导性教学方法既有长处也有缺陷，因而他在“教师过分中心论”和“学生过分中心论”的夹缝中杀出一条非指示性教学模式的新路，强调“既给学生充分的自由，增强他们的主动性、创造性，又要发挥教师的指导作用和引导作用”。

前文中的两个“过分”，都是由于没有准确把握其中的“度”。一些教师往往只是看到其中一个“过分”的弊病，就深恶痛绝，于是匆匆忙忙地滑向了另一个“过分”。郑逸农老师认为，学生学习不能没有教师的指导，但指导并非指示。有些教师习惯于居高临下的“指示”，以致积重难返；当他们困惑于“指示”效果不佳时，或不断加大“指示”的力度，或殚精竭虑另觅新的“指示”。殊不知，“指示”之路一开始就走错了。“非指示性教学”是对“指示性教学”的拨乱反正，这一概念的提出，本身就很有理论价值和实践意义。

（三）践行“非指导性教学”应规避的误区及高效策略

1. 应规避的误区

首先，非指导性教学模式要求师生能够一对一单独接触、交流，师生间的交谈可能是一系列的，这样巨大的工作量给教师带来了严重的工作负担，使其在大班教学环境下难以实施；其次，非指导性教学模式过分强调学生的情绪体验，要求教师调整自己的情绪以容纳学生的情绪，过分重视学生的心理健康，但忽略了教师的情绪体验；第三，该教学模式缺乏坚实的理论依据，其教育学依据不足；第四，该教学模式结构松散，不便于教师在实际教学中大范围应用。

所以，教师学习、研究大师的思想，不是为了照搬其操作过程，而是应该吸取其思想精华，并应用于自己的教学实践。像案例中郑逸农老师这样，大师的思想才能更有效地为开展教学工作服务。

2. 高效践行策略

对于教师的教学，罗杰斯有其独特的看法，他建议使用“协作者”或“促进者”这样的术语，以强调教师的作用在于创造一种有助于学生学习的环境。罗杰斯认为，教师的态度决定着课堂教学的性质与成败。非指导性教学并不是强调教师的“不作为”，也并非忽视教师的作用，相反，它对教师提出了更多、更高的要求。所以，教师在教学中要想高效地实施非指导性教学模式，应努力做到以下几点。

（1）不断提高自身修养

在传统教学中，教师一般根据教参来解读文本，并设计几个自认为能帮助学生深刻了解文本的问题，以形成固定的教案。在课堂上，教师是全知全能的讲解者，按照预先设计好的教案按部就班地提出问题，分析问题，解决问题，把自己从教材中提取的知识认真地“喂”给学生。在这种教学方式下，许多教师对同一个文本的解读，出现了“一个教案统课堂”“一个教案保终生”的现象。而如今，随着社会的发展，学生的认知规律、价值取向逐渐发生变化，而且随着信息量的剧增，学生的学习习惯和方式都有了质的改变。如果教师依然坚持陈旧的教学思想，则难以满足学生学习的需要，难以适应社会的发展。所以，教师只有保持乐于学习的心态，才能使自己的知识结构处在开放、变化的状态当中，才能有意识地吸收益于自身的知识，才能适应现行的教学改革。

教师应紧跟时代的步伐，不断吸收新的思想、新的教学方法，把它们纳入自己的知识结构，适时地应用于教学。对于教育学、心理学、课程理论、文艺理论等知识要经常温习，并且关注新的研究成果，了解新人新作，关注生活世界。教师应注意思维的敏捷性，即能对学生的行为做出及时反应；教师应注意思维的深刻性，主要体现在对文本的理解和分析上；教师应注意思维的独创性和批判性，要从过去的阅读经验的束缚中解放出来，根据客观情况的变化而广辟蹊径，形成新颖独特的见解。

（2）创设民主氛围，融洽师生关系

在罗杰斯看来，学生是课堂学习的中心，教师不应以指导者自居，而应该是为学生学习提供方便、注重学生学习发展的促进者，是深受学生信赖的顾问。因此，在教学中，教师首先应该创设真实、平等、民主的课堂氛围，建立融洽的师生关系。

罗杰斯说："我知道我不能将任何东西都教给学生，我只能为学生提供一个促进他学习的环境。"教师在教学中必须充分信任学生，体现出对学生独立思考及自学能力的根本信任，同时获取学生的信任，这样构建的支持、信任型心理氛围，是"非指导性教学"得以实施的先决条件。

罗杰斯认为，一旦尊重、理解学生的态度出现，振奋人心的事情就发生了，所得到的报偿不仅仅在于分数、成绩的提高，而且会有诸如更强的自信心、与日俱增的创造性、对他人更大程度的喜爱，等等。所以，罗杰斯强调教学中要创设良好的人际关系，教师要做一个真诚的人，要真诚地接受学生，对学生进行移情性理解。所谓真诚，就是要求教师与学生平等相处，坦诚相见，畅所欲言，不要做作和虚伪，要让学生感到亲切可信；所谓接受，既要求教师关心、尊重学生的情感和经验，接受学生碰到某一问题时表露出来的畏惧和犹豫，也接受学生达到目的时的那种得意，并且接受他们的选择和评价；所谓移情性理解，是指教师要设身处地地站在学生的立场上理解学生的所思、所言、所为，处处为他们着想，而不是用教师的标准及主观的意愿来约束学生。

（3）唤醒学生的主体意识

罗杰斯认为，教师应该相信学生是渴望学习的，相信学生是愿意在各种程度上保持自己、发展自我的。教师要把自己看成和学生平等的人，不以自己的偏见评判学生，不以自己的思想禁锢学生的思维，更不能产生专断、控制的欲望，要尊重每一个学生的独立人格，把学生看成"人"，看成

有潜力的、发展中的“人”。教师旨在培养学生而不是控制学生，要促使学生形成良好的学习风格和个性品质。

教师要鼓励、引导学生参与学习活动，激发学生的学习兴趣，关注学生的个性差异和不同的学习需求，给予学生充分的自由发展的空间，爱护学生的好奇心、求知欲，唤起学生的主体意识和进取精神，鼓励学生大胆发言，提出自己的见解。总之，教师所做的任何努力，根本上是为了使学生成为课堂的主人，具有主动、自主学习的能力，掌握自我摄取知识的能力。

（4）参与学生讨论

关于教师在教学中的具体任务，罗杰斯认为其主要包括：①帮助学生引出并且澄清所希望做的东西；②帮助学生组织已认可的经验；③作为学习的参与者——小组成员来参加活动；④主动与其他成员分享各自的感情和想法；⑤承认并改进自己的缺点。在教学中，教师以共同的生活者和伙伴的身份出现在学生中间，对学生进行启发、帮助、扶持、呵护，尊重学生的独立人格，赞赏他们的积极行为，促进学生的合作学习。教师应组织学生将更多的时间用来进行讨论，而不是记忆知识。

（5）为学生提供学习材料

罗杰斯主张，教师要为学生提供广泛的学习材料。叶圣陶先生也说过：“教材是死的，先生是活的；先生的作用在于为学生提供良好的学习材料。”学习材料既包括来自书籍等教学资源，也包括来自教师自身的经验。同时，教师要鼓励学生将他们自己掌握的各种知识和经历过的一些事情“带到”课堂上来。

信息社会的发展为教学提供了空前丰富的材料，为扩大学生的学习面、扩充学生的学习空间提供了可能。但是，罗杰斯认为只有当学习材料有意义且符合学生的目的时才会使学生产生学习的意愿，因此材料的选择是促进学生有意义学习应当考虑的因素之一。若所选材料能满足学生的好奇心，或是能让他们体会到成功，他们自然乐于学习。此外，若学习材料能够增进学生的生活经验，才有助于实现他们的生活目的。基于以上考虑，教师应选择难度适中的学习材料，提供给学生，使学生在学习过程中产生积极的内心体验，充分激发学生的思维能力，实现教学培养目标。

罗杰斯的非指导性教学思想是一种富有独创性的教学思想，可以为教师的教学改革开辟一条新的途径。曾经听过罗杰斯讲课的坦恩鲍姆博士就给予了它极高的评价，他说："它具有使人们行动起来的能力，使他们感到更自由，更坦率，更加具备适应能力。"

非指导性教学模式可以激发学生进行广泛的讨论、探索，可以强化学生的理解与沟通，促进其人格的多方面发展。所以，对于这一西方教学理论中的精华，教师应加深认识，积极探索，努力实践。

让学生做发现者

——布鲁纳"发现式学习"

（一）布鲁纳及"发现式学习"思想概述

杰罗姆·布鲁纳（1915—），美国心理学家和教育学家，当代认知心理学派和结构主义教育思想的代表人物之一。他的思想受到拉什利、詹姆斯、杜威、格式塔心理学派、社会人类学及当代认知心理学的影响，他主要从事人的知觉、学习、思维、记忆等一系列研究。

布鲁纳是一位多产作家，著有多部在教育和认知研究上具有开创性及重大影响的著作：《舆论与人格》（1956）、《思维的研究》（1956）、《教育过程》（1960）、《论认识》（1962）、《关于学习的学习》（1963）、《教育理论》（1965）、《认知理论研究》（1966）、《教学论探讨》（1966）、《教育的适合性》（1971）、《论教学的若干原则》（1972）等。其中，《教育过程》《教学论探讨》《教育的适合性》三本专著，被公认为他的代表作。

在《教育过程》一书中，布鲁纳围绕课程改革提出了一种大胆、坦率、新颖的理论，主要包括四个中心思想和一个设想：学习任何学科，务必使学生掌握这一学科的基本结构；任何学科都能够用在智育上是正确的方式，有效地教给任何发展阶段的任何学生；强调直觉思维的重要性；强调内部动机的重要性；重视教师及教学装置在教学过程中的作用，等等。在这些理论中，布鲁纳提出了许多独具一格的教育主张，尤其是提出了著名的发现法，并且，他大力提倡用发现法进行教学。布鲁纳认为，学生应该在教师的启发引导下按自己观察事物的特殊方式去表现学科知识的结构，借助于教师或教师提供的其他材料去发现事物。布鲁纳强调，发现是教育儿童的主要手段，“人类学习中似乎有个必不可少的成分，它像发现一样，是尽力探索情境的机会”。他还强调说：“如果我们要展望对学校来说什么是特别重要的问题，我们就得问怎样训练几代儿童去发现问题，去寻找问题。”

布鲁纳曾与数学家迪因斯合作设计了一个用发现法教学的经典例子：引导学生发现二次方程式的因式分解的规律。

在实验教学中，布鲁纳首先向学生呈现了三种不同的积木块，即迪因斯积木块（见图1）：第一种是一个大正方形，边长为x；第二种是长方形，边长分别为1和x；第三种是小正方形，边长为1。布鲁纳提供许多此种类的积木块，让学生随意拼凑，以使他们获得一些知觉经验。

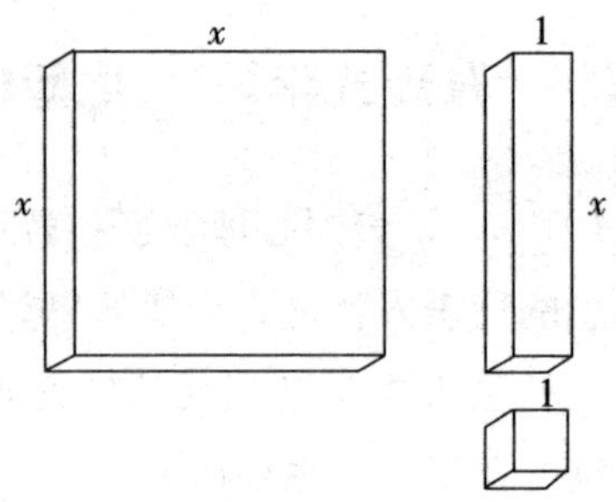

图1

然后，布鲁纳让学生搭出比大正方形更大的正方形。于是，学生开始尝试，结果轻而易举地就拼出了另一个正方形（见图2）。

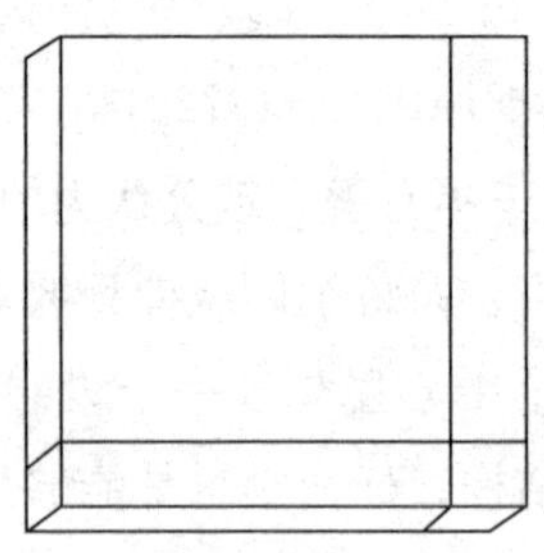

图2

接着，布鲁纳要求学生描述他们拼成的图形。布鲁纳将学生分组，让他们自主进行观察、思索、讨论，自己则根据实际情况进行提示或提问。

讨论过后，学生进行描述：“我们拼了一个更大的正方形，这个正方形的面积是一个大正方形的面积（$x \times x$）加上两个长方形的面积（$1 \times x + 1 \times x$）再加上一个小正方形的面积（1×1）。”

按照学生的回答，布鲁纳进一步引导学生把这个新的正方形用标记法记录下来，形成了“$x \times x + 2x + 1$”的表达式。

然后，布鲁纳引导学生用另一种方法来描述自己拼的正方形，即从“边”来考虑。学生经过观察、讨论，得出表达式：$(x+1)(x+1)$。

由于两种表述方法表示的是同一个正方形，布鲁纳让学生将二者等同，于是形成了等式 $x \times x + 2x + 1 = (x+1)(x+1)$。至此，一元二次方程式的一种因式分解模式便被“发现”了。

发现一元二次方程式的因式分解模式以后，布鲁纳又要求学生不断地做出更大的正方形，并按照上述途径和方式建立起新的等式。

经过多次摆放、标记，学生又发现了新的等式，如 $(x+2)(x+2) = x \times x + 4x + 4$ 和 $(x+3)(x+3) = x \times x + 6x + 9$ 等。最终，学生发现了代数中一元二次方程的因式分解规律。

在这个例子中，布鲁纳尽可能使学生成为自主且自动的发现者，而不是让其静坐在椅子上当听众。这样，当学生积极担任课堂的主要角色后，他们便会“独立向前迈进”。

在教学中用的发现法，一般称为发现教学法，是指教师在学生学习概念和原理时，为他们提供问题情境，让学生积极思考、独立探究、自行发现并掌握相应的原理和结论的一种方法，既是一种学习方法，又是一种教学方法。它主要包括四个方面的特征。

1. 强调学习过程

布鲁纳认为，在教学过程中，学生是积极的探究者。教师的作用在于创设一种学生能够独立探究的情境，而不是提供现成的知识。认识是一个过程，而不是一种产品。教学目的不是要学生记住教师和教科书上陈述的内容，而是要培养学生发现知识的能力，培养学生卓越的智力。这样，学生就好比得到了打开知识大门的钥匙，便可以独立前进了。

2. 强调直觉思维

所谓直觉思维，就是要求学生在学习过程中不必用逻辑思维的方式进行思维，而是要运用丰富的想象来发展思维空间，获取大量的知识。布鲁纳认为，直觉思维虽然不一定能获得正确答案，但由于直觉思维能充分调动学生积极的心智活动，因此，它有可能转变为发现的前奏，这对学生发现知识和掌握知识是大有帮助的。

3. 强调内在学习动机

学生的内在动机是促进学生学习的关键因素。布鲁纳十分重视学生在学习中形成内部动机，或把外部动机转化成内部动机的过程。发现活动能激起学生的好奇心，学生受好奇心的驱使，对探究未知的知识会表现出浓厚的兴趣。

4. 强调信息提取

布鲁纳对人的记忆过程持比较激进的观点。他认为，人类记忆的首要问题不是贮存，而是提取。提取信息的关键在于如何组织信息，在于知道信息贮存在哪里，在于怎样提取信息。如何组织信息，对提取信息有很大的影响。学生亲自参与发现事物的活动，会用某种方式对这些活动加以组织，从而达到良好的记忆效果。

一般来说，发现教学法大致包括六个步骤。

1. 提出问题

当遇到新问题时，学生会在兴趣的支配下产生强烈的求知欲望和解决问题的动机，进而发现和探索问题。在运用发现教学法进行教学时，教师要从学生兴趣出发提出问题。例如，通过举出与新知识有关的实际事例，从旧知识中找出与新知识相似的对象，准备好与新知识相关的教具、材料和方法等精心创设问题情境，将学生的注意力和兴趣引导到学习知识的探究活动中。

另外，问题要难易适中，要既能让学生解答，又能使之前进。

2. 提供相关材料或事实

教师要根据具体问题给学生提供解决问题的相关材料或事实，以激发学生探究的欲望，使学生乐于进行探究活动。

3. 组织学生活动

学生活动包括观察、操作、归纳、猜想、验证、推理、建立模型、提出方法等个体活动，也包括讨论、合作、交流、互动等小组活动，以及在教师引导下的师生互动。组织学生活动的目的是让学生亲身体验知识的发生、发展过程。

4. 提出假设

学生活动完成后，教师要引导学生对已有的材料或事实进行分析，将其与自身已构建的经验进行比较，提出问题的各种假设。

5. 得出结论

对于学生提出的各种假设，教师要协助学生搜集和组织资料进行分析审查，发现依据，得出应有结论。

6. 检验结论

结论得出后，教师要引导学生运用分析思维去验证结论，使学生进一步弄清楚得出结论所选择的策略以及整个思维分析和判断的过程，从而使问题得到解决。

发现教学法具有强烈的时代感和创造性，它有利于调动学生的主体能动性，有利于开发学生的智力，有利于培养学生的创新能力，有利于教师角色的转变，有利于知识的迁移。

（1）调动学生的主体能动性

发现教学法以学生主动探索知识为主，强调让学生自主发现和解决问题，帮助他们学会思考的方法。这就把学生放在了真正主体的地位，使他们在教学活动中充分发挥主体能动性，用自己的头脑获得知识，并养成独立钻研以及用积极的态度去对待现实问题的习惯。

（2）开发学生的智力

学生只有在学习知识的过程中主动探索发现，并通过亲身体验和长期积累才能增长智慧。发现教学法正是让学生通过自主学习探求知识，不断激活思维，从而充分调动和展现自身的智慧与潜能。

（3）培养学生的创新能力

发现教学法使学生处于质疑、解惑的情境中，经历了“阅读感知—理解分析—概括归纳—解决问题”的学习过程，使学生掌握知识的过程同时成为他们学会学习的过程。在这个学习过程中，学生会不满足于教师和教材对事物现象的解释，不轻易相信教材上现成的结论，始终在怀疑中进行探究，这就有利于培养他们的创新能力。

(4) 有利于教师角色的转变

在运用发现教学法的过程中，教师的主要任务是创设开放的问题情境，提供必要的学习材料，或指导学生围绕专题搜集和处理相关材料，引导学生掌握研究方法和学习策略。教师的教学重心不是简单地传授知识，将教材的现成结论交给学生，而是激发学生发现问题、提出问题、研究问题的学习动机和信心。在整个教学过程中，师生平等交流，教师成为学生学习的组织者、促进者和合作者，而不是灌输者。

(5) 有利于知识的迁移

在运用发现教学法的过程中，学生参与性较高，课堂气氛活跃，学生与教师互动的积极性较高，学生在经历了问题的最初困惑到最后解决的思维过程后，再碰到类似问题，思维过程将大大缩短，反应将变得敏捷而有效。

（二）“发现式学习”经典案例

【案例 1】

浙江省特级教师贺诚执教的《丰碑》一课曾被誉为“当代小语界的一座丰碑”。在讲授《丰碑》时，贺老师成功运用了发现教学法，倾情打造壮怀激烈的课堂场景，引导学生感受当年那些军歌嘹亮的日子。下面是贺老师讲授该课时的教学片段：

片段一：

上课开始后，贺老师引导学生直面文本，让学生通过具体语境发现课文要点，从而为深读打下基础。

“‘丰碑’是指谁？你从文中哪儿读懂的？下面请同学们先读读课文，要读出声来。”说完，贺老师示意学生开始读课文。

读完课文后，学生一致认为课文中的“丰碑”指的是军需处长，都是从“大雪很快地覆盖了军需处长的身体，他成了一座晶莹的丰碑”这句话中看出来的。

“这样一个被大雪覆盖的身体又怎么可以称为‘丰碑’？”贺老师继续

问，“我们可以边读边想，尝试着解决，请同学们再读读课文。”

于是，学生开始第二次读课文。

再次读完课文后，学生强华回答说：“在这两节中，我读懂的内容是，红军队伍在前进中遇到许多困难。”

“你说了一句话，这句话很完整，很有概括性。”贺老师表扬了他，并提醒他，“如果能继续往下说，你就更聪明了。”

得到老师提示，强华马上有所发现：“那些困难是‘可能吃不上饭，可能睡雪窝，可能一天要走一百几十里路，可能遭到敌人的突然袭击’。”

“对呀，这四个‘可能’其实就是四个困难。同学们，这四个困难就是吃饭、睡觉、走路、打仗。”贺老师又一次表扬了强华。

“谁还读懂了什么？”贺老师接着问。

“我抓住‘严寒把云中山冻成了一个大冰坨’这句话来理解，‘大冰坨’这个词语的意思是成堆的冰块——”

蓉蓉正说着，贺老师示意她停一下，补充道：“冰坨，就是许多的冰凝成了一大块冰。（板画“大冰坨似的云中山”）现在，整座山都像冰块一样凝起来了，这就是一个大冰坨。”

贺老师说完，蓉蓉接着说：“通过‘大冰坨’这个词可以看出，红军队伍在行进中是非常寒冷的。”

蓉蓉说完，贺老师板书“冰天雪地急行军”，又提出一个让学生深思的问题：“同学们，红军来到的是一个冰天雪地的世界，要在这样恶劣的情况下穿过这样的地区，为什么呢？你还能读懂什么呢？”

受到老师启发，学生感受着冰天雪地急行军的场景，积极回答着：

“我通过‘将军早把他的马让给了重伤员’这句话知道了，在冰天雪地里，将军非常爱惜他手下的士兵。”

“我知道这支部队的任务是为后续部队开辟一条通道。”

……

“丰碑”是指谁？你从文中哪儿读懂的？又为什么可以称为丰碑？你还能读懂什么呢？通过恰当、适时、层层递进的提问，贺老师指引学生感受着“冰天雪地急行军”的考验，拉动学情步步前进。由此，学生的视角得到了扩伸，发现了更多的内容，课堂的势能得到了积蓄，文本的背景得到了梳理，教学的基调也得以奠定。

片段二：

雪地急行军，随时都会有战士壮烈牺牲。面对生命的无奈逝去，谁能不身魂战栗、悚然惊心？在读到课文第七小节时，贺老师要求学生把描写倒在雪地里的军需处长的神态和动作的词语找出来。

首先，学生兰兰找到的词语是“冻僵”“倚靠”和“一动不动”。贺老师要求学生把这几个词语圈起来，并让学生把这三个词语概括为一个词——“冻僵”。

接着，学生章军抓住“他的神态十分镇定，十分安详”中的“镇定”和“安详”这两个词来理解。他说：“被冻僵的老战士在死的时候，一点儿也不害怕，一点儿也不畏惧。”贺老师认为他说的非常好。

章军刚说完，晓晨抢着回答：“在‘单薄破旧的衣服紧紧地贴在他的身上’这句中，‘单薄破旧’说明了军需处长是因为穿得又少又破才被冻死的。”

“好。请同学们也把这个词圈起来。”贺老师一边表扬着晓晨，一边又补充提醒说，“那样破、那样少的衣服在这样的一个严寒的天气里，是贴在他的身上。这里用‘贴’不用‘穿’，说明了什么？”

“用‘贴’可以表现出军需处长毫不利己专门利人的高尚品质。”晓晨不假思索地说道。

“你想得太远了，现在就一个‘贴’，想不了那么远。”贺老师开玩笑地说。这时，教室里立刻响起一阵笑声。

受到老师提醒，晓晨不好意思地改正说：“用‘贴’可以看出军需处长身上的衣服很少。”

听了这个回答，贺老师满意地点了点头。然后，贺老师让学生停止找词语，要求学生把刚才找到的词语连起来理解，并提出自己的问题。

“我想问，军需处长的衣服为何那么单薄破旧？”

“我想问，他被冻死后，为何还那么镇定和安详？”

“我想问，他是军需处长，难道真的找不到能让他不被冻死的一丁点儿的衣服吗？”

……

“同学们，看到这样的情景，你们不由自主地产生了这些疑问，作为一名掌管着衣物的军需处长，在严寒的云中山，你为什么穿着那样单薄的衣服？你多一件御寒的衣服，就多一分生的希望啊；你少了一件衣服，就多一分死的危险啊！你这寒衣在哪儿啊?”贺老师端气凝神、缓缓正言，并板书“寒衣何在问英雄”。

在该片段中，贺老师要求学生边研读边把重点描写军需处长倒在雪地这一情景的词语画出来，同时，当学生发言未得要领时，他又及时发现，委婉矫正，使学生抓住重点，把书读“薄”。这种对语言文字的咀嚼与对人物的感悟的过程，使学生发现、感悟到生命的“崇高和壮美”。

片段三：

“你为什么穿着那样单薄的衣服?”这个问题足以令人为之动容，为之震撼，而更充满生命意义的追问仍在后面。为了使学生更深刻地理解军需处长的“镇定”“安详”的伟大形象，贺老师要求学生找一些词句谈谈自己的理解。

晓丽说：“我抓住‘这时候，有人小声告诉将军：“他就是军需处长……”’这句话中的‘军需处长’来理解。如果我是军需处长，就先让自己穿得暖暖的，吃得饱饱的，再上大雪山。而他却穿着单薄破旧的衣服，因为他把棉衣都发给了战士们。”

听到晓丽的回答，贺老师微微点头：“你能把自己放进去，理解得太好了。当然，我相信，在现实中，你不会像刚才说的那样去做。他把棉衣都给了战士，其实也是把死亡留给了自己。”

芳芳说：“我抓住的句子是‘将军的脸色顿时严峻起来，嘴角边的肌肉抽动着’。我想，将军认为是军需处长的失职才造成了这位老战士的牺牲，所以他才发怒了。”

“是，你理解得很好，抓住了将军神态的变化。”贺老师称赞着，并动情地说：“同学们，在这样残酷的环境中，难道军需处长不知道死神的降临吗？正因为他已经准备好了，才能在冻僵的那一刻这样镇定安详。这是一个英雄的塑像啊，这是一种英雄的行为啊!”

听着老师感人肺腑的话，学生的心灵都被震撼了。

趁此机会，贺老师让学生朗读“将军愣住了，久久地站在雪地里。他的眼睛湿润了……向那位跟云中山化为一体的军需处长敬了一个军礼”，看谁能读出那种震撼之情。

在贺老师的引导下，学生一个接一个有感情、有神态地朗读着，读出了一个不朽的灵魂。其中，有学生读到“他的眼睛湿润了。他深深地吸了一口气”时，也做出与将军一样的动作；还有学生读到“向那位跟云中山化为一体的军需处长敬了一个军礼”时，自己也非常严肃地敬了一个军礼。

在该片段中，贺老师让学生抓住有关的词句来谈理解，再以“你能把自己放进去”“你抓住了将军神态的变化”等极富针对性的串联和评价语即兴作评，使得学生以心契心、以情悟情，真正感受到了军需处长那不朽的灵魂。有了这样的情感基础，再加上贺老师的示范和点拨，学生把书读好已是水到渠成之事，自然可以达到“使其言皆若出我之口，使其意皆若出我之心”之境。

片段四：

“云中山的风更狂了，雪更大了。大雪很快盖住了军需处长的身体，他成了一座晶莹的碑。”怎么让学生理解“晶莹”呢？

“‘晶莹’是光亮透明。军需处长成了一座光亮透明的丰碑。”

“‘晶莹’的本意是指军需处长冻死时的样子，他的精神是舍己为人的。”

“军需处长是专门管物资的人，他本可以让自己穿得暖暖的，但他却被冻死了，他这种精神是晶莹的。”

……

从“晶莹”一词中，学生读出一种为了革命的胜利而甘愿牺牲自己的精神。

“风更狂了，雪更大了。大雪很快地覆盖了军需处长的身体，他成了一座晶莹的丰碑。”学生和贺老师一起大声地朗读着。

写下板书“晶莹丰碑万代颂”，贺老师读着“他听见无数沉重而坚定的脚步声。那声音似乎在告诉人们：如果胜利不属于这样的队伍，还会属于谁呢”，然后提问学生：“这是一支怎样的队伍呢？”

“这是一支品德高尚，为人民着想的队伍！”

“这是一支把生的希望留给别人，把死的危险留给自己的队伍！”

“这是一支团结向上的队伍，是英雄的队伍！”

……

听着学生的回答，贺老师自豪而激动地总结道：“是的，这是一支英雄的队伍！这支队伍在中国共产党的领导下，为了中国人民的幸福，无往而不胜，在中国革命历史上筑起了一座高高的——”

“丰碑！”学生应和着。

“晶莹”一词堪称军需处长灵魂的焦点、精神的辐辏，贺老师让学生联系文本情境并充分激活相关视像，既让学生获得了切实的体验，又趁势深化了题旨。而结课时由“这是一支怎样的队伍”一问推向了情感高潮，更令人感到情韵在胸、绕梁不散。

一般来说，发现教学法过于强调学生自己发现，而忽略了教师的指导地位。正因如此，贺老师改变了发现教学法这一弊端，在教学中既强调学生自己的发现，又不忽视教师的引导作用，即让“引导”和“发现”并举，从而大大提高了教学效率。

在课堂上，学生虽然是学习的主人，但是教师的指导作用永远不能忽视。如果一味强调让学生自己去发现，学生势必走错路，或多走弯路，结果是求发现却未发现。正确的做法是，在教师的引导下，让学生在主动发现中求得主体性的发展，从而实现由“学会”向“会学”的转变。

【案例 2】

在教学“流体的压强与流速的关系”一节时，湖北省宜都市陆城二中的高级教师张承田成功地运用了发现教学法：

环节一：课题引入

上课开始，张老师先播放一段视频：大海上，大小两艘平行航行的轮船，突然，小船扭转船头撞向大船。张老师提问：“同学们，你能想到是什么原因导致两船相撞的吗？”

学生虽然对这个事故非常感兴趣，但是由于知识有限，一时还难以回答老师提出的问题。于是，张老师又向学生展示了两幅图画：火车站台上的安全线；非洲犬鼠洞穴剖面图。

“同学们，现在又有什么样的新认识？”张老师又一次提问。这次，有少数学生在小声议论着什么。

为了让学生更明白，张老师请一位学生上台做实验：用漏斗吹乒乓球。

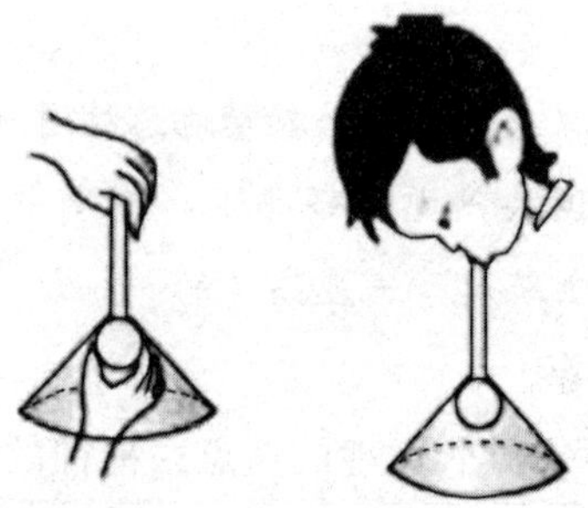

做完用漏斗吹乒乓球的实验后，张老师又请另一位学生做另外一个实验：把两支筷子贴上白纸，使白纸平行下垂，然后向两张白纸中间吹气。

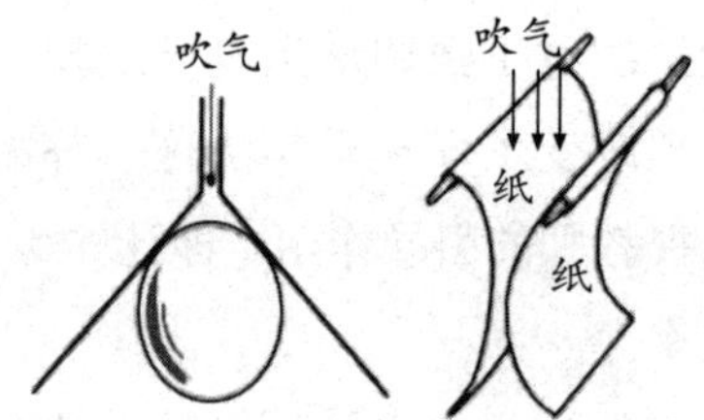

“乒乓球为什么掉不下来？”“两张纸为什么会靠拢？”张老师在两个实验中相继提出这两个问题。

由于实验直观、真实，学生很快就说出了答案。

然而，张老师的实验并没有结束。他又请全体学生每个人拿出一枚硬币，用直尺或钢笔做栏杆，按教材中的要求做硬币“跳高”比赛。

学生热情高涨，实验成功率很高。

环节二：分析现象

“知道硬币为什么会‘跳’起来吗？”做完第三个实验，张老师向学生提问。大部分学生认为，与吹气有关。

为了让学生说得更准确一些，张老师允许学生参考教材中的相关内容。

在张老师的引导下，学生开始认为“是硬币上下表面的压强不一样引起的”，接着认为“是吹气时，硬币上表面的空气流速快造成的”，后来又认为“可能与大气压强有关”，最后总结为“可能硬币上面的空气流速较大，压强较小（比下面受到的压强小），所以下面的空气（大气压）便把硬币‘托’起来了”。

与此同时，学生也理解了用漏斗吹乒乓球，乒乓球不下落，以及向两张纸中间吹气，两张纸会靠拢的原因：“因为我们向下吹乒乓球时，球的上方空气流速大，压强小；下方空气流速小，压强大。因此，下方的大气压强把乒乓球向上‘托’着，所以掉不下来。”“当向两张纸中间吹气时，两张纸中间的空气流速快，压强小；而两张纸的外侧空气流速小，压强比中间大，所以两侧的大气压把纸‘推’拢了。”

由此，学生知道了使海面上平行疾驶的两艘船相撞的“元凶”——大气压，以及火车站台上为什么设安全线的原因——火车驶过站台时，靠近站台的范围内，空气流速较大，压强较小，而外侧的空气流速小，压强较大，人如果越过安全线，将会被外侧大气压推向火车轨道内，导致发生危险。

为了让学生进一步理解所看到的现象，张老师又做了一个演示实验，要求学生仔细观察，并进行分析。

（实验略）

环节三：发现规律

做完所有实验，张老师要求学生分组讨论流体的压强与流速的关系。学生分组讨论，气氛很热烈。

环节四：课内拓展

分组讨论结束后，张老师请学生用准备好的材料按教材中要求的尺寸做一个机翼模型，让学生初步认识“流线型”这一概念，并引导学生说出还有哪些流线型物体（飞机、磁悬浮列车车头）。

从本节课的教学过程来看，课堂始终充满和谐的氛围，对话与倾听、讨论与争辩、演示与合作进行得融洽而自如，使探究、合作和自主的学习方式得到了充分体现。可见，张老师对发现教学法有着深刻的理解，做到了灵活熟练地运用。

开始，张老师以“轮船海事”“火车站台安全线”等故事和现象引入，有效激发了学生的求知欲望。由于画面对学生而言似曾相识，但又知其当然，不知其所以然，因而能使学生很快进入“愤”“悱”状态，教师的“启”“发”便可水到渠成。接着，张老师在尊重学生的认识规律和已有生活经验的前提下，通过分析现象、发现规律、课内拓展三个环节，巧妙地为学生构建新知识搭建了一个渐进的平台，使学生能够大胆发言，提出猜想和假设。然而，张老师并不是放任学生去思考，而是在各个环节中都随时注意对学生进行恰当的引导和评点，不仅有效避免了学生错误思维的形成，培养了学生的逻辑思维能力、语言表达能力和实验能力，而且使教师在教学中的主导作用得到了正确体现，使学生知识的累积和能力的形成在师生互动中有序地行进。最终，学生熟练掌握了流体的压强与流速的关系，教学目标顺利完成。

通过科学运用发现教学法，张老师不仅让学生学到了知识，更重要的是让学生学会了自主发现，让学生成为学习的发现者，真正成了课堂的主人。

发现教学法的出现，使教学重点从传授知识转到开发智力方面，从记忆转到探索方面，且强调以学生为主体，让学生独立实现认识。在整个教学活动中，学生处于独立自主的地位，是发现者、研究者和探索者，需要通过自己独特的思维方式去发现、探究，从而得出正确的结论。可以说，发现教学法是教法转化为学法的有效途径，是真正实现学生学会学习、自主学习的基础手段；同时学生在共同探索研究的过程中，其合作学习能力也得到了培养。

虽然发现教学法并不是完美的，但它是对我国的素质教育有着很大的启发作用，值得广大教师借鉴。只要广大教师在学习和借鉴其合理成分的同时，注意“教”与“学”的合理分配，既强调学生的主体地位，又不忽视教师的指导作用，发现教学法就会发挥它的优势，更好地促进我国教学的改革，让课堂教学获得高效。

（三）践行“发现式学习”应规避的误区及高效策略

1. 应规避的误区

虽然发现教学法有诸多优势，但也存在一定的缺陷，规避它的缺陷和不足更有助于广大教师进一步开展发现教学，使它产生良好的教学效果。

（1）并不适合所有的学生

发现教学法的设计难度大，对教师水平及学生的要求都比较高。尤其是，学生必须具有相当大的知识储备与技能，否则无法主动从事发现学习。因而，对于缺乏知识经验的中低年级学生来说，很难使用此种方式进行教学。

（2）过分强调学生的自行探索

发现教学法过于强调学生自主学习、自行探索。学生在自行探索问题答案时，往往会因遭遇疑难问题求助教师又不得要领而感到气馁，以致降低了求知的动机。学生自行探索很重要，但也要有教师适时、正确的引导。

（3）会对一部分学生造成压力

采用发现教学法教学时，教师一般采用团体讨论方式进行，但团体讨论时间常被能言善辩的少数人占据，其他学生或因无机会，或因无能力发言，而无法获得学习效益，造成一定压力。

另外，发言有先后，率先发言的智优者的表现，往往会对思想较为缓慢的学生造成极大的精神压力，对将来的学习造成不利影响。

2. 高效践行策略

苏霍姆林斯基说：“在人的心灵深处，都有一种根深蒂固的需要，这就是希望自己是一个发现者、研究者、探索者。而在青少年的精神世界中，这种需要则特别强烈。”传统教学忽视学生的存在，把学生当成接受知识的容器，使学生只能被动地接受知识，严重阻碍了学生探究发现的欲望及其各方面能力的发展，这与现代教学“让学生自主、合作、探究学习”的理念不符。所以，教师应摒弃落后的教学方法，学习和运用各种现代教学方法，尤其是发现教学法，引导学生进行自主学习，激发学生强烈的探究、发现欲望，使学生真正成为知识的发现者。

(1) 精心设计教学

发现教学法不同于一般的讲授法、讨论法、谈话法等教学方法，它要求教师在教学中的语言更具有引导作用，而主要的学习内容则交给学生独立或合作完成，学生探究进行的情况，很大程度取决于教师的引导与指导。因此，教师必须在引导上精心准备，否则，课堂教学就会出现混乱，学生不易获得系统完整的知识。

(2) 提供必要的资料和条件

学生的知识经验和思维能力有限，不足以完成每一次发现学习的任务。对此，教师可以预先安排学生进行局部的触类旁通的学习准备，对于可能用到的知识提前进行复习。例如，在学习“求平行四边形面积”时，可以让学生提前复习长方形、正方形、三角形的面积公式。

(3) 注意新旧知识的相容性

发现教学法要求学生能够认识新知识与旧知识之间的联系，并把新知识纳入自己已有的学科知识结构，使之转化成自己的知识。所以，教师在教学过程中要注意引导学生发现新旧知识间的联系，以更好地巩固旧知，把握新知。

(4) 培养学生运用假设、对照的能力

运用发现教学法，教师要注意培养学生运用假设、对照的能力。布鲁纳认为，通过假设和对照，学生可以更有效地解决问题。他说：“在讨论过程中，儿童学习怎样构造假说多于学习怎样检验假说，这就前进了一大步。……我相信，儿童需要更多这样的实践……”他还说：“通过引导儿童探索对照物，儿童就更加可能按照一定的方式去组织他的知识，这种方式可以帮助他在需要发现的特别情境中有所发现。”

(5) 耐心地引导

发现问题本身不是件容易的事，即便是教师给予学生最适当的启发，他们也不一定能马上发现问题。所以，教师要给予学生充足的思考时间，通过精心设问来引导、启发他们。

教师应该知道，教育具有长期性、反复性和滞后性。现代教育是趋向终身教育的，教学不仅要让学生知道“是什么”，还要让学生知道“为什么”，这样对学生今后的自主学习和对待问题的态度是非常有利的。

（6）鼓励学生积极思考和探索

发现教学法以学生为主体，旨在让学生认识到他们是能够靠自己的努力运用自己的头脑进行学习的。为此，在教学过程中，教师要经常说一些诸如“让我们运用自己的头脑想想看”“让我们设身处地试试”此类引导学生的话，并培养学生独立思考的习惯，这样就能使学生活跃起来，使他们运用自己的能力去思考问题并获得成功。

此外，对于学生的发现，教师应尽可能给予肯定，不要吝惜自己的赞许。这对于教师来说也许算不得什么，但对于学生而言却是非常珍贵的。教师的肯定和赞许，无疑会让学生感受到成功的喜悦。

布鲁纳说：“所谓知识，是过程，不是结果。”教学应以培养学生探究性思维为目标，使学生通过体验所学概念、原理的形成过程来发展思维能力。发现教学法是一种综合性的教学方法，是以培养学生基本能力为根本目标的方法，也是培养具有科学素质、科学精神的一代新人的主要途径。在应用发现教学法的过程中，教师要深入钻研大纲、教材，选择准确的资料，设置科学合理的问题，激发学生的学习热情，处理好教师的主导作用与学生的主体地位之间的关系，从而使学生获得知识，拥有能力，实现“双丰收”。

让学生有规则地学习

——加涅“九步教学法”

（一）加涅及“九步教学法”概述

罗伯特·米尔斯·加涅（1916—2002），美国教育心理学家，出生于美国马萨诸塞州的北安多弗。他在美国心理学界享有盛誉，是教育技术学教学设计理论的主要奠基人之一。

加涅的主要著作有：《学习的条件》（1962）、《教学设计的原理》（1969）、《知识的获得》（1962）、《学习对个体发展的贡献》（1970）、《教学方法的学习基础》（1976）、《记忆结构与学习结果》（1978）、《学习结果及其作用》（1984）、《教学的学习基础》（1988）等。

加涅是经过严格的行为主义心理学训练的心理学家，他不固守前人的研究成果，也不囿于某种流派思想，而是采取折中主义，提出了自己的认知学习理论。

19世纪，哲学心理学的代表人物赫尔巴特将教学过程分为明了、联想、系统和方法四个阶段。其后，赫尔巴特的学生齐勒尔和赖因又将其发展为预备、提示、比较、概括和应用五个阶段，使得班级授课制有据可循。

20世纪，在心理学与教育结合的基础上，行为主义心理学家桑代克提出三大学习定律——准备律、效果律和练习律，斯金纳据此提出控制强化理论。

但是，行为主义理论不能完好地解释高级和复杂的学习现象。50年代中期，随着信息科学和计算机科学的兴起，心理学领域出现了“认知心理学革命”。

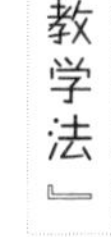

认知学习理论认为，学习就是面对当前的问题情境，在内心经过积极组织，从而形成和发展认知结构的过程，强调刺激反应之间的联系是以意识为中介的，强调认知过程的重要性。在行为主义学习论与认知主义学习论的基础上，加涅形成了自己的认知学习理论。

1. 论学习的概念、要素和条件

学习对于人类来说是极为重要的。人类的发展是成长与学习这一对因素以及它们之间相互作用的结果，但它们之间又存在着重要的差别：影响成长的因素在很大的程度上是受发生学决定的，而影响学习的因素则主要是受个人生活环境的事件决定的。

加涅认为，人类的学习活动由四个要素构成，即学习者、刺激情境、记忆内容和动作。学习活动“首先要有一个学习者，他是一个人”。学习者不断接受刺激并将其组织成各种神经活动的图式，并表现出各种行为。刺激情境是刺激学习者感觉的事物的统称。记忆内容指可以从学习者的记忆中重新恢复的内容，这种内容是以前学习活动的结果。动作则指学习者对刺激和记忆内容的反应。

学习活动受内部和外部两大条件制约。内部条件指以前习得的知识技能、动机和学习能力等。外部条件指输入刺激的结构和形式。不同的学习才能和学习内容需要不同的外部条件。加涅认为，教育是学习的一种外部条件，其成功与否在于是否能有效地适合和利用内部条件。

学习的每个阶段都有其各自的内部心理过程和影响它的外部事件。教学就是遵循学习者学习过程的这些特点，安排适当的外部学习条件。

2. 论学习层次

人类的学习是复杂多样的，是有层次性的，总是由简单的低级学习向复杂的高级学习发展，构成一个依次递进的层次与水平。而简单的低级学习是复杂的高级学习的基础。据此，1968 年，加涅把学习分为八个层次。

(1) 信号学习

这是最低级层次的学习。加涅说：“无论在普通家畜方面或在人类方面，对于信号学习普遍都是熟悉的。”

(2) 刺激—反应学习

这一层次的学习与桑代克的“尝试错误学习”和斯金纳的“操作性学

习”相似。它只涉及一个刺激与一个反应之间的单个联络，而且刺激与反应是统一地联结在一起的。

(3) 连锁学习

这是一种成系列的单个“S—R”结合的学习。有些连锁学习是由肌肉反应组成的，而有些连锁学习完全是言语的。

(4) 言语联结学习

这是语言学习中言语的连锁化，包括字词形、声、义的联想和言语顺序的学习。

(5) 辨别学习

这是学习者对某一特别集合中的不同的成分作出不同反应的学习。

(6) 概念学习

这是对事物的共同特征进行反应的学习。其中，有些概念可以通过学习者与环境的直接接触来获得，但有些概念则要运用语言对事物进行分类、归纳和概括才能获得。

(7) 原理（规则）学习

这是对概念间关系的认识或理解。例如，从对“圆的东西”和“滚动”两个概念间的关系的认识中得出“圆的东西会滚动”的规则。

(8) 解决问题学习

这是一种“高级规则”的学习。

在对学习层次进行更深入的研究之后，加涅于1971年把学习的八个层次压缩为六个层次，即连锁学习、辨别学习、具体概念学习、意义概念学习、规则学习、高级规则学习。1977年后，他又把学习层次提炼为五个层次，即联结与连锁学习、辨别学习、概念学习、规则学习、高级规则学习。

3. 论学习结果

学习有五种结果，表现为五种不同的能力，即言语信息、智力技能、认知策略、运动技能和态度。

(1) 言语信息

这是一种学习者表述观念的能力。之所以称为“言语信息”，是因为信息是言语的，或者说得比较明确些，信息是可以表达的。

（2）智慧技能

这是使学习者利用符号成为可能的能力。例如，读、写、算是低年级学生利用符号进行学习的基本内容，随着学习的深入，他们就会以比较复杂的方式来利用这些符号。

（3）认知策略

这是学习者用来调节自己内部注意、学习、记忆与思维过程的能力。认知策略可应用于任何科目的学习。

（4）运动技能

这是学习者学习由许多肌肉运动形成的综合活动的能力。运动技能不是指个别的动作，而是强调动作的完整性和统一性。

（5）态度

这是影响个人选择行动的内部状态。在加涅看来，人的行动是受态度影响的，但态度又是人的动作的结果。

后来，加涅又进一步把这五种技能做了归类，认为学习者习得的性能包括认知、态度和动作技能。

4. 论学习过程

学习是个体的一整套内部加工过程。在这个过程中，个体把环境中的刺激转化为能进入长时间记忆状态的信息。这些信息即学习的结果，能给个体提供完成各种操作的能量。

根据学习层次理论，每一类学习中都蕴藏着前一类的学习。在加涅看来，任何一个学习过程都是有层次性的，都是由一个个具体的学习阶段构成的。于是，他把学习过程依次分为八个阶段。

（1）动机阶段

一定的学习情境能成为学习行为的诱因，可以激发个体的学习活动。

（2）领会阶段

也称了解阶段。在这个阶段中，教学的措施要引起学生的注意，使刺激情境的具体特点能被学生有选择地感觉到。

（3）获得阶段

这个阶段起着编码的作用，即对选择的信息进行加工，将短时记忆转化为长时记忆的持久状态。

（4）保持阶段

获得的信息经过复述、强化之后，以一定的形式（表象或概念）在长时记忆中永久地保存下去。

（5）回忆阶段

这一阶段为检索过程，是寻找储存的知识，使其复活的过程。

（6）概括阶段

把已经获得的知识和技能应用于新的情境之中，这一阶段涉及学习的迁移问题。

（7）操作阶段

也叫作业阶段。在此阶段，教学的大部分内容是提供应用知识的时机，使学生显示出学习的效果，同时为下阶段的反馈做好准备。

（8）反馈阶段

学习者因完成了新的作业并意识到自己已达到了预期目标，从而使学习动机得到强化。

加涅强调，学生的整个学习过程一直受外部条件的强烈影响。对于教师来说，了解和研究学习过程的目的就是为学习过程提供支持，使外部条件能在学习过程中始终与学习者的内部活动进行必要的、恰当的、正确的联系，从而给学习者以积极的影响，以获得满意的学习结果。

在用认知学习理论解释课堂学习的基础上，加涅提出了切实可行的教学策略。在《教学设计的原理》一书中，他把学习活动中学习者内部的心理活动分解为九个阶段，也相应地将教学活动分为九个阶段。加涅认为，教学活动是一种旨在影响学习者内部心理过程的外部刺激，因此教学程序应当与学习活动中学习者的内部心理过程相吻合。加涅提出的这种教学策略，人们称为“九段教学策略”，也称“九步教学法”。这九项活动与学习者内部心理活动及学习过程的关系如下表所示。

教学事件	学习者内部心理活动	与学习过程的关系
引起注意	从长时记忆中提取知觉、注意的内容和以特殊的方式加工信息的倾向至短时记忆。	接受各种神经冲动
告知目标	形成学习动机和选择性注意。	激活执行控制过程

续表

教学事件	学习者内部心理活动	与学习过程的关系
刺激回忆原有知识	提取长时记忆中与当前所学内容有关的信息至短时记忆。	把先前学过的内容提取到短时记忆中
呈现刺激材料	突出选择性信息的特征及作用，使学习者易于获取感觉信息并形成选择性知觉。	有助于选择性知觉
提供学习指导	使学习者能较快地构建新信息的意义（促进语义编码过程），即形成概念。	语义编码，提取线索，有助于激活执行控制过程
引出行为	检验学习者对意义的构建是否成功。	激活反应器
提供反馈	如果构建不成功，则给予矫正反馈，使学习者重新构建该信息的意义；如果构建成功，则给予鼓励反馈。	建立强化
评价表现	通过成绩评定对成功的意义构建加以强化。	激活提取，使强化成为可能
促进保持和迁移	帮助学习者把新构建的意义（新概念、新知识）进行归类、重组，以促进知识的保持与迁移。	为提取提供线索和策略

可以说，九步教学法就是加涅的认知学习理论的浓缩。它是加涅的认知学习理论直接指向教学实践环节的进一步推演，其目的在于设计出来的教学可以激发、支持或维持学习者的内部信息加工过程，从而促进学习的有效发生。同时，九步教学法不仅能发挥教师在教学中的主导作用，还能激发学生的学习兴趣，在一定程度上调动学生学习的主动性和积极性。

此外，加涅特别指出，虽然以上九个教学事件的展开是可能性最大、最合乎逻辑的顺序，但也并非是机械刻板、一成不变的，更不必要每一堂课中都要提供全部教学事件。

（二）“九步教学法”经典案例

【案例1】

在执教《矛和盾的集合》时，浙江省绍兴县实验小学特级教师洪志明灵活运用九步教学法，紧紧围绕“集合”这一主题，安排了精彩的教学事件，课堂因此而增色不少：

第一步，引起注意。

上课一开始，洪老师就在黑板中央的醒目位置写了一个很大的词语“集合”，这极大地吸引了学生的无意注意，课堂马上安静下来，学生注意力高度集中。洪老师以静制动，取得了良好的效果。

第二步，激发回忆原有知识。

为了让学生认识“集合”这个词，洪老师让学生回忆在哪些场合听到过“集合”的口令？学生积极回答，有的说在体育课上会听到“集合”的口令，有的说在军训时会听到“集合”的口令，有的说在旅游时会听到“集合”的口令……洪老师的提问唤醒了学生大脑深处的记忆，将学生先前获得的认知提取出来，使学生很容易将新知纳入原有的认知结构中，形成更大的认知结构。

第三步，告知学习目标。

由于《矛和盾的集合》这则寓言揭示的寓意独特，需要教师告知学生学习目标，所以在让学生回忆旧知后，洪老师便对学习目标作出了清楚明确的陈述：“这节课的研究重点是‘集合’一词。”洪老师直白的交代，紧扣教学主题，让学生掌握了学习的方向。

第四步，呈现刺激材料。

教授课文时，洪老师先给学生呈现一幅画——画面主体凸显了矛和盾的长处（进攻、自卫），画面右上角是一张坦克的图片，让学生边看画边浏览全文，通过画面理解课文内容。看着“矛和盾的集合”这个题目，再看看课文的结尾一句“谁善于把别人的长处集于一身，谁就会是胜利者”，再对照两幅图，学生不仅很快发现了坦克就是盾的自卫和矛的进攻合二为一的产物，而且明白了寓言中隐含的寓意，同时还在一定程度上理解了“集

合”这一概念。

第五步，提供学习指导。

发明家是用什么方法发明坦克的？这个问题比较难，学生不易理解。于是，洪老师引领学生亲历发明家的发明过程，即思考过程。他先让学生根据提纲说一说发明家是怎么思考的，然后让学生说出发明家用的什么方法发明坦克的。

学生首先找到句子“坦克把盾的自卫，矛的进攻合二为一”，而洪老师没有满足，而是让学生用一个词来概括。于是，学生逐步提炼出“合二为一”，最后终于得出发明家是用“集合”的方法发明坦克的，悟出了优势对接的方法。

第六步，引发作业。

由于这节课属于知识技能中概念的学习，所以需要使用各种不同的例证。

首先，洪老师引导学生从人类的发明创造中找到“集合”的思考方法。学生举了很多例子：蛋卷冰淇淋、橡皮铅笔、手推书包等。洪老师适时点拨，要求学生明确说出人类发明的(　　)是(　　)和(　　)的集合。

接着，洪老师指导学生阅读短文《胡服骑射》和《比尔·盖茨创业》，并让学生联系自己的生活经验进行思考，使他们懂得“集合”就是“取长补短，强强联手”。

通过提供不同情境中的种种案例，洪老师成功地将课程资源变“宽”变“活”，从不同角度深化了“集合”的概念，帮助学生建立了更清晰的“集合”的概念。

第七步，提供反馈。

在学生举例时，洪老师用点头、微笑等形式对学生的回答进行了反馈。

第八步，促进保持和迁移。

为确保学习迁移的发生，洪老师课后安排了一个综合学习活动：与爸爸妈妈一起查资料，看影视，了解汉城奥运会、巴塞罗那奥运会、雅典奥运会等开幕式点火创意，从而集它们的优势自己设计一个奥运会开幕式的点火仪式。洪老师设计的这道题包含了搜集信息、处理信息、整合信息等，是对本堂课的拓展和提升，有效促进了学生知识的保持和迁移。

加涅认为，教学活动是一种旨在影响学习者内部心理过程的外部事件，设计这些教学事件有可能促进学习者以现在自己所处的起点，进展到获得目标所规定的那种能力。在大多数情况下，教学设计者必须对这些事件作出刻意的安排。确实，一堂成功的课是由数个精心策划的教学事件组成的。

《矛和盾的集合》是一则寓言故事，写的是发明家手持矛和盾，在与朋友进行对打比赛时，由矛和盾的长处发明了坦克，由此说明“谁善于把别人的长处集于一身，谁就会是胜利者”的道理。洪老师紧紧围绕这一学习重点，精心设计各个教学事件，使学生的学习取得了理想效果。

教学事件是构成课堂教学过程的基本组成单位，一系列的教学事件就构成了教学过程的整体。把完成一项具体的教学任务的教学活动作为一个教学阶段，每个教学阶段都有其开端和结尾，并运用合适的教学方法，经历一定的时间，达到预期的教学效果，这就构成了一个教学事件。九步教学法正是一种行之有效的注重教学事件设计的教学方法，它要求教师在教学中注意各个教学环节，并对其进行精心设计。它符合现在教学活动提倡的“主动、有效”的课堂教学理念，它能使学生的主动性得到充分发挥，体验到学习的快乐。因此，广大教师要灵活运用，因材施教，把九步教学法有机地运用到教学活动中来。

【案例 2】

在教学“Unit 4 We love animals”一课时，江苏省南京市北京东路小学特级教师沈峰成功运用了九步教学法，取得了很好的教学效果：

环节一：热身，复习

上课之前，沈老师播放“Recycle 1——Let's sing”的录音，并和学生共同演唱歌曲“*How Are You*”。沈老师要求学生在唱歌的时候打着节拍。在音乐的衬托下，课堂充满了轻松的学习氛围。

为了激发学生的学习兴趣，巩固学生所学知识，沈老师让学生根据上节课所学内容自编会话，并进行口语表演。

a.

Lan Lan：Good afternoon，Fang Fang.

Fang Fang：Good afternoon，Lan Lan.

Fang Fang：Lan Lan，this is Dong Dong. He is new.

Lan Lan：Hi，Dong Dong. Nice to meet you.

Dong Dong：Nice to meet you，too.

b.

Zhao Zhao：Hello，Bai Ling. How are you?

Bai Ling：Hi，I'm fine，thank you. And you?

Zhao Zhao：Very well，thank you.

…

在口语练习中，沈老师还让学生进行了一个小游戏——“Show me your…”，让学生说出自己的文具实物。

I have a pencil.

Me，too!

I have a book.

Me，too!

I have a ruler.

Me，too!

通过口语练习，沈老师完成了对教学新课的铺垫，以旧引新，导入新课。

环节二：告知学习任务

“同学们，本课时的教学重点是一些有关动物的单词，如 Monkey，dog，duck，panda，cat，rabbit 等。同学们学完本课后，要会用这些单词与自己的同伴进行对话。”沈老师明确告诉学生本节课要完成的任务。

环节三：再次复习有关文具的单词

为了进一步加强学生对“Look! I have a…”句型的运用，沈老师举起自己的钢笔说：“Look! I have a pen.”然后，沈老师请学生进行训练。

环节四：展示动物玩具，初步认读单词

在学生复习完毕后，沈老师拿出事先准备好的篮子，篮子中有 rabbit，panda，monkey，dog，duck 等动物玩具。沈老师将篮子举起，兴奋地说：“Look! I have so many animals. I love animals.”随后，沈老师拿起 panda 说：“Look! I have a panda.”说完，沈老师教学生认读新单词 panda：“a panda，I have a panda.”学生也学着沈老师举起玩具，读了起来。按照同样的方法，沈老师教学生认读了 rabbit，monkey，dog 等新单词。

环节五：展示动物图片，再次认读单词

沈老师用课件向学生展示动物图片。沈老师每点击一次鼠标，屏幕上就出现一个动物图案和相应单词，学生按图案认读单词。

在单个图案认读结束后，沈老师再次点击鼠标，屏幕上出现动物园的图案。这时，沈老师让学生猜猜看，看她再次点击鼠标会出现什么图案。这引起了学生极大的兴趣。学生首先猜会出现一只可爱的小兔子，屏幕上果然出现了一只小兔子，沈老师感叹道："Wow! Look! It's a rabbit." 学生兴奋极了，继续猜。"Great! It's a monkey." "Wow! It's a dog." ……当看到可爱或夸张的图片时，学生也会情不自禁地感叹。因为"Wow"和"Great"两个感叹语学生已经学过，所以能熟练运用。但当沈老师说到"Cool"和"Super"时，学生便不知道是什么意思了，于是沈老师便趁机教学生认识这两个有关赞美的感叹语。沈老师告诉了学生时下中文最时髦的说法"好酷啊"中的"酷"就是英文的"Cool"一词的译音，而"Super"可翻译成"好极了""棒极了"等。

环节六：播放动画，增强感性认识

为了让学生对所学新单词有很好的感性认识，沈老师展示了动物乐队的动画，其中配有小动物的说话声和乐器声，栩栩如生。在动画中，小动物用不同方式作自我介绍，并演奏着独特的乐器，这充分调动了学生的积极性，吸引了学生的注意力。

环节七：再次播放动画，让学生读、说

此时学生对动物已经比较了解了，沈老师就让学生说出动物乐队的成员，自己则在黑板上贴出相应的图片。

在学生读单词的同时，沈老师以卡片的形式展现每个单词，从而使学生认识单词。

与此同时，沈老师再次播放动画，让学生跟着录音读单词，确保发音准确。

环节八：趣味练习

为了让学生熟练掌握所学单词，沈老师将学生分成男生和女生两大组，以竞赛的形式进行巩固练习。

1. 游戏：猜尾巴

播放课件，让学生根据尾巴，猜出是哪种动物。（猜对的学生奖励贴纸）

2. 游戏：单词才露尖尖角

将单词卡片放进一个大信封内，并慢慢抽出卡片的一部分，看哪一组学生说得又快又准，并进行评比。

3. 游戏：Who am I

请三位男生和三位女生站成一排，随意给他们带上动物头饰，但学生自己不知道自己头上的动物头饰是什么，让他们互相看其他五位同学的头饰猜出自己头饰上是什么动物。教师指黑板上的图片，学生读出单词，戴这种动物头饰的学生要大声说“I'm…”。

4. 游戏：Let's do

利用课件展示“Let's do”的动画，让学生和屏幕上的同学一起进行表演（模仿动物）。

环节九：课下练习

让学生做活动手册上本单元第一部分的练习。

环节十：拓展教育

课程结束时，沈老师用课件展示两张图片，一张是动物的美好家园，另一张是环境被污染，动物无家可归。沈老师要求学生在下节课上课前谈谈自己对“爱护环境，保护动物”的认识。

处于小学阶段的孩子具有好奇、好活动、爱表现、善模仿等特点，本课所讲的六种动物正是学生熟悉和喜欢的，教学内容贴近学生生活，符合小学生兴趣，学生的兴趣一旦被激发出来，就能积极参与课堂教学活动。沈老师正是抓住了学生的年龄特点，紧紧围绕六种动物，依据九步教学法的教学程序，设计了丰富有趣的教学活动，使学生通过学习，不仅认识、会读这六个动物单词，而且会模仿它们的动作，各方面能力都得到了锻炼和提高。

加涅认为，学习的发生要同时依赖内部条件和外部过程，即学习是一种内部过程，但受外部刺激或事件的影响。由于教学的最终目的是为了促进学习者学习，所以教师应该按照学习的内部过程来进行外部的教学活动，以支持、激发、促进学习的内部过程。从以上案例可以看出，沈老师不但深谙学生内心，而且知道用什么教学方式最能引发学生的内心需要。

教学要让学生真正学有所得，就必须走进学生内心，并用外部刺激（各种教学活动）引发学生的内心感觉。可以看出，九步教学法的教学程序非常符合学生的内心活动需要，值得广大教师学习和借鉴。

（三）践行“九步教学法”应规避的误区及高效策略

1. 应规避的误区

不可否认，加涅在教育心理学发展史上做出了卓越的贡献，尤其是他的“九步教学法”在教学理论研究和创新发展中具有举足轻重的地位。但是，和其他教学理论一样，“九步教学法”也有它的缺点和局限性。

（1）妨碍教师认识九种教学事件的真正意义所在

九种教学事件的作用是支持和配合学生的内部信息加工，呈现出流程和顺序性，而人的信息加工在本质上是非线性的，内部加工的各种操作在各种层次和内容上是循环交叉的。所以，支持内部信息加工的实际教学事件序列也会是非线性的，不会表现出严格意义上的流程和顺序。从这一点来说，将九种教学事件看作一种教学程序是狭隘的。

实际上，加涅提出的九种教学事件是一个教学事件的分类系统，而这个分类系统的重要意义是规定了教师能做的事情的种类，而不是死板地规定了事件发生的流程。

（2）九种教学事件未能涵盖教学事件的全部

由于加涅是从信息加工的角度提出教学事件这个分类系统的，所以九种教学事件并不能涵盖教学事件的全部。它忽略了诸如控制失败情绪、调整讨论节奏、管理学习时间等非常重要的教学事件。

（3）大量应用于讲授教学

九步教学法目前被大量应用于讲授式教学，虽然它使讲授式教学更科学，但剥夺了学生在学习中的主体地位，使学生只能被动接受知识，独创性、探索性、创造性受到限制。同时，由于教师高高在上，接触学生少，教学内容难免缺乏灵活性，教学方式也显得很单一。

2. 高效践行策略

要让九步教学法在课堂教学中真正发挥效用，教师要以九种教学事件为基本框架来灵活设计教学活动，使各个教学事件在教学过程中得到准确、及时、有意义的激活。

（1）选择有效刺激，提高学生的注意力

在课堂上，引起学生注意的方法有很多，教师应根据具体情况选择有效的刺激以集中学生的注意力，达到提高教学效果的目的。

①利用音量、音质的不同引起注意

声音有音量和音质之分，教师可充分利用音量、音质的不同来引起学生的注意。例如，在课堂上，有的学生总爱小声说话影响别人，这时，教师可以轻轻敲一下桌子，或者故意咳嗽一声，给以警示；在讲解课文时，教师时而声音很高，时而声音很低，都会很好地集中学生听课的注意力；教师模仿不同人物的声音、口气等朗读课文，会使学生深入课文情境，从而引起他们对问答技巧和事态发展结果的关注，等等。

②利用鲜明对比引起注意

各种事物强弱、形状、大小、颜色和持续时间长短等都有不同特点，在构成鲜明对比的情况下，很容易引起学生的注意，加强区别和记忆。例如，要区别“大写”和“小写”的概念时，教师可以把小写的数字“8”，一个写得又高又大，一个写得又矮又小，问学生是不是“高大”的就是“大写”，“矮小”的就是“小写”，学生在笑声中轻松地理解了数字“大写”和“小写”的区别。

③利用运动变化引起注意

心理学研究表明，运动变化容易引起人们的注意。根据这一心理现象，教师在上课时，可以不时在教室里走动，既有利于观察学生，又能引起学生的注意。教师还可以用不断变换的身体姿势或手势配合抑扬顿挫的声调刺激学生，以吸引学生的注意力。

④利用重复引起注意

刺激的重复出现容易引起人们的注意。在课堂上，当讲到重点或要点时，教师可以说“请注意，我重复一遍”“我再重复一遍”等此类提醒学生注意的话，以引起学生的注意。

⑤利用转移注意的方式引起注意

在教学过程中，让学生唱一首歌、齐声喊几句口号、做一个小游戏，或自己讲一点与所学内容有关的故事、传闻等，都会使学生精神饱满，听得更专注。

⑥利用明确的任务目标引起注意

将这堂课的学习目标、重难点、要掌握哪些内容等告诉学生，使学生能够明确本节课的学习任务，引起他们的注意。

⑦利用提问引起注意

教师的提问最容易引起学生的注意。在教学过程中，教师可运用提问、提示、追问或评价等方式吸引学生的注意。

⑧利用教具的直观作用引起注意

教具不但可以帮助学生理解学习内容，而且可以引起学生注意，激发学生的学习热情。当教具映入学生眼帘时，学生首先会注视它，继而会想它是干什么用的，紧接着会把它和课堂教学联系起来，这本身就是引起注意的过程。在教学活动中，教师要充分发挥教具的直观作用。

（2）明确阐述学习目标

加涅认为，一个较为准确的学业行为目标必须说明怎样去观察一个业已习得的教学结果。他所说的学业行为目标即学习目标。为此，他提出了“五要素目标”表述法。

加涅认为，学习目标必须包含学业行为的情景（situation），习得能力的类型（type of learned capability），学业行为的对象（object），运用习得能力的具体行为（action），与学业行为有关的工具、条件或限制（constrains）等五要素。

按照教学计划，学生将会学到什么，学生将要做什么，以及他们要用到什么，教师都要对此有一个明确的认识，并要让学生清楚地知道。

（3）刺激学生回忆，巩固所学知识

温故而知新。对于学过的知识，教师应要求学生经常巩固。为此，教师要争取每次课后都让学生进行总结，特别是对于常用的公式、单位，基础的知识点等，一定要让学生反复练习；要让学生做好课前准备工作，在每次上课之前都以小组为单位进行检查，然后把检查情况反馈给教师，课后让没掌握相关知识点的学生再次进行巩固；对于重点知识，要反复提问；用联想方法，让学生把知识点联系起来。

(4) 突出呈现各种信息，刺激学生的知觉

在课堂上，教师要让学生了解某一事物的特征，应采用突出呈现的方式，刺激学生的知觉，引起学生的深刻感受。例如，对于课文中呈现的信息，教师可以采用斜体字、黑体印刷、下划线等方式；使用图片或示意图时，可采用突出的轮廓、圈画或画箭头指向的方式来强调所表示概念的重要特征，等等。

(5) 提供一定的学习指导

由于学生知识有限、经验不足，所以难以避免认知不清或有误，这就需要教师给予他们一定的学习指导。例如，向学生说明陌生事物的名称，直接向学生展示图片，告诉学生解决方法等。

(6) 让学生自我表现

中国教育经历了几千年“孔孟之道”的浸染，形成了含蓄、内敛、宽厚、谦卑的民族性格。然而，竞争激烈的当代社会，要求我们面对机会能勇敢、大声地说“我行”。因此，培养学生自我表现的勇气和习惯，成了学校教育的一个重要内容，对内向、胆怯的学生尤为如此。在运用九段教学法教学时，教师要通过学生之间互相帮助、互相比较、互相评价，小组互评和个性展示等方式，增强学生的表现欲，诱发学生的表现行为，从而培养学生的自我表现意识，活跃课堂气氛。

(7) 科学评价学生的学习成果

测验、作业是评价学生对所学知识掌握程度的最好方式。为此，教师可通过有针对性的测验或作业来评定学生的成绩。不过，教师要记住，不要搞题海战术，更不要以成绩高低论学习好坏。

(8) 让学生学以致用

学贵在用。如果所学知识只是用来纸上谈兵，那么学习便没有任何意义。所以，教师不仅要让学生学会所学知识，还要让他们学会运用所学知识。在教学活动中，教师应为学生提供将学习成果应用于真实环境中的机会，如使用真实的数据和设备完成真实的任务。教师还可以将整个学习过程融入活动中，鼓励学生对他们的学习经历进行反思和分析。

九步教学法不同于以往的教学方法，它强调的是从学生实际出发，其任务是促进和增强学生内部的学习过程，使学生对学习产生兴趣，并将兴

趣与未来期望联系起来，变“要我学”为“我要学”。对于课堂上提出的问题，它要求学生能主动调用学过的知识尝试解决，而教师只是作为一名引导者，引导学生思考及鼓励学生提出创新性建议。当学生思考成熟后，教师要放手让学生自己操作，创作自己的作品或按照自己的思维完成习题。最后，教师要及时对学生的行为进行点评，并促使学生所学知识的迁移。这一教学方法重在让学生体验和领悟到解决问题的思路和方法，符合现代教学观念，能更好地培养学生的自主思维能力和动手能力。所以，教师要认真研究和利用该教学方法，在教学过程中科学设计并激活九种教学事件，让学生产生需要。

让 每个学生都成才

——加德纳“多元智能理论”

（一）加德纳及“多元智能理论”概述

霍华德·加德纳（1943—），美国发展心理学家，1972—2000年间任《零点计划》主任。他获得过美国普林斯顿、加拿大麦吉尔等大学的18个荣誉学位。他在发展心理学、神经心理学、教育学、美学和社会学等多个领域出版了约20本书，发表文章和书评约400篇。

“多元智能理论”是加德纳于1983年提出的，已引起世界的广泛关注，并成为90年代以来许多西方国家教育改革的指导思想之一。

1979年，哈佛大学教育研究生院的一个研究小组承担了一项重大课题：研究人类潜能的本质及其开发，加德纳作为一名研究人员参加了研究，任务是“写一部专著，在人类科学领域中建立人类认知本质的理论”。加德纳以皮亚杰的思维理论为研究对象，写出了《智能的结构》一书，在书中提出了“多元智能理论”——“‘多元’用来强调从音乐智能一直到自我认识智能等多种互不相关的未知潜能，‘潜能’则用以和智商测试所测出的能力相比较。”但是，《智能的结构》的出版并未引起心理学界的反响，相反，却在美国和世界各地的学校迅速引起了强烈反响。于是，加德纳等人开始了在课程体系、教育评估和教学方法等方面的改革实验，从此有关理论的许多文章、研究项目、书籍和实验学校不断出现，使人目不暇接：

1. 学前教育阶段的实验——“多彩光谱”项目

“多彩光谱”项目是哈佛大学“零点项目”中的多位研究者和塔夫茨大

学的费德曼教授共同进行的一项长期的专门研究，目的是尝试“以崭新的方法评估幼儿的智能状况和表现形式”。研究证明，大部分孩子至少在一个领域中具有天赋（13 名中有 10 名），每一名儿童都有一个相对强和相对弱的领域。

2. 小学阶段的实验——“重点实验学校”项目

多元智能理论重点实验学校（在印第安纳波利斯市）创建的宗旨之一是每天都要激发每一名学生的多元智能。

实验学校培育儿童的多元智能主要有以下三个具体做法。

（1）每名学生每天参加一个类似师徒制的小组，学习掌握一门感兴趣的手艺或学科，如建筑、园艺、烹调等，重点放在学习社会中具有实用价值的技能上。

（2）小组与社会团体紧密联系。学校每周都要请一位专家（通常是学生的家长），向学生介绍一种职业或一门技能。

（3）专题作业。学校每年开展三个专题（如“文艺复兴已来”“墨西哥文化传统”等）活动，每个专题持续 10 周。每个学生每年要完成三个专题作业，每个专题结束时，专题作业的报告都要拿出来展示、交流，介绍自己专题题目的产生、目的、问题及对未来的影响，然后回答老师和同学的提问。教师从智能特征，对事实、技能和概念的把握，作品的质量，交流，反思等五个方面对学生的专题作业进行直接评估。

3. 初中阶段的实验——“学校实用智能”项目

“学校实用智能”项目是根据多元智能理论和斯腾伯格的智力三元论，开发和试验的一种多层面的智能模式，即学校实用智能模式。该模式的特别之处是，将学术智能与更实用的人际关系智能和自我认识智能结合起来，以实现学业和事业的成功。

4. 高中阶段的实验——“艺术推进”项目

“艺术推进”项目研究的“目的是设计一套评估方法，以记录小学高年级和中学艺术学习状况”。在中学进行的艺术教育，与传统的“学科式艺术教育”不同，它不是纯艺术教育，而是侧重于艺术思维方式的培养，即“向学生介绍在艺术作品中表现出来的艺术家个体的思维方式，包括实践艺术、艺术评论家和艺术作品文化背景研究专家的思维方式”。旨在使学生通过艺术综合课程的学习，发展多种智能。

“艺术推进”项目确定了三种艺术形式：音乐、视觉艺术、富有想象力的写作。重点评估三种能力：创作能力、感知能力、反思能力。

该项目主要有两种艺术教育方式：领域专题（针对创作、感知、反思三种能力开发出一套练习）和过程作品集（收集艺术学习进展过程的所有作品），在分析过程作品中，进行评估。

为使多元智能理论在学校教育中推广应用，加德纳探析了智能、天赋优异、创造力等在以上四个阶段中的内在关系。

儿童期阶段，幼儿往往表现出惊人的能力或某种天赋。而这种惊人的能力或天赋要获得初步发展并不需要经过正规的教育，大多是透过幼儿世界或所接触范围、领域自发性互动产生的。环境的影响和文化的演化对儿童的潜能发展至关重要。

入学期阶段，学生自由自在的探索范围和可能性日趋缩小，通常由学校教育来引导、鼓励他们进入未知世界。这一阶段的功能可比喻为“师傅领进门，修行靠个人”的师徒制，教师的形象和作用对学生一生发展至关重要。

青春期称为“处于十字路口”。学生安然渡过这一“危机阶段”，就有机会持续保持创造力和求知欲。通常15～25岁是天赋发展最平实的一个阶段，关键的议题全都围绕着一系列专门知识打转。一旦潜心钻研十年左右，就可能通往专家之路或有一定程度的贡献。这是承上启下的发展阶段，往往会影响安身立命的成熟阶段。

1.“多元智能理论”的含义

加德纳认为，智能是在某种社会或文化环境的价值标准下，个体用以解决自己遇到的真正难题或生产及创造出有效产品所需要的能力。

（1）个体的智能各具特点

根据加德纳的多元智能理论，作为个体，每个人都同时拥有相对独立的八种智能，但每个人身上相对独立的八种智能在现实生活中并不是绝对孤立、毫不相干的，而是以不同方式、不同程度有机地组合在一起。正是这八种智能在每个人身上以不同方式、不同程度组合，使得每个人的智能各具特点。

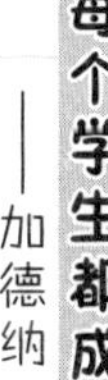

(2) 个体智能的发展方向和程度受环境和教育的影响与制约

从多元智能理论来看，个体智能的发展受到环境（社会环境、自然环境）和教育条件的极大影响与制约，其发展方向和程度因环境与教育条件的不同而表现出差异。尽管各种环境和教育条件下人们身上都存在着八种智能，但不同环境和教育条件下，人们智能的发展方向和程度有着明显的区别。

(3) 智能强调个体解决实际问题的能力和生产、创造社会有效产品所需的能力

在加德纳看来，智能应该强调两个方面的能力，一个方面的能力是解决实际问题的能力，另一个方面的能力是生产及创造出社会需要的有效产品的能力。根据加德纳的分析，传统的智能理论产生于重视语言智能和逻辑数学智能的现代工业社会，智能被解释为一种以语言能力和数理逻辑能力为核心的整合的能力。

(4) 多维度看待智能问题

在加德纳看来，承认智能是由同样重要的多种能力而不是由一两种核心能力构成，承认各种智能是多维度地、相对独立地表现出来而不是以整合的方式表现出来，应该是多元智能理论的本质所在。

2. “多元智能理论”的结构

多元智能理论强调人类的智能是多元化而非单一的。加德纳在《智能的结构》一书中指出了多元智力框架中相对独立存在着的八种智能。

(1) 语言智能

指个体听、说、读、写的能力，表现为个人能够顺利而高效地利用语言描述事件、表达思想并与人交流的能力。这类能力在记者、编辑、作家、演讲家等人身上有比较突出的表现。

(2) 逻辑数学智能

指个体运算和推理的能力，表现为个人对事物间各种关系（如类比、对比、因果和逻辑等关系）的敏感以及通过数理运算和逻辑推理等进行思维的能力。在侦探、律师、工程师、科学家和数学家等人身上有比较突出的表现。

（3）音乐智能

指个体感受、辨别、记忆、改变和表达音乐的能力，表现为个人对节奏、音调、音色和旋律的敏感以及通过作曲、演奏和歌唱等表达自己思想和情感的能力。在作曲家、指挥家、歌唱家、演奏家、乐器制造者和乐器调音师等人身上有比较突出的表现。

（4）身体动觉智能

指个体运用四肢和躯干的能力，表现为个人能够较好地控制自己的身体，对事件能够做出恰当的反应以及善于利用身体语言来表达自己思想和情感的能力。在运动员、舞蹈家、外科医生、赛车手和发明家等人身上有比较突出的表现。

（5）空间智能

指个体感觉、辨别、记忆、改变物体的空间关系并借此表达自己思想和情感的能力，表现为个人对线条、形状、结构、色彩和空间关系的敏感以及通过平面图形和立体造型将它们表现出来的能力。在画家、雕塑家、建筑师、航海家、博物学家等人身上有比较突出的表现。

（6）人际智能

指个体与人相处、交往的能力，表现为个人觉察或体验他人情绪、情感和意图并据此做出适宜反应的能力。在教师、律师、推销员、公关人员、谈话节目主持人、管理者和政治家等人身上有比较突出的表现。

（7）内省智能

指个体认识、洞察和反省自身的能力，表现为个人能够正确地意识和评价自身的情绪、动机、欲望、个性、意志，并在正确的自我意识和自我评价的基础上形成自尊、自律和自制的能力。在哲学家、小说家、律师等人身上有比较突出的表现。

（8）自然观察智能

指个体对自然中的景物（植物、动物、矿物、天文等）有诚挚的兴趣、强烈的关怀及敏锐的观察与辨认能力。在自然生态保护者、农夫、兽医、宠物店老板、生物学家、地质学家、天文学家等人身上有比较突出的表现。

3．“多元智能理论”的意义

多元智能理论在美国教育改革的理论和实践中产生了广泛而积极的影

响，并且成为当前美国教育改革的重要理论基础之一。运用多元智能理论分析当前教育问题，对于促进我国教育改革和学生素质的全面提高有重要意义。

（1）容易树立新的学生观、教学观和评价观

通过对多元智能理论的认可，教师可以树立积极乐观的学生观。从多元智能理论可以看出，每个学生都有自己的优势智能，有自己的学习风格和方法。所以，教师在看待学生时应时刻清醒地认识到，每个学生都是多种不同智能不同程度的组合，问题不再是一个学生有多聪明，而是一个学生在哪些方面聪明和怎样聪明。

（2）向学生展示多方面智能领域

受遗传因素和环境因素的影响，学生之间很早就表现出兴趣爱好和智能特点的不同。美国心理学家的一项实验研究表明，四五岁的儿童在完成需要不同智能共同参与的多项游戏任务时，都表现出了不同的智能特点。所以，教师的任务应该是向学生提供多种多样的智能活动，在充分尊重学生独特性的同时，保证学生的全面发展。

（3）鉴别并发展学生的优势智能领域

在多元智能理论看来，每一个学生都有相对优势的智能领域（无论是相对于自己还是别人），教师应在对学生进行评价的基础上注意发现他们的优势智能领域并加以挖掘和发展。

（4）帮助学生将优势智能领域迁移到其他智能领域

多元智能理论强调，八种智能中的每一种在人类认知结构中均具有同等重要的地位，教育应该对不同的智能一视同仁。但它更强调每个人的智能特点是不一样的，强调每个人都应该在充分展示自己智能优势的同时，将自己优势智能领域的意志品质等迁移到弱势智能领域中，从而使自己的弱势智能领域得到发展。

（5）注重培养学生的创造能力

多元智能理论强调注重学生创造能力的培养。在加德纳看来，在现实生活中每个人都需要充分利用自身的多种智能来解决各种实际问题，社会的进步需要个体创造出社会所需的物质产品和精神产品，这两种能力的充分发展，才应该被视作智能的充分发展。从智能的本质上讲，解决实际问

题的能力也是一种创造能力，因为它主要是综合运用多方面的智能和知识，创造性地解决现实生活中没有先例可循的新问题，特别是难题的能力。

(6) 构建全新的课程设计思路

多元智能理论为教师形成新的、有时代特点的课程设计思路提供了有意义的借鉴。根据多元智能理论的理念和实践，有时代特点的课程设计思路可以概括为两点，其一是“为多元智能而教”，其二是“通过多元智能来教”。

“多元智能理论”是各项教改实验的整合，为培养学生成才研究提供了理论支撑。运用此理论指导教育教学工作，可以使教师认识到每个学生都有更适合他们的智能发展领域，从而使每个学生都能获得发展。教师可以针对每个学生的智能特征，采取发挥强项、补救弱项的方法，充分调动学生的积极性，使学生各个方面都获得明显的进步。多元智能理论可以说是新时期指导教育教学工作的一个极好的理论依据，是教师开启学生成才之门的金钥匙之一。

（二）“多元智能理论”经典案例

【案例 1】

上海市福山外国语小学的数学教师黄爱华善于利用生活素材发展学生的逻辑思维，在教学过程中增加贴近学生生活的内容，创设需要学生观察、操作的情境，促使学生在熟悉的生活情境中开发逻辑智能，优化了学生的学习过程，调整了学生的学习状态，使学生的学习信心和内驱力高涨，使课堂教学焕发出生命的活力。以下是黄老师教学“方程的初步认识”的经典教学片段：

片段一：

师：对于天平你们有哪些认识？

生：天平可以秤物品的质量。

师：这位同学说得非常准确，天平可以秤出一些小物品的质量。

生：在秤物品的时候要用到砝码。

生：在秤物品的时候，要使天平平衡，天平左边的物品要和右边的砝码质量相等。

师：我在天平的左盘放上物品，右盘放上砝码，你能用一个式子表示天平现在的状况吗？

（教师在天平上放物品和砝码，学生分别用一个式子表示天平当时的状况，教师根据学生的回答板书“$10+20>0$，$10+20<50$，$10+20+20=50$，$2x=100+50+20$，$20+y=90$”）

师：小胖买了一盒质量为275克的牛奶，他打开包装先喝了两口，然后把剩下的牛奶放到天平的左盘，此时天平的右盘有两个100克的砝码，请你猜一猜，这时会有哪些状况出现？你能用一个式子表示吗？

生：$275-x=200$。

生：$275-x<200$或$275-x>200$。

师：刚才我们一边在天平上放物品和砝码，一边用式子表示天平当时的状况。现在黑板上有这么多式子，我们将它们分分类吧，前后四个同学可以一起讨论。

（学生讨论）

师：看来每个小组都有了自己的想法，哪个小组愿意派一名代表来说一说？

生：我们认为可以分为三类，第一类是左右两边相等的，第二类是左边大于右边的，第三类是左边小于右边的。

师：用等号连接也就是左右两边相等的式子，在数学中有个专门的名称，我们把它叫作等式。另外两类统称为不等式。

生：我们认为可以分为两类，一类是含有字母的式子，另一类是不含字母的式子。

师：字母在这里表示不知道的数，也就是——未知数。

（教师板书“未知数”）

师：像这样含有未知数的等式，数学上也有一个专门的名称——方程。

师：（指板书）什么是方程呀？联系刚才的操作，说一说你对方程的理解。

生：我认为方程式的两边相等。

师：也就是等式，那么等式与方程之间是怎样的关系？

生：我发现所有的方程都是等式，但等式不一定是方程。

师：说的非常好。就像刚才这位同学所说的方程一定是——等式，而等式不一定是——方程。

师：现在根据你对方程的理解，在自己的本子上写几个方程。愿意写到黑板上的同学可以直接写到黑板上。

（部分学生把方程写在黑板上）

师：我们一起给他们检查一下，看看他们写的是不是方程。

（集体检查）

师：同桌之间互相看一看，彼此检查一下写的是不是方程。

师：小巧也写了两个式子，可是被马虎的小胖用墨迹给弄污了，猜一猜小巧原来写的两个式子是不是方程，为什么？[板书“（1）$5x-★=34$，（2）$30+★=45$”]

生：我认为第一个式子肯定是方程，第二个式子就不一定了，如果被墨迹弄污的地方有未知数就是方程，如果没有未知数就不是方程。

……

片段二：

[课开始时]

师：同学们，今天我们先来玩个游戏，瞧，这儿有13张扑克牌，分别代表数1--13，一会儿你们从中任意抽取一张，不要让老师看到，然后按要求计算后报出结果。老师根据你们报出的结果能猜到你们抽的是什么，谁愿意试试？

（学生1上前抽一张扑克牌后给大家展示）

师：都看清了吗？现在请你们把看到的牌按屏幕上的要求算一算，看看结果是多少？（要求：把扑克牌上的数先乘2，再加上3，把所得的和乘5，最后再减去20）

生：结果是25。

师：刚才这位同学抽到的是不是这一张？（屏幕出示：3）

（学生连连点头，流露出非常诧异的表情）

师：老师看到有的学生表现出不可思议的表情，还想不想再试试啊？

生：想——

（学生2再抽一张，展示）

师：请大家按同样的要求计算结果。

生：结果是45。

师：看来大家的计算能力真的非常棒！看看我们这次抽的牌是不是这张？(屏幕出示：5)

师：为什么老师总能这么准确无误地猜出你们抽的牌是什么呀？是因为数学王国的一位新朋友帮了我的忙。今天我们就去认识它——

……

[课结束时]

师：还记得课开始时老师和你们玩的扑克牌游戏吗？其实那个游戏就是“方程”这个朋友帮了我的忙。

师：x先乘2，再加上3，把所得的和乘5，最后再减去20。老师根据你们得出的第一个结果25。列出了这样一个方程：$(2x+3)\times5-20=25$通过解方程，从而正确地判断你们抽出的牌是什么。

生：哦——

师：第二次我们列出的方程是：$(2x+3)\times5-20=45$，这个方程的解是——

生：这个方程的解是$x=5$。

师：你能发现其中的规律吗？同桌可以讨论一下。

(学生交流自己的发现)

生：当抽到的牌是3时，结果是25，抽到的牌是5时，结果是45，我们认为抽到的牌是几，结果的十位上比这个数少1，个位是5。

生：当抽到的牌是3时，结果是25，抽到的牌是5时，结果是45，我们认为抽到的牌的点数比原来大1，结果比原来大10。

生：我们用乘法分配律把原来方程的左边变为：$10x-5$，x每增加1，结果就增加10。

师：同学们真聪明，想出这么多办法来发现其中的规律，下课后大家可以自己设计一个新要求让同伴练一练，再去发现其中更多的奥秘。

这节课是概念教学，相对比较抽象。黄老师通过创设天平上放物品和砝码的情境以及猜一猜牛奶喝了两口后天平的状况，让学生根据天平当时的状况写出式子，有效弥补了概念教学晦涩难懂、枯燥乏味的缺点，同时拓展了学生的逻辑智能。

1. 富有情趣的素材和活动，为学生提供了多种学习经历，丰富了学生的学习经验，从而充分调动了他们的学习积极性，使他们的逻辑思维变得活跃。

2. 提供了学生熟悉的情境，拓宽了学生的学习渠道，将课程与学习融为一体，引起学生关注的兴趣和探究的热情，并使学生体会到数学知识源于生活、用于生活，拓展了他们的逻辑思维空间。

课堂是教学活动的主阵地，黄老师通过设计生活情境，让学生以游戏的方式来学习新知识，使他们少了一分顾虑，多了一分轻松；少了一项任务，多了一分乐趣；少了一分墨守成规，多了一分奇思妙想。这也契合了加德纳多元智能理论中开发学生逻辑、语言和人际智能的需要。

生活情境会使学生主动探索，迸发出一个个思维的火花，会从多个层面激发学生主动参与学习的热情，使他们在获得知识和方法的同时，思维能力、情感态度与价值观等方面也都得到发展。教育心理学研究表明，学生的学习过程是建立在学生已知的知识基础和生活经验上的一个主动构建的过程。学生在现实活动中的经验积淀以及他们在社会生活中所形成的许多认识，构成了学生进行思维拓展的依据。所以，教师在教学中创设生活情境，可以开发学生除逻辑智能以外的多种智能，使课堂充满生机与活力。

加德纳指出，如果给予适当的鼓励和教育，每个人的各项智能都达到相当高的水平。黄老师认为，教师在教学中如能充分了解每个学生的智能潜质，依据多元智能理论有针对性地改进教学方法，就能真正立足于学生实际，做到因材施教。为此，黄老师在教学中根据学生不同的语言、逻辑、空间、音乐、人际交往、自省等智能设计出了不同的数学教学形式，特别是利用生活情境，让学生都能在自己的亲身体验中拓展数学学习的逻辑智能，并取得了很好的教学效果。

【案例 2】

杭州市第十四中学特级教师邱锋任教的班级从外地转来一个女生，她的空间智能比较发达，能唱会跳，她演的小猪、小狗绘声绘色，她画的花花草草栩栩如生。同学们都很喜欢和她一起玩，因为她总能想办法把别人逗乐。

按说这样的学生应该是很有灵性的，但是开学初期，她的父母就对邱老师说，她自小基础差，语文、数学成绩都不好，学习上实在“不太聪明”，还说她很讨厌上英语课。

于是，邱老师对她进行了仔细的观察，发现她真像父母说的那样，课上总是与课后形成鲜明对比。每节英语课，她都是静静地坐在座位上，好像老师讲的知识和她没有一点关系。邱老师曾多次鼓励她勇敢发言，但她总是羞涩地摇头，说得多了，她就自卑地低下头，再不敢抬头看老师了。

一天，邱老师在批改学生的英语考试卷，发现她的卷子几乎是空白的。试卷并不难，主要考的是单词，记单词可是英语学习的一项主要任务。于是，邱老师就把她叫到了办公室。“你回家背单词了吗?”邱老师问。“背了。”她小声地回答。“真的背了吗？怎么还错这么多?”“我真的背了。”她涨红了脸跟邱老师解释，随即又低下头，“就是怎么都背不过。”

认真背了还能记不住？邱老师有些生气，但看到她的表情，邱老师又把火气压了压。

“你是怎么背的?”

“我一遍遍地写，就是记不住，有时还把单词的意思记混了。尤其是几个颜色的单词。”

邱老师打量着眼前的学生，陷入了深思：在其他方面那么有天赋的一个学生，却在背英语单词方面有这么大的障碍，如果自己只是批评她，让她继续用她的方法死记硬背，那她永远也不会对英语感兴趣，自然是越学越差。天天说让学生主动发展、主动学习，却不知道学生连最基本的学习技能都没掌握。就让一切从现在开始吧！

死记硬背对她来说效果等于零，那么什么方法对她有效呢？邱老师想到有一次看她的积累本整理得特别漂亮，在搜集的材料旁边还配有非常贴切的画，看着很有意思。邱老师忽然想起多元智能教学实例中，那个用舞蹈表达文字意思的姑娘。何不一试？于是，邱老师递结她一张纸、一盒彩笔：“你的画画得很棒，老师很爱看你的画。今天我们就用这些彩笔来记住这些表示颜色的单词，好不好?”

“行。”她明白了邱老师的意思，一脸欣喜。

“你先用这些单词表示的颜色，来画你喜欢的画。”

于是，绿色的绸缎、蓝色的衣服、白色的纸飞机、红色的苹果、黄色的梨、彩色的气球……便在她手中诞生了。

“你画得太棒了，现在你一边画绿色的绸缎，一边说‘green’。”很快她就掌握了这个单词。“用这种方法再来试试其他单词。”一会儿工夫，她便把所有关于颜色的单词都记住了。“现在老师来考考你，别害怕，脑子里就想象你刚才画的这些东西。”

20分钟，邱老师帮她记住了以前一个小时都难记住的10个单词。“今后，你能经常在脑子里画一些画儿，想一些你感兴趣的画面，来帮助自己学习吗？它可是你最拿手的。”邱老师及时加以鼓励。

“听说你的表演也很棒，以后你还可以用表演的方法来记对话和课文。”最后，邱老师还不忘继续启发她。

案例中，邱老师将该生发展良好的空间智能——画画，引入强调语言智能的英语教学中，以形象直观的简笔画，帮助学生理解记忆抽象的单词。邱老师的成功充分说明每个学生都是鲜活的个体，每个学生都有成才的可能，他们或多或少都拥有各项智能，只是达到的程度不同而已。教育工作者应该为学生提供更好的学习途径，让他们能更多地享受成功，帮他们找到最适合自己的学习方式，使他们发展多方面的潜能。

多元智能理论要求教师尊重个体差异，给每个学生平等发展的机会，相信天生我才皆有用，使每个学生的成功成为可能。多元智能理论与新课程改革理念和素质教育理念是一脉相承、相得益彰的。在追寻有效课堂的今天，多元智能理论为教师的教学实践提供了多维度的思辨视角。通过以上案例可以看出，要发展多元智能，追求有效的理想课堂，教师应注意以下几点。

1. 有效课堂的实质：促进学生乐学

有效课堂应关注学生，根据学生的实际安排学习活动，让学生真正成为学习的主人。教师在教学活动中应关注学生的发展，这种发展不仅是知识的增长，还包括思维、智慧、能力、人格等方面的发展；应注重学生学习兴趣与良好习惯的培养、情感态度价值观的引领和终身学习愿望的形成，并且逐步让学生学会学习。

2. 多元智能的呼唤：相信每个学生都是天才

多元智能理论表明，每个学生都是天才。八种智能在每个学生身上都以不同的方式、不同的程度组合起来，只要为他们创造可发展的条件，每个学生均可将某一项优势智能发展到令人满意的水平。

同时，多元智能理论也对延用一个世纪的比奈、西蒙等传统智力测试标准进行了颠覆，以全新的智能观和评价观，引领教师反思陈旧的教学思维和教学策略，为教师提供了促进学生发展的多元选择。

3. 不可回避的现实：考得好并不一定有出息

周武，杭州市天长小学教师，他通过长期研究发现，小学期间前几名的“尖子生”在升入初中、高中、大学（乃至参加工作）后，相当一部分学生“淡出”了优秀行列，而许多名列第十名左右的学生在未来的学习和工作中，却表现得非常出色。周武老师称之为“第十名现象”。

曾经有这样一位美国小学生，他在必须参加的智商测试中考得相当糟糕，但他对心理学有着浓厚的兴趣，从小就决定将来从事智力方面的研究，以发现为什么自己会如此之笨。他就是美国前100位科学家之一的耶鲁大学心理学教授R·J·斯腾伯格。1976年诺贝尔物理学奖得主丁肇中说：“我所认识的拿诺贝尔奖的科学家，几乎没有在学校考第一的，考倒数第一的倒有几位。”林林总总，无不令人质疑：什么样的教学才是高效的教学？难道只有学习成绩好才算是优秀吗？从这些现象和事例中，我们应该明白，作为教师不应只盯着分数看，而要看到学生不同的智能领域，承认个体差异，才能做到发展全体。

高效课堂是每一位教师的理想，高效的多元智能课堂则应该成为每一位教师的理想和追求。教师应更多地考虑如何让学生快乐地学习，如何促进学生的智能发展，使每一个学生都成为有效的学习者。只有这样，课堂才会真正有效，教学才是真正成功。

（三）践行“多元智能理论”应规避的误区及高效策略

1. 应规避的误区

多元智能理论有其独到之处，但也存在一些明显的问题尚待解决。

（1）多元智能理论没有分清智力的多元发展与多元智能发展的区别

个体的智力是先天的多元存在，还是后天的多元发展，这显然是有区别的。这其实是心理学、教育学领域纠缠不清的遗传决定论和环境决定论问题的表现。

从加德纳的相关表述看，他肯定个体的智力是先天分化的，个体所受的教育与训练只起到发掘个体先天已有智力的作用。但是，有些事实倾向于智力先天是不分化的，后天的文化、教育和训练使个体的智力发生了方向性的发展。从加德纳搜集的证据来看，也更倾向于智力的后天分化。也就是说，遗传使个体具有智力发展的可能性，但是这种可能性是模糊、不分化、无定向的，并非一定是加德纳所谓的八种智力，而后天的教育和训练才使智力发展具有方向性。所以，教师应区分智力的多元发展和多元智能的发展，这种区分有助于教师认定教育和训练对于促进个体智力发展的作用究竟有多大。

（2）多元智能理论中的各种智力很难用对应的智力测验加以检验

多元智能理论对于智力的概括比较细致，但没有提出相应的智力检验方法。按照智力理论的传统做法，应有八种相应的智力测验来检测多元智能理论中提出的八种智力。而且就教师教学而言，设计信度和效度良好的智力测验对于了解学生的智力发展状况、发现学生的智力强项和智力弱项具有实践价值。但就目前情况来看，加德纳多元智能理论中的多数智能却没有相应的测验进行测量。

2. 高效践行策略

根据加德纳的多元智能理论，优势智能领域和弱势智能领域是相对而言的。每个学生都有自己的优势智能领域和弱势智能领域，而每个人都应该在充分展示自己优势智能领域的同时，将优势智能领域的特点迁移到弱势智能领域中去，从而使自己的弱势智能领域尽可能得到开发。这就要求教师在设计和组织教学活动时，要充分考虑每一个学生的优势智能领域，使学生的弱势智能和优势智能尽量相关联，从而让每一个学生都成才。

（1）多元智能课堂应充分尊重学生的差异

①正视差异。公平是以承认差异的存在为前提的，而传统的教学通常是全班学生只面对同一个教师，接受同样的教学方式，使用同样的教科书，被要求完成同样的作业，甚至达到统一的教学目标，全班学生形成“一个口号齐步走”的格局，这样的教学毋庸置疑存在着公平问题。千人一面的课堂难以“顺应民心”，难以迎合所有学生的口味，势必会出现“优等生吃不饱，后进生吃不了”的不和谐局面，造成“优而不优、差而更差”的现象。于优于差，学生都没有享受到教学公平。

多元智能理论认为，每个人与生俱来都不同程度地拥有八种智能。人各有智，智各有异，作为教师应相信学生的差异只是学生智能优势表现的领域不同而已。

②善待差异。善待差异的前提是教师要了解学生的优势智能和表现。与加德纳一起工作多年的美国学者托马斯·阿姆斯特朗曾说，评价学生多元智能的最好办法就是观察。他甚至幽默地建议，判断学生发展水平较高的智能因素就是观察他们在课堂上的不规范行为。

所以，在课堂教学中，教师要善于了解学生的智能特征，发现每个学生的与众不同之处，因为每个学生都有他人无法比拟的优势智能。

③优化差异。在多元化教学模式探索的基础上，越来越多的教师开始强调课堂教学的有效性，逐渐认识到无论是夸美纽斯、赫尔巴特所倡导的“大”的、“普遍”的教学模式，还是个性化的、多元化的教学模式，都不能完整地实现有效教学的理想。于是有效教学越来越强调设计意识和反思意识，它需要在教学理念的支持下展开教学设计。

在教学设计的道路上，教师应因人而异、因材施教，主动设计多样化的学习活动，安排多种形式的学习成果并让学生根据不同的学习需要来进行选择。

（2）教学活动设计应从“机械化”转变到“人文性”

传统的教学设计过分强调预设，而教学活动本身具有特异性、多变性和不确定性，再有预见性的教师，也不可能预料到课堂各种偶发事件的出现，再周密的教案也不能事先设计好具体的解决方法和步骤。因此，有效课堂中的教学设计应从教师的视角转向学生的视角，从“如何实施教”走向“如何组织学”，从机械僵化走向人文创造，应关注学生的学习能力、个体差异、学习水平和个体发展。

（3）应赋予每个学生平等发展的机会

要实现学生的平等发展，首先，要为学生营造一个自主、合作、探究的学习环境，这是基础教育课程改革倡导的新型学习方式。美国学者沃迈特认为，合作学习是近十几年来最重要和最成功的教学改革。有效的合作学习为学生营造了一个心理自由与安全的学习环境，可以促使更多学生有机会自主地参与到课堂学习活动中来，实现思维的碰撞、情感的交流、资源的共享。合作学习改变了传统课堂的社会心理氛围，突破了只能让少数人成功的教学现状，可以有效促进学生语言、人际交往等多种智能的发展，实现教学意义上的全面丰收，让每一位学生享受到教学公平。

其次，要教育学生勇于挑战自我、超越自我，这是学生健康人格的具体表现之一。未来的社会必然充满着竞争与挑战，学生要有适应未来社会的能力。“是金子，总会发光的”，每个学生都是一块需要打磨的“金子”，教师应通过富有个性化的教学设计，唤醒学生的挑战意识，培养学生的自我效能感，让学生感受到学习的机会都是均等的，课堂是因自己而公平存在着的。学生在教师精心设计的众多挑战任务面前总会找到“一款”自己的最爱。

教师还可以根据每个学生的智能特点设计个别化教育方案，如组织多样化的教学活动、布置富有挑战性的作业、带领学生进行实践探究性的学习等，都可促进学生多元智能的发展，为他们迈向成功奠定坚实的基础。

（4）创设从“个体”到“共同体”的学习环境

学习实际上是一种建构，主要特征是学习者发生变化。而建构需要一种适合所有学习者的环境，教师应在课堂中实践发展学生智能的方法，唤醒学生的生命意识和生活经验，要相信所有的学生都是“有潜力的学习者”，让学生在展示生命活力、呈现生活内涵、回归生态和谐的学习氛围中完成“自主建构”。

有这样一个故事，在印度新德里，贫富差距很大。研究人员在住满穷人的街道的墙上切了个洞，并在洞里安装了电脑。电脑可以上网，但必须用英文。第一周，这个街上的孩子们觉得很新鲜，乱摸一气，到了第三周，孩子们对电脑的操作已经相当熟练了。这个故事说明无论什么样的孩子都有学习的天性，都是渴望学习，并有潜能的。

所以，教师应意识到每次课堂教学都是一次相遇、约会和对话，教师应通过学习环境的创设，引领学生共同找到“高速公路的入口”，这个过程也是学生自主寻找、发现、到达的过程。

天生其人必有才，天生其才必有用。加德纳认为，大多数学生都有可能将某一种智能发展到令人满意的水平。所以，教师应努力创设安全、有秩序、愉悦、友好、负责的课堂环境，制订切实有效的多元智能教学目标，把课堂根植于心中，用心去经营课堂上的每一分钟，使每个学生都享受到高质教学的待遇。

多元智能理论作为西方文化的产物，作为一种成熟而又系统的新教育思潮，与基础教育课程改革理念一脉相承，相得益彰，值得所有教师思考与借鉴。作为教育工作者，应扎根课堂、勇于实践、勤于反思，直击学生智能底线，深度挖掘学生潜能，实现多元智能理论的本土化，使每个学生都享受到教学公平。

让学生开动脑筋学习

——洛克“思维能力养成”

（一）洛克及“思维能力养成”思想概述

约翰·洛克（1632—1704），英国哲学家、教育家，1632年8月出生于英格兰萨默塞特部的威灵顿村。1647年，洛克被送往西敏中学就读，之后就读于牛津大学基督堂学院，毕业后留校任教。从中学、大学乃至工作，洛克所学的与所教的都是与现实社会生活相距甚远的神学和古典人文学科，这使他感到厌倦，并转向对培根新哲学及科学的追求。

1666年，洛克结识了沙夫兹伯利伯爵。之后，在追随伯爵参与资产阶级革命活动期间，洛克担任了伯爵的家庭医生与家庭教师。后因受政治牵连被迫逃亡荷兰。流亡期间，他又担任了友人葛拉克的家庭教师。两次任教经历，使洛克积累了一定的教育实践经验。任教期间，他注意将自己的哲学、政治、宗教等观点应用于教育领域，从而形成了具有自己独特风格的教育思想体系。

洛克的主要教育思想反映在他的教育代表作《教育漫话》一书中，其核心是探讨资产阶级和新贵族子弟的教育问题。

16世纪后半期至17世纪前半期，英国教育改革家希望教育能更好地为实际生活服务，而不是形式主义。为了满足新兴资产阶级的利益，绅士教育作为特定的教育形式被提出来，并且受到广泛关注。为了帮助英国上流社会用“最容易、最简捷”的方法培养绅士，洛克将他流亡荷兰期间写给朋友的关于子女教育的信札加以整理，编纂成为一本重要的教育哲学著作

《教育漫话》，1693年出版。

所谓绅士教育就是主张把贵族子弟培养成身体强健、举止优雅、有德行、有智慧、有才干的事业家。洛克说："最应注意的还是绅士的职业。因为一旦绅士受到教育，走上了正轨，其他的人自然很快就能上正轨了。"绅士是"有德行、有用、能干的人才"，必须具备"德行、智慧、礼仪、学问"四种品质，"绅士需要的是实业家的知识、合乎他的地位的举止，同时要能按照自己的身份，使自己成为国内著名的和有益于国家的一个人物"。

在这里，洛克高度评价教育在人的成长过程中的巨大作用。他认为，人之好坏，或有用或无用，十之八九都是他们的教育所决定的。人之所以千差万别，有优劣之分，绝不是先天禀赋决定的，而是后天教育的结果。尤其是幼儿时期的教育，可以影响人的一生，这好比江河的源泉，水性柔和，稍用一点力便可导向不同的方向。

对于绅士的培养，洛克主张通过良好的家庭教育来进行，而决不能通过学校教育。这是因为，第一，当时的文法学校是古典主义的，只教授一些希腊文和拉丁文方面的知识，而不注重治事处事的胆识与方法的训练，不注重道德、礼仪和谦顺行为的培养，因而是不实用的；第二，学校中的学生良莠不齐、成分复杂，小绅士与之接触，易受污染，性格变得乖戾、粗鲁；第三，学校中，学生人数太多，教师难以进行个别的细致观察，不利于对学生因材施教。所以，洛克主张只要是请得起家庭教师的家庭就要不惜花费重金聘请具有优秀品格、丰富社会经验和良好文化素养的人作为家庭教师，对子弟施以个别教育，以便对自己的孩子起到良好的教导作用。

洛克的绅士教育思想内容主要包括体育、德育和智育三方面，并把实际的教育方法贯彻于这三方面中。在他的绅士教育体系中，道德要放在知识之上。他认为德行越高的人，其他一切成就的获得也就越容易。洛克认为，绅士要善于处理自己的事务，"学问是应该有的"，但学问是德育的辅助品，应居第二位。

洛克也重视体育，重视绅士的身体健康。他说："健康之精神寓于健康之身体。"有了健康的身体，才会有健康的精神。他把身体的健康作为全部教育的前提，视为满足个人幸福、获得事业成功的重要条件。

基于上述思想，洛克认为知识教育的目的不只在于传授科学知识，更重要的是发展理解能力、思维能力，为进一步学习打下基础。他说：“教育的事务……并不是使年轻人在任何一门科学上达到完善的程度，而是开放和安置他们的心，使他们在需要专心于某种科学的时候，能够很好地学习它。”所以，他强调，教师的“工作不是要把世上可以知道的东西全都教给学生，而在于使学生爱好知识、尊重知识，在于使学生采用正当的方法去求知，去改进他自己”。

为发展思维能力，在教学科目方面，洛克特别重视数学。认为凡是有时间、有机会受教育的人，都应学习数学，这并不是要使所有的人都成为数学家，而是因为“研究数学一定会使人获得推理的方法；当他们有机会时，就会把推理的方法移用到知识的其他部分去”。洛克强调数学能培养人的准确的、精密的推理能力，在探究和推理中锻炼理解力，使人的思维愈加敏锐和灵活。

洛克认为，所学科目除应有助于发展思维能力外，还应注重对培养绅士品格和日常生活有实际用处的知识的学习。洛克说：“在全部教育上面，大部分的时间与努力都应花在日后在青年人的日常生活里面最有结果、最常利用的事情上面。”为此，他提出了一个范围广泛的学科体系，具体有阅读、写字、绘画、语言、法文、拉丁文、算术、几何、地理、天文、自然哲学、伦理学、年代学、历史、法律、速记，等等。此外，还要学习骑马、击剑、舞蹈等知识和技能。

为了传授知识，特别是为了发展智力，洛克提出了许多今天看来仍然颇有价值的教学建议。

1. 激发求知欲，激起读书的兴趣

洛克认为，教师应向学生讲明白学习的重要意义，使其认识到读书是一种“光荣的、荣誉的”事情，并使其主动要求受教。教学要从学生的年龄特点出发，使读书变得饶有趣味，从而产生一种轻松感和愉快感。如选用附有字母的玩具学习字母，再用印有动物名字的图片学习拼音，而后选择一本容易的、有趣的又适合学生能力的插图书籍来学习阅读，这样寓学习于兴趣之中，他们就会把“求学当成另外一种游戏或娱乐去追求”，“自己去要求学习”。若非如此，缚之以种种约束，强力加以逼迫，他们必定毫无兴趣，甚至“一生一世憎恶书本，憎恶学问”。

2. 鼓励好奇心

洛克认为："儿童的好奇心，只是一种追求知识的欲望，所以应该加以鼓励。"他还列出了鼓励学生好奇心的方法：(1) 根据学生的年龄特点，认真回答他们提出的问题；(2) 当着学生所敬重的人赞扬他们求取知识的欲望，并鼓励年长的学生把所学知识教给他的弟弟妹妹；(3) 对问题的回答必须是真实的，全部应是"不可侵犯的真理"，否则就会阻碍他们学习知识的兴趣；(4)"故意使他们看到新奇的事物，使他们发生问题"，引起他们的好奇心。洛克认为，如果学生的好奇心不断得到鼓励与培养，他们的推理能力和判断能力就会得到发展，理智就会逐步完善。因而，教师应特别注意培养学生的好奇心。

3. 培养注意力

洛克说，培养学生的注意力是"教员的巨大技巧"。因为只有做到了这一点，学生才能专心地、勤敏地接受知识，留下深刻的印象，学有所得，迅速进步。否则，教师的一切"纷扰忙碌"都会少有结果，甚至没有结果。为了达到目的，首先，应尽量让学生了解所学知识的用处。当学生真正了解到懂得这些知识能做更多事情，并能胜过不懂这些知识的人时，他们就会集中注意去学习。其次，态度应该慈爱、温和。洛克认为，见异思迁、漫不经心、疏忽大意、思想混乱，"这都是儿童时期的自然的过失"。对此，教师"都是应该温和地加以提醒，逐渐地去制服的"，绝对不可"恼怒与申斥"并举，"责备与惩罚"交加。因为这样会造成学生恐惧的心理，而恐惧的心理是不能接受教导、增加知识的。洛克说："你不能在一个战栗的心理上面写上平正的文字，正如同你不能在一张震动的纸上写上平正的文字是一样的。"只有在学生与教师相处时思想上感到"安舒与自由"，只有当学生心理保持一种"安闲澄静"时，他们"才能接收新的知识"。

4. 从易到难，由简到繁，从已知到未知，逐步训练思维

洛克根据人的思维活动具有从易到难、从简到繁的特点，强调教学也应从易到难，由简及繁，循序渐进。他说："要从明白简易的地方开始，一次教的分量越少越好，要等他们完全掌握了所教的材料，才可再教那门科学里面的新材料。"他认为："应该从已具有的知识入手，进而探求那些与它相邻相关的知识，这样推演下去，使它从事物的最简单、最单纯的可分部分去达到它的目的。”教学如能这样一步一步循序渐进地进行，学生的“悟性就可以开发，思想就可以进展”。

洛克极为重视思维方法的训练，认为良好的方法可以清除前进道路中的障碍，有助于掌握知识，领会事理。虽然方法有多种，但主要的有两种，即从一般到特殊的方法和从特殊到一般的方法。他强调应该使学生在这两种方法上都得到训练。

洛克针对当时知识教育只重视强记硬背、忽视发展智力的严重弊端，提出在教学过程中提高人的心智能力较之获得具体知识更为重要，强调知识教育不是给予学生“种种知识与知识宝藏，而是种种思维与思维的自由，是增进人心的活动与能力，而不是扩大心的所有物”。这一思想在当时有着极大的进步意义，在教育史上产生了深远的影响。

洛克论智育中的“锻造学生推理能力”，培养他们会思考、能探究的教育思想，对当今的素质教育改革有着积极的意义，并被许多优秀教师践行着。

（二）“思维能力养成”经典案例

【案例1】

南京市北京东路小学校长、著名语文特级教师孙双金认为，要想培养学生的思维能力，让他们有主见地学习，就必须教给学生质疑方法，引导学生质疑问难。下面看看孙老师是如何通过引导学生质疑问难，使他们的思维能力得到提升的：

片段一：

在教学《天游峰的扫路人》一课时，孙老师问学生：“读了这个题目，你们有什么想法？有什么问题？大家要大胆地说，无论对错都值得表扬。”

学生们开始思考，过了一会儿，有学生问道：“扫路人是年轻人，还是老人？”

孙老师立刻给予了表扬：“你是班上最勇敢的学生，给你掌声。”

受到老师的鼓励，学生们纷纷提出问题：

“天游峰在哪里?”

“写什么不好，为什么写天游峰的扫路人?”

“多好的问题呀。把问题写到黑板上，后面写上你的名字。这是你自己发现的，是你的专利。”孙老师继续鼓励。

这更激励了学生提问的热情：“扫路人多大了？扫了几年路？扫路人叫什么名字？怎么扫？为什么到天游峰扫地？天游峰高不高?”

……

孙老师夸奖道：“同学们根据课题提了这么多问题，说明大家开始会思考了。下面，我们带着这些问题来读课文。要求认真读，读正确，读流利。”

学生开始读课文。几分钟后，课文读完了，孙老师问：“读完课文，你们又有什么新问题？比比谁提的问题最有水平。”

“作者为什么说30年后再来看老人?”

“把问题写到黑板上，写上自己的名字。”孙老师说。

“为什么不说话就能把他俩的心沟通起来?”

“为什么说没有攀登过天游峰的人，就不能算到过武夷山?”

“为什么在这扫路?”

“这个问题怎么表达比较好?”孙老师引导。

“老人为什么舍不得离开这里?”学生想了想，换了一种问法。

“为什么天游峰那么高，老人还说不累?”

“老人的笑声为什么直伴‘我’走到住地?”

“这个问题提得太好了，你真有一双慧眼。黑板上写不下了，大家写在纸上吧。”孙老师由衷地赞扬。

“为什么老人说30年后照样请‘我’喝茶？还朗声大笑?”

“为什么扫路这么累，老人却说得那么轻松、悠闲?”

……

“老师真高兴，同学们能提出这么多问题。这节课出了多少思想家啊。这么多问题，你认为哪个最重要，解决了这个问题，其余的就全解决了?”

（学生们又众说纷纭，课堂气氛十分热烈）

片段二：

在教学《赠汪伦》一课时，孙老师问："大家读懂了这首诗的基本意思，但我觉得大家还没有真正走进作者的内心世界，读完这首诗你们有什么问题吗？讨论讨论。"

（学生开始小组讨论）

过了一会儿，孙老师说："能够发现问题的同学有双慧眼，简直是火眼金睛。（指名问）你发现了什么问题？"

学生答："桃花潭水深千尺，为什么比不上汪伦对'我'的情意？"

孙老师点头："是啊，桃花潭的水深千尺，为什么比不上汪伦送'我'的情意呢？这是一个问题，还有其他问题吗？"

学生问："既然李白舍不得离开汪伦，他为什么还要离开呢？"

孙老师道："天下没有不散的筵席，朋友之间总是要离别的。（竖起大拇指）好样的，能够发现问题。谁还有问题？"

看大家都不发言，孙老师笑道："现在我来读诗，看你们能不能再发现一些问题？'李白乘舟将欲行，忽闻岸上踏歌声'，李白这时已经来到哪里了？你的问题是什么？"

学生问："为什么要在李白要走的时候汪伦才来送别呢？"

孙老师兴奋地说："听到没有？为什么要在李白来到桃花潭坐到船上，要走的时候，汪伦才来送呢？他为什么早不送，晚不送，偏偏到这个时候才来送呢？你会这样送客吗？"

学生齐答："不会。"

孙老师说："展开你们想象的翅膀，猜想汪伦为什么到这个时候才来送朋友呢？可以几个人讨论一下。"

（学生讨论）

片段三：

教学《落花生》一课时，孙老师说："读书的时候要抓住一点不断地从多方面提问，思考问题必须深入。针对这个题目，你们有什么问题要提？"

学生问："什么叫落花生？为什么以'落花生'为题目？"

孙老师称赞："我觉得这个问题很有价值，书上有没有答案？齐读预习提示的一段话。"

学生齐读完后，孙老师将问题交给学生："为什么叫落花生?"

学生答："我想应该是因为它的花落到地上才会结果实，如果花不落就不会结果实。"

孙老师问："你说说花生结果的过程。"

学生答："开花，花落，花茎钻入泥土，结果。"

孙老师问："你怎么知道的?"

学生答："我在家查了相关资料，"

孙老师笑着赞扬："真会学习！发现问题就查资料。大家应该向他学习。"

从以上案例可以看出，孙老师经常在课堂上鼓励、引导学生质疑问难，从而达到锻造学生推理能力、培养学生思维能力的目的。

孙老师说，在现代教学过程中，"教师的职责已经越来越少地传递知识，而越来越多地激励思考；除了他的正式职能以外，他将越来越成为一位顾问，一位交换意见的参加者，一位帮助发现矛盾论点而不是拿出现成真理的人。他必须集中更多的时间和精力去从事那些有效果的和有创造性的行动：相互影响、讨论、激励、了解、鼓舞"。这与洛克论智育中要努力培养学生的思维能力的思想是一致的。所以，作为教师，要敢于让学生质疑，在质疑中发散学生的思维，从而达到培养他们思维能力的目的。从孙老师的教学经验可以看出，要做到发散学生思维，教师都应遵循以下几个原则。

首先，破除学生怕质疑、怕师生嘲笑的心理顾虑，让学生大胆地、毫无顾忌地质疑。

其次，凡是提出质疑的学生，不管提得好不好，提得对不对，教师都应给予肯定和表扬。这样，学生自然而然就敢于质疑了。

学生敢于质疑后，教师还要教给他们质疑的方法，引导学生抓住重点词语和句子，抓住关键点质疑，不能浮于表面，而应刨根问底，多角度地思考，多方位地质疑。即要让学生会质疑，质疑到点子上。

【案例 2】

南京师大附中的谢嗣极老师在教授《景泰蓝的制作》一课时，以激发学生的疑问点为主，开拓学生的思维，从而达到了培养学生思维能力的目的：

第一步：在阅读课文前，先让学生看景泰蓝实物，要求学生仔细观察，能够看出景泰蓝的一些特点。

第二步：就“关于景泰蓝的制作你们想知道些什么?”这一问题引导激发学生们的疑问点。全班同学踊跃提问，主要问题有：

(1) 景泰蓝的制作工序如何?

(2) 景泰蓝的胎为什么用铜制作，用其他材料是否可以?

(3) 为什么叫景泰蓝?

(4) 景泰蓝的花纹是如何加工成的?

(5) 景泰蓝为什么以蓝色为主?

(6) 景泰蓝除了花瓶外，还有没有其他形式的制品?

(7) 景泰蓝的表面如此光亮是怎么加工成的?

(8) 景泰蓝经历了怎样的制作历史?

(9) 一个景泰蓝花瓶值多少钱?

(10) 叶圣陶写此文会不会造成景泰蓝制作工艺的泄密?

(11) 为什么没有人往景泰蓝花瓶里插花?

(12) 制造景泰蓝有什么用?

(13) 景泰蓝制作的前景如何?

(14) 最值钱的景泰蓝是哪一个？在什么地方?

(15) 景泰蓝是由谁发明的?

谢老师将学生提出的这些问题分成三类：第一类是学生读完了课文就可以立刻回答的；第二类是学生灵活掌握了课文内容后，教师再稍加启发就可以回答的；第三类是难以统一答案，但可以让学生充分发挥自己的想象提出自己的看法的。

第三步：根据学生产生的疑问，引导学生自己先从课文中寻找答案。

第四步：解决疑问。让学生自己回答提出的问题，结果证明：第一类问题学生都能较准确、完整地回答；第二类问题学生经过讨论后，也能得出较为满意的答案；第三类问题，学生充分发挥了自己的想象，各抒己见。

按照传统的教学模式，教师在讲授《景泰蓝的制作》这类说明文时，必然要向学生介绍文章中提到的一些枯燥的专业知识。学生只是被动地听课，肯定会产生厌烦的情绪，致使一堂课下来，教师讲得口干舌燥，学生却一无所获。而上述案例中，谢老师为了提高教学质量，没有按照传统的教学方法进行填鸭式的教学，而是另辟蹊径，利用学生的求知欲，巧妙地激发他们的疑问点，让学生主动地获取知识。在这个过程中，学生增长了知识，锻炼了自学能力，提高了学习效率。比如，首先让学生直观地感受景泰蓝的魅力，借此可激发学生的好奇心和求知欲，让学生产生很多疑问；之后再引导学生读课文自己解答心中的疑问，使学生自主地获得了相关的知识。

爱因斯坦曾经说过："提出一个问题比解决一个问题更重要。"只有当学生自己提出问题时，教师才能了解学生的需求，才能更有针对性地对他们进行教学。学生也会在解决问题的过程中，学会思考的方法，由被动地接受知识转变为主动地探索知识。疑问点的激发对于培养学生的自学能力，开发学生的自主思维能力都是非常关键的。

古人云："学贵有疑，大疑则大进，小疑则小进。"然而，在现实教学过程中，很多时候学生无疑可生。这时候教师就要适当予以点拨、引导和鼓励，引导学生自主思考，提出疑问点。如德国教育家第斯多惠所云："教学的艺术不仅在于传授本领，而更重要的是善于激励、唤醒、鼓舞。"优秀的教师总能在恰当的时机用恰当的激疑方法，发散学生的思维，使教学达到事半功倍的效果。

教师采用激发疑问点的教学方法，目的之一就是为了达到洛克思想中的"培养人的准确的、精密的推理能力，在探究和推理中锻炼理解力，使人的思维愈益敏锐和灵活"，在学生开动脑筋的基础上主动获取新知。此外，激发疑问点还能让学生将已经学过的知识融会贯通，更深入地理解、消化和吸收。

教师要想利用好洛克论智育中发展学生思维能力的思想，达到让学生在动脑中学习的目的，就应掌握"质疑"这把金钥匙。在平时应多积累一些巧妙设计疑问点的方法，使其帮助学生在种种思维束缚中开启一扇通往智慧的大门。

（三）践行“思维能力养成”应规避的误区及高效策略

1. 应规避的误区

从《教育漫话》及洛克的其他作品中可以看出，其教育思想还具有一定的妥协性。他的唯物史观还不彻底，仍然相信上帝的存在；他歧视劳动人民，主张给他们设立劳动学校等。比如，在对儿童的教育中，谈到榜样的作用时，洛克坚决反对儿童接近仆人，认为仆人都是粗俗的，都是不好的榜样。他彻底否认学校教育，也是值得商榷的。但从其思想的局限性中，仍可以得到这样的启示：教育是不分阶级贫富的，人人都有接受教育的权利；家庭的教育对儿童一生的成长有着至关重要的作用。

洛克从唯物主义经验论出发，高度评价教育在人的成长发展中的作用。他把儿童天性喻为没有痕迹的白板或柔软的蜡块，可以任人随心所欲地涂写或塑造。在他看来，一个人之所以成为这样或那样的人，决不是先天禀赋所决定的，而是后天教育的结果。他认为，“凭着天赋的才力”和体质“做出伟大的事业”的人，或许有，但为数极少。从现实生活看，在人的发展中起着决定性作用的是教育，“我敢说我们日常所见的人中，他们之所以或好或坏，或有用或无用，十之八九都是他们的教育所决定的。人类之所以千差万别，便是由于教育之故”。

洛克关于人之千差万别取决于教育的论断，显然过高估计了教育的作用，没有认识到遗传、教育、环境在人的发展中相互作用的辩证关系。

以上这些，教师应辩证地去看，以便自觉规避一些认识上的误区，使自己在借鉴时更得要领。

2. 高效践行策略

“质疑”是思维能力养成最重要的产物。提出新的观点、新的可能性、从新的角度去看旧的问题，需要学生发挥创造性的想象力，这就起到了开发学生智力的作用。从某种意义上讲，提出质疑对思维领域的要求比解决质疑更能提高学生的思维水平，更能真正实现让学生在动脑中学习的目的。

（1）创设质疑情境，激发学生思维

轻松快乐、民主自由的课堂氛围容易使学生产生一种良好的心境，在这种良好的心境中学生好奇、好动、好胜的心理特征会被最大限度地调动起来。无论学生提出的质疑是简单幼稚的，还是不着边际的，教师都不能粗暴训斥、讽刺否定，否则学生质疑的积极性会受到挫伤，再也不敢或不喜欢质疑了，这样就会限制学生的思维。所以，教师应努力创设情境，促使学生大胆质疑。

在教学《月相》一课时，上课伊始，教师一言不发转身在黑板上写下“月有阴晴圆缺”几个字。看到这熟悉的字句，学生立刻抑扬顿挫地背诵起苏轼那首文质兼美、脍炙人口的《水调歌头》。等他们背诵完之后，教师不失时机地问：“面对如此诗意的月，你们会想到哪些问题?”此问题一出，立即使学生的思维活跃起来。学生问：“明月就是我们见到的圆月吗?”“月亮为什么会有阴晴圆缺的变化?”“月亮的阴晴圆缺的变化有规律吗?”“不同地方的人在同一天的相同时间看到的月亮形状一样吗?”“月亮上真有玉兔吗?”……这些问题如泉水般从学生的脑袋中涌现出来。

(2）利用课前预习激发质疑，打开思维

教师在讲授新课前，可以要求学生先进行预习，并将不理解的问题记在作业本上，教师在批改作业时根据学生的问题修改教案，这样一方面可以增强教学的针对性，另一方面可以激发学生的思维。

教学《燕子专列》这篇课文时，教师让学生提前预习，结果学生提出了很多有价值、有深度的问题。比如，为什么课题是“燕子专列”？文章为何同以往的课文在写作顺序上不同，采取倒叙的形式？文章写人们保护燕子已经很具体，为何还要写贝蒂寻找燕子？等等。

(3）利用课堂讨论激发质疑，打开思维

教师可以在课堂上组织学生讨论，并要求学生之间互相提问，共同解答。互相提问是培养学生合作学习、合作解决问题能力的有效手段。而且同学间互相提问，常常不讲究形式，这样更有利于学生提出各种各样的疑问，有利于培养学生思维的灵活性和发散性。

(4）用生活经验挑起认知冲突，激发思维

学生在科学探究活动中，对所观察到的现象或特征进行思考时，往往会借助已有的生活经验或知识结构对此做出“合理解释”。教学中教师若能善用学生已有的生活经验，通过有效引导挑起学生的认知冲突，就能激发学生的思维。

教学“马铃薯在水中是沉还是浮”一课时，教师先出示大小不同的两个马铃薯，问：“你们认为哪个马铃薯放入水中会沉，哪个马铃薯放入水中会浮起？”学生从已有的经验出发，认为大的马铃薯较重会沉入水中，小的马铃薯较轻会浮出水面。

教师将它们放入水中，结果发现两个马铃薯都沉了。这时，教师又出示了大小相同的两个马铃薯（大小介于上述两个马铃薯之间），问：“你们认为这两个马铃薯放入水中会怎样？”学生不假思索地回答：“会沉入水中。”老师没说话，而是将它们放入另一杯水中（一杯浓盐水），学生惊奇地发现两个马铃薯都浮在水面上。

之后，教师又将大小相同与大小不同的两组马铃薯交换放置，学生观察发现，原来下沉的两个马铃薯在另一杯水中却浮起来了，而原来浮起来的一组马铃薯换一杯水放置却下沉了。这种现象立刻激起了学生强烈的认知冲突，于是问题出来了：这是什么原因呢？马铃薯的沉浮到底与什么有关呢？为什么在一杯水中沉下去而在另一杯水中却浮起来呢？

（5）引导学生进行逆向思维

有时，学生产生疑问是因为思维被束缚，找不到解决问题的路径。这种情况下，教师可以不直接回答学生的问题，而是引导学生进行逆向思维，在思考的过程中，质疑自然会得到解答。

某教师让学生解答应用题“5 筐梨质量相同。从每筐中拿走 30 千克，剩下的梨正好是原来 2 筐梨的质量。每筐梨重多少千克？”许多学生产生了疑问：“剩下的梨的质量怎么求？”

学生之所以产生这样的疑问，是因为他们在理解“剩下的梨正好是原来 2 筐梨的质量”时，思路拘泥于要求“每筐梨重多少千克”就要先求出“剩下的梨的质量”。为了解决这一疑问点，该教师采用了逆向引导法。

教师启发学生：“剩下的梨的质量不好求，但是能反过来想想吗？”

学生立刻豁然开朗：剩下的梨的质量不好求，但是拿走的梨的质量比较好求，共拿走的梨重 30×5＝150（千克）。剩下的梨正好是原来 2 筐梨的质量。反过来想，就是拿走的梨的质量正好是原来（5－2）筐梨的质量。因此，每筐梨重 30×5÷（5－2）＝50（千克）。

逆向引导的功效就在于能启动学生的逆向思维，使学生学会从问题的反面或者从问题的结论出发进行思考。案例中，教师就采用逆向引导，使学生从问题的结果出发进行思考，很轻松地解决了难题。

(6) 巧借已有知识进行迁移生发，激发思维

学生在探究活动中，通过观察、实验，从某种物体或现象中总结出规律，掌握了相关知识后，教师就应巧借学生已有知识进行迁移，让他们由此及彼地推导、探究出其他物体的特征、规律，进而产生新的问题。

教学“物体的热胀冷缩”一课时，学生通过实验知道水具有热胀冷缩的性质，教师启发学生：“其他物体也有这样的性质吗?”当学生通过实验知道液体有热胀冷缩的性质后，再让学生由液体迁移联想到固体、气体是否也具有这样的性质。学生通过前后知识间的正向反馈轻松掌握了固体、气体也有热胀冷缩的性质。其中，学生经历了从问题到结论，从结论生发出新的问题这样一个螺旋递进的过程，使他们的思维获得更深层次的发展。

洛克的教育思想饱含哲理，顺应学生的心理及年龄特征，注重对学生的循循诱导，强调人的全面发展，尤其是思维的发展。

心理学研究表明：提出质疑是思维活动中最重要的环节。没有质疑的思维是肤浅的、被动的。质疑是一个人从已知伸向未知的心理触角，是创新意识的具体体现，是探究性学习的开端。学生只有敢于质疑、乐于质疑，其思维能力才有可能提高。学生的思维得到了发展，教师的教学效果自然也就达到了高效。只要学生的智力和思维能力发展了，他就可以在浩如烟海的知识宝库中观察、探索、领会和掌握知识，使自己的聪明才智不断得到发展。

让学生有规律地学习

——赫尔巴特“四段教学法”

（一）赫尔巴特及“四段教学法”思想概述

约翰·弗里德里希·赫尔巴特（1776—1841），德国著名的哲学家、心理学家，科学教育学的奠基人，生于奥尔登堡。他的幼年教育受益于母亲和家庭教师，后入拉丁学校，1794年进入耶拿大学，师从费希特学习哲学。1797年初，在他修完大学课程之前，即去瑞士担任一贵族的家庭教师，他对教育的兴趣就是由此开始的。1802年，他在哥廷根大学取得博士学位，随后留校任教。1809年，应柯尼斯堡大学的聘请，继康德之后，讲授哲学与教育学，在那里他创立了教育研究所，目的在于训练教师，应用他的教育原理。1833年，他重回哥廷根大学任教。

在近代教育史上，没有任何一位教育家可与赫尔巴特比肩，他的教育思想对当时乃至之后百年来的学校教育实践和教育理论的发展产生了广泛而又深远的影响。反映其教育思想的代表作《普通教育学》被视为第一部具有科学体系的教育学著作。

赫尔巴特丰富的教育实践经历，为他的教育理论提供了感性认识。赫尔巴特在谈及自己的主要著作《普通教育学》时曾说：“这本书的产生，是出自我的哲学思想，同时也是根据我的哲学思想，利用各种机会，收集并整理了我精心安排的观察和实验的材料。”

赫尔巴特认为，教育学不能仅仅满足于理论上的教导，而是必须与实际相结合。他希望把自己的教育理论应用于实际，并试图对当时的教育实行改革，他说："一种教学的方案，如果没有相当的教师，尤其是缺少为此方案的精神所感动的教师，以及在方法运用上练达的教师，则毫无任何价值可言，所以我建议设立一种小规模的实验学校，这种办法或者能成为将来扩充运动的最优良的准备。康德有一句话'先之以实验学校，继之以师范学校'。"

赫尔巴特的教育改革计划得到了当时教育部部长的大力支持。教育部部长给予他聘请助手的经费及实施该计划的绝对自由。后来，赫尔巴特创办了师范班、实验学校和教育研究所，试图以他的教育理论来培养教师，开展教育科学研究。

赫尔巴特是通过哲学进入教育学领域的。在耶拿大学，他在费希特的影响下研究德国唯心主义哲学，但最终发现他与这种哲学的分歧不断扩大。

他同意康德和费希特关于道德是教育的目的的观点。但是，他认为，康德和费希特的哲学包含了一种道德的一致性的观念。他对当时教育理论的批判沿着这样的路线展开：在自由哲学中，存在着对自由和宿命论的荒谬认识，它把人类的道德行为理解为先天的自由意志的结果。因此，道德上的善良行为或态度的缺乏，只能被理解为智力障碍的结果。然而，既然没有人（不仅是行动者本人）能认识到这种障碍，就更不用说去排除障碍了；而根据先验论的教条，人所能做的一切，就是宿命地等待理性产生结果（道德）或不产生结果（不道德）。这意味着，自由学说和宿命论之间没有区别。这不仅在教育学上是荒谬的，在伦理学上也是荒谬的。赫尔巴特从这一点得出结论：自由只能被清晰地表达为"内心自由的观念"。

赫尔巴特的这些反思对他的教学法产生了直接的影响。他认为，人的观念、情感、善的意志是不可分割的。作为知识传递过程的教学和作为善的意志形成的道德教育是统一的。

赫尔巴特发展了前人关于教育性教学的观点，提出了"教育性教学"的概念，认为没有无教学的教育，也没有无教育的教学。这是赫尔巴特教育学理论的最著名的内容。通过它，赫尔巴特详细阐述了教学"阶段"的学说，19世纪后半期他的追随者试图把它发展成为一种普遍有效的教学方法。

1. 赫尔巴特的兴趣说

在人的观念活动的过程中，兴趣既是统觉的基本条件，又是智力活动的前提。赫尔巴特认为人的兴趣是一个由“专心”和“审思”共同组成而又相互矛盾的心理活动。“专心”是指集中于某一主题或对象而排斥其他的思维活动，要求教师深入钻研教材，力求清晰地认识个别事物。“审思”是指追忆与调和意思内容的思维活动，即深入理解与思考，把“专心”中认识的个别事物集中起来，使之联合成统一的东西。这两个环节既相互联系，又相互区别。

区别：(1) 各种专心活动是互相排斥的，不能同时发生于不同的对象，而是一个接着一个的。(2) 专心活动和审思活动，都各有其静止状态和运动状态。

联系：(1) 专心活动在审思活动之前，但二者是可以相互转化的。一方面，各种专心活动可以交替进行，互相转化，并过渡到审思；另一方面，审思也可变成新的专心。(2) “专心”和“审思”在掌握知识中同样重要。离开“专心”，就无法掌握知识，但要掌握真正的多方面知识又离不开纯粹的“审思”。“专心”与“审思”的矛盾运动构成了兴趣活动的四个阶段，即注意、期待、探求、行动。赫尔巴特正是依据兴趣的四个阶段提出了其极为著名的“四段教学法”。

2. 赫尔巴特的“四段教学法”

在赫尔巴特看来，学生在接受新事物时，总有一条明显的思维主线，即“明了—联想—系统—方法”。教育性教学的条件是注意与统觉，在教学中必须引起学生的注意和兴趣，同时必须让学生在原有的观念基础上掌握新的观念，教师运用叙述教学法、分析教学法和综合教学法，使学生通过“专心”达到“明了”和“联想”，通过“审思”达到“系统”和“方法”，这就是著名的“四段教学法”。

(1) 明了

“明了”是了解新出现的个别事物，它相当于出现某种新“问题”。这是教学过程的第一步，由教师传授新教材。主要是让学生真正明了个别事物，教学速度必须放慢一些并尽量将教学内容分解为若干个小步骤。要求教师在讲解时应尽量明了、准确、详细，并和学生已掌握的知识进行比较。

教师主要采用提示教学法，也可辅之以演示、实物观察等直观教学方式帮助学生明了新观念，掌握新教材。这一阶段，学生的心理状态是处于静态的专心活动，其主要表现为注意，注意教师对新教材的提示，集中精神对新的概念、教材进行钻研，努力明了新概念。

（2）联想

“联想”是将新获得的观念与旧有的观念联系起来，初步形成新旧观念之间的某种暂时的“关系”，并形成新的观念。

学生的心理状态是处于动态的专心活动，这种钻研活动可使学生新掌握的观念、教材与已有的观念之间产生联系。此时新知识与原有知识间的联系尚不清晰，处于一种模糊状态。教师应采用分析教学法，与学生进行无拘束的谈话，引起统觉过程，使新旧知识产生联合。

（3）系统

在教师指导下，学生对已获得的知识进行综合、归纳、概括，得出结论，使之概念化、系统化，并将其纳入原有的知识体系，以形成完整、严密的知识体系。

学生的心理状态是处于静止的审思活动，心理上的特征是探究。教师可采用综合教学法，通过将新旧知识进行对比联系，使之形成概念、定义、定理。

（4）方法

赫尔巴特讲的“方法”即“应用”（或练习），指通过练习使学生把所学知识应用于实际，以检查学生对新知识的理解是否正确。

学生心理状态表现为一种动态的审思。学生会产生把系统知识应用于实际的要求，其心理特征是行动。教师可采用练习法，指导学生通过练习、作业等方式将所学新知识应用于实际，发展学生的逻辑思维。

赫尔巴特将系统与方法一起视为“审思”活动，它是由“明了—联想”构成的“专心”活动的延续。他认为教学的步骤应该是一个从“专心”到“审思”的过程，“专心活动应当发生在审思活动之前”，必须使二者尽可能地相互接近，而“审思”又可变为新的“专心”，“专心”与“审思”必须交替进行。这一教学过程即一个观念运动过程，通过明了阶段使个别的观念明确清楚，通过联想阶段使许多个别的观念得以联合，通过系统阶段使已联合的许多观念得以系统化，通过方法阶段使已系统化的观念进行某种运用，以便使之更为牢固和熟练。

赫尔巴特的“四段教学法”对教学的四个阶段划分得很清楚，且比较细致地考虑到学生学习时的心理状态，注意到不同教学阶段学生的不同兴趣，特别考虑到不同的教学阶段所应采取的不同教学方法，这对知识的系统授受和教学过程的规范化都具有重要意义。

（二）“四段教学法”经典案例

贵州省瓮安县珠藏中学李华老师在物理教学中成功运用赫尔巴特的“四段教学法”取得了良好的教学效果。下面是他教授“动能·动能定律”时的经典案例：

1. 预备：唤起学生已有旧概念，激发兴趣，提出问题，说明目的

我们初中时学过，物体由于运动而具有的能量就叫作物体的动能，物体的动能跟物体的质量和速度都有关系。那么，到底物体的动能与什么因素有关？物体的动能和物体的质量、速度有着什么样的关系？这就是今天我们要研究的问题。

2. 提示：提出新课题，讲解新内容

【演示实验】如图所示，让木块A从光滑的轨道上滑下，与木块B相撞，推动木块B做功。

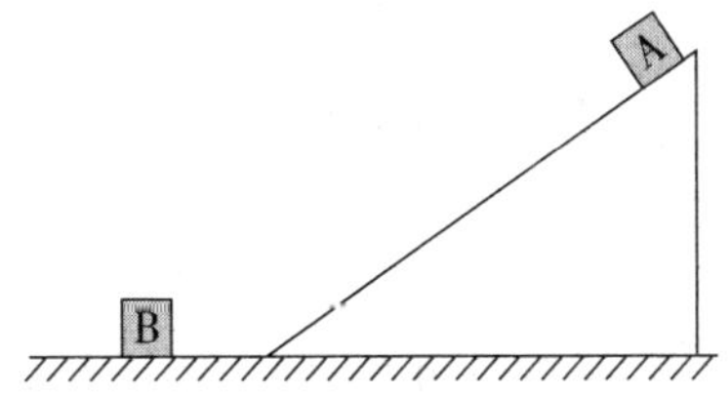

学生描述看到的现象：

a. 让木块A从不同的高度滑下，可以看到，高度大时把木块B推得远，对木块B做的功多。

b. 让质量不同的木块从轨道上滑下，可以看到，质量大的木块把木块B推得远，对木块B做的功多。

从功能关系的定性分析可以得到：物体的质量越大、速度越大，则它的动能就越大。

3. 联结：把新旧知识相比较，建立它们之间的联系

【物理情景Ⅰ】质量为 m 的物体以初速度 $v_1=0$ 自由落下，当下落距离为 h 时，速度为 v_2。

【物理情景Ⅱ】一个初速为 v_1，质量为 m 的物体，在与运动方向相同的恒定外力 F 的作用下，发生一段位移 s，速度增加到 v_2。

【物理情景Ⅲ】一个初速为 v_1，质量为 m 的物体，在粗糙的水平面上在摩擦力 f 的作用下，发生一段位移 s，速度减小到 v_2。

【物理情景Ⅳ】一个初速为 v_1，质量为 m 的物体，在与运动方向相同的恒定外力 F 的作用下，在粗糙的水平面上发生一段位移 s，速度为 v_2，其运动过程中受到的摩擦力为 f。

由前面所学的知识，归纳、推导出结论填入下表：

物理情景	结　论
Ⅰ	$mgh=\frac{1}{2}mv_2{}^2-\frac{1}{2}mv_1{}^2=\frac{1}{2}mv_2{}^2$
Ⅱ	$Fs=\frac{1}{2}mv_2{}^2-\frac{1}{2}mv_1{}^2$
Ⅲ	$-fs=\frac{1}{2}mv_2{}^2-\frac{1}{2}mv_1{}^2$
Ⅳ	$Fs-fs=\frac{1}{2}mv_2{}^2-\frac{1}{2}mv_1{}^2$

【结论1】物体只受重力作用，重力对物体做的功等于 $\frac{1}{2}mv^2$ 这个物理量的变化。

【结论2】物体在只受一个动力的情况下，外力对物体做的功等于 $\frac{1}{2}mv^2$ 这个物理量的变化。

【结论3】物体在只受一个阻力的情况下，外力对物体做的功等于 $\frac{1}{2}mv^2$ 这个物理量的变化。

【结论4】物体在既受阻力又受动力作用的情况下，外力对物体做的功等于 $\frac{1}{2}mv^2$ 这个物理量的变化。

4. 总结：概括，得出结论

通过上面的推导，我们可以得到：合外力 F 所做的功等于 $\frac{1}{2}mv^2$ 这个物理量的变化。根据功能关系，合外力 F 做的功等于物体动能的变化。引

导学生总结概括得出以下结论：

（1）动能

【概念】物体由于运动而具有的能量叫作动能。物体的动能等于物体质量与物体速度的二次方的乘积的一半。

【定义式】$E_k=\frac{1}{2}mv^2$（v是瞬时速度）

【单位】焦耳（J）

【说明】

①动能具有标量性，且只有正值。动能与速度的方向无关。

②动能具有瞬时性。在某一时刻，物体具有一定的速度，也就具有一定的动能。动能是一个状态量，与物体在某一时刻的速度相对应。

③动能具有相对性。对于不同的参考系，物体的速度有不同的瞬时值，也就具有不同的动能，一般都以地面为参考系研究物体的运动。

④动能具有不可突变性。物体的动能不会发生突变，它的改变需要一个过程，这个过程就是外力对物体做功的过程或物体对外做功的过程。

（2）动能定理

【内容表述】力在一个过程中对物体做的功等于物体在这个过程中动能的变化。

【表达式】$W=E_{k2}-E_{k1}$（W是合力所做的功，E_{k1}、E_{k2}分别表示初、末状态的动能。若初、末速度分别是v_1、v_2，则$E_{k1}=\frac{1}{2}mv_1{}^2$，$E_{k2}=\frac{1}{2}mv_2$）

【物理意义】动能定理揭示了外力对物体所做的总功与物体动能变化之间的关系，变化的大小由合外力做功的多少来量度。

【说明】

①动能定理既适用于恒力作用过程，也适用于变力作用过程。

②动能定理既适用于物体做直线运动的情况，也适用于物体做曲线运动的情况。

③动能定理的研究对象既可以是单个物体，也可以是几个物体所组成的一个系统。

④动能定理的研究过程可以是针对运动过程中的某个具体过程，也可以是针对运动的全过程。

⑤动能定理的计算式为标量式，v 为相对同一参考系的速度。

⑥在 $W=E_{k2}-E_{k1}$ 中，W 为物体所受所有外力对物体做功的代数和，正功取正值计算，负功取负值计算；$E_{k2}-E_{k1}$ 为动能的增量，即为末状态的动能与初状态的动能之差，而与物体运动的过程无关。

5. 应用：运用所学知识，解答问题，进行练习

【例 1】如图所示，物体从高为 h 的斜面体的顶端 A 由静止开始滑下，滑到水平面上的 B 点停止，A 到 B 的水平距离为 S，已知：斜面体和水平面都由同种材料制成。求物体与接触面间的动摩擦因数。

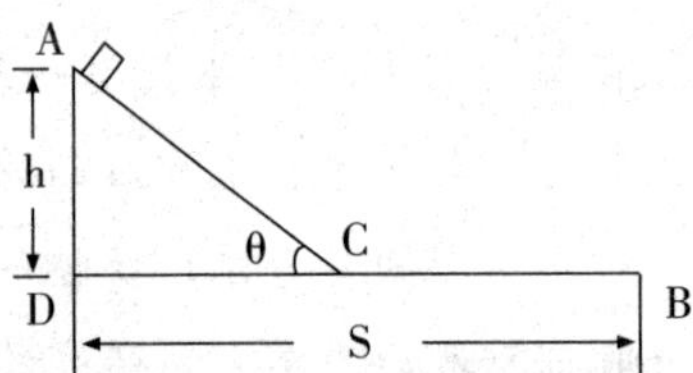

【解析】

方法一：过程分段法

设物体质量为 m，斜面长为 l，物体与接触面间的动摩擦因数为 μ，斜面与水平面间的夹角为 θ，滑到 C 点的速度为 v，根据动能定理有：

$$mgh-\mu mgl\cos\theta=\frac{1}{2}mv^2$$

$$l\cos\theta=S_{DC}$$

物体从 C 点滑到 B 点，根据动能定理联立上式解得：$\mu=\frac{h}{S}$

方法二：过程整体法

$$mgh-\mu mgl\cos\theta-\mu mgS_{CB}=0$$

$$l\cos\theta+S_{CB}=S$$

联立解得：$\mu=\frac{h}{S}$

【点评】若物体运动过程中包含几个不同过程，应用动能定理时，可以分段考虑，也可以以全过程为一个整体来处理。往往以全过程为一个整体考虑比较简单。

【例 2】如图所示，光滑水平桌面上开一个光滑小孔，从孔中穿一根细

绳，绳的一端系一个小球，另一端用力 F_1 向下拉，以维持小球在光滑水平面上做半径为 R_1 的匀速圆周运动（如图所示），现改变拉力，当拉力大小变为 F_2，使小球仍在水平面上做匀速圆周运动，但半径变为 R_2，小球运动半径由 R_1 变为 R_2 过程中拉力对小球做的功有多大？

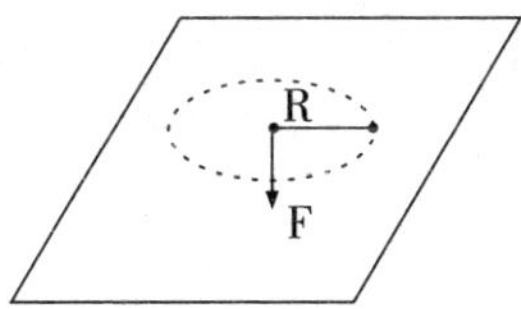

【解析】设半径为 R_1 和 R_2 时小球的圆周运动的线速度大小分别为 v_1 和 v_2，由向心力公式得：

$$F_2=\frac{m{v_2}^2}{R_2}$$

同理：

$$F_1=\frac{m{v_1}^2}{R_1}$$

由动能定理得：$W=\frac{1}{2}(F_2R_2-F_1R_1)$

联立得：$W=\frac{1}{2}m{v_2}^2-\frac{1}{2}m{v_1}^2$

【点评】绳的拉力作为小球做圆周运动的向心力，是变力，变力所做功不能应用公式 $W=FS$ 直接运算，通过动能定理等方法求解较为方便。

【例 3】如图所示，质量为 M 的木块放在光滑水平面上，现有一质量为 m 的子弹以速度 v_0 射入木块中，设子弹在木块中所受阻力不变，大小为 F_f，且子弹未射穿木块。若子弹射入木块的深度为 D，则木块向前移动距离是多少？系统损失的机械能是多少？

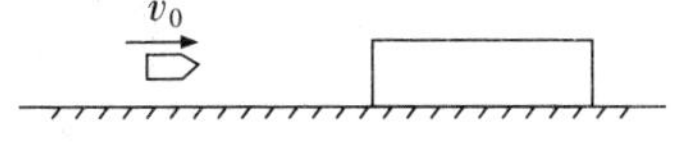

【解析】以子弹、木块组成系统为研究对象。系统水平方向不受外力，故水平方向动量守恒。据动量守恒定律有：$mv_0=(M+m)v$（设 v_0 方向为正）。

$v=\frac{m}{M+m}v_0$

子弹打入木块到与木块有相同速度过程中摩擦力做功：

对子弹　$-F_f s_子=\frac{1}{2}mv^2-\frac{1}{2}mv_0^2$　①

对木块　$F_f s_木=\frac{1}{2}Mv^2$　②

由运动草图可知：$S_木=S_子-D$　③

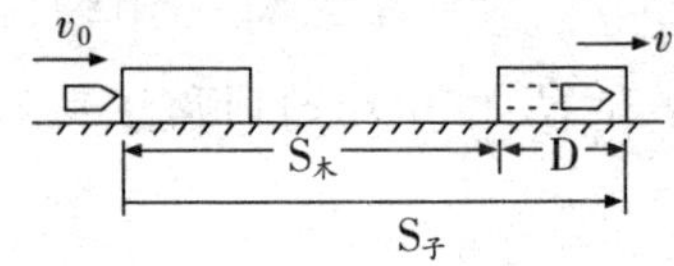

由式①②③解得：$s_木=\frac{mD}{M+m}$

①＋②得出：$\frac{1}{2}(M+m)v^2-\frac{1}{2}mv_0^2=F_f(s_子-s_木)$

$$\frac{1}{2}(M+m)v^2-\frac{1}{2}mv_0^2=-F_fD$$

即 $F_fD=\frac{1}{2}mv_0^2-\frac{1}{2}(M+m)v^2$

$$\triangle E_k=\frac{1}{2}mv_0^2-\frac{1}{2}(M+m)\cdot\frac{m^2v_0^2}{(m+M)^2}=\frac{Mm}{2(M+m)}v_0^2$$

【点评】子弹和木块相互作用过程中，子弹的速度由 v_0 减为 v，同时木块的速度由 0 增加到 v，对于这样的一个过程，因为其间的相互作用力为恒力，所以我们可以从牛顿运动定律、能量观点、动量观点三条不同的思路进行研究和分析，类似这样的问题都可以采用同样的思路。一般要先画好运动草图。

赫尔巴特的“四段教学法”事实上就是教师呈现新教材，使学生感知这些新教材，进而使新旧知识互相融合，使知识系统化，然后通过“学习”等手段使学生将所学知识应用于实际。案例中，李老师将赫尔巴特的教学思想融会贯通，在预备、提示、联结、总结、应用五阶段中，让学生从“专心”走向“审思”，让教学变得更加高效。

在预备阶段，李老师先唤起学生已有的旧概念——“我们初中时学过，物体由于运动而具有的能量就叫作物体的动能”，以此激发学生兴趣，然后提出问题，“到底物体的动能与什么因素有关”来引出这节课的学习目的，这样一下子就抓住了学生的思维，达到了有效导学的目的，顺利进入讲解阶段，即提示阶段。接着李老师把新旧知识加以比较，使它们之间建立联系，以达到让学生顺利归纳、推导出结论的目的。通过上面几步的推导，在总结阶段，李老师轻松地引导学生得到了“合外力 F 所做的功等于 $\frac{1}{2}mv^2$ 这个物理量的变化，根据功能关系，合外力 F 做的功等于物体动能的变化”，从而引导学生推导出动能定义式和动能定理，使教学任务顺利完成，最后进行应用进一步巩固学生所学。

从李老师的教学过程可以看出，赫尔巴特的四段教学法使学生的思维发展获得了形式化的思维步骤。用杜威的话来说，赫尔巴特使教学工作脱离了陈规陋习和全凭偶然的领域。他把教学带进了有意识的方法的范围，使它成为具有特定目的和过程的有意识的事情，而不是一种偶然的灵感和屈从传统的混合物。

（三）践行“四段教学法”应规避的误区及高效策略

1. 应规避的误区

现在教育呼吁培养素质型、创新型人才，提倡教育以学生为主体，教师为主导，尊重学生的个性，使学生自由、和谐地发展。而四段教学法的一些机械方式，可能会在一定程度上压抑学生的个性，有些局限于形式，不利于学生的全面发展。

尽管赫尔巴特提出了教育性教学原则，但是这一命题逻辑上隐含着承认存在没有教育性的教学，表达了教学与教育的分离。所以，教师很容易被限制在明了、联想、系统、方法四个阶段的教学活动上，成为只传授知识和技能的人，对其要求也只是集中到知识、技能和教师专制下的教师道德修养上。教师的视野被窄化，活动领域被窄化，教育与教学也被割裂开来，教师疏离了作为人的本身。

但现在的大部分教学方法都是脱胎于四段教学法，所以教师不应只照搬大师的教学思想，而应在此基础上融入新的教学理念和方法，让学生的

主观能动性和主体价值受到关注，使教学形式不再是机械的知识传授。

发展是必须的。立足于当今教育，如何更好、更有效地运用四段教学法促进教育改革，是值得教师思考和研究的问题。新的教学改革应依托已有的教学理念，不断反思实践，这样才能真正回归教学本质。所以，作为教师，应不断学习与实践，不断发展大师的教学思想，真正成为促进学生发展的“导航灯”。

2. 高效践行策略

赫尔巴特的“四段教学法”，是对教学过程的一个分解，而教学活动本身又是一个不断反复的过程，这就意味着这四个过程的交叉反复。所以，教师在传授知识的时候，要时刻了解学生心理的发展状态，不断调整教学步骤和节奏，在阶段性教学的过程中，达到学生连续或循环的发展。

(1) 培养兴趣为先导，不局限学科内容

赫尔巴特认为，要注意培养学生多方面的兴趣，使他们自觉地、能动地探求并掌握知识，这种学习活动本身便能形成学生的意志与态度。“知之者不如好之者，好之者不如乐之者”，只有培养了学生的学习兴趣，教学才能事半功倍。正如托尔斯泰所言：“成功教学所必需的不是强制，而是激发学生的兴趣。”有了兴趣，学生在学习的过程中才会积极参与，才能充满愉悦和快乐。怎样培养学生的学习兴趣呢?

①创设情境，引发学生的学习兴趣。在使用四段教学法教学的过程中，教师要恰当地安排教学内容，并于一定的情境中组织学生学习。创设情境的方法很多，如表演、讲故事、听音乐、动手操作、观看电影、利用幻灯片等。如在语文教学中，教师可让学生分别扮演课文中的人物，把课文编排成情景剧，让学生进行生动的表演，教师在旁做精彩导言。通过表演，不仅能使学生深刻理解知识，还会使他们兴奋不已，使课堂气氛变得空前活跃。

②开展兴趣小组和课外活动。培养学生兴趣的最佳方法是从活动中学知识。课堂教学应得法于课内，得益于课外。所以，在强化课堂教学的同时，教师应努力活跃第二课堂，以课外活动促进课内教学，使课内外相结合，让四段教学法发挥更大的效能。具体地说，教师可以在教学中根据学生的爱好将他们分为不同的兴趣学习小组展开活动，将课堂与社会联系起

来，扩大学习空间，拓展知识天地。

“兴趣是最好的老师”，教师应把培养学生的兴趣贯穿于每次授课，以及整个教学过程中。

（2）紧密结合学生的生活经验与体验

学生获得自身发展的重要基础，是他们已有的生活经验和学习经验。教师如果过多强调学科知识的逻辑体系而忽视学生的经验，必然违反学生的身心发展规律。

学生在进入教育过程之前和在教育过程中始终有着丰富的鲜活的生活经验与体验。一方面教师的教学不可能同学生的这些经验、体验相分离；另一方面，在教学过程中，教师传递的各种信息也必须借助于每个学生不同的经验与体验才能够在其头脑中扎根、发芽，为他们真正理解和掌握。

在课堂教学中，有些知识比较抽象、难懂，这时候就需要教师发挥自己的创造力将理论联系实际，用生活中学生所熟悉的例子来解释抽象的内容，这在一定程度上起到了“提示”的作用。

以往的课程内容过多地关注科学世界，忽略了人们现实生活着的世界，从而在一定程度上导致了课程内容的难、繁、旧等。生活世界是人生活于其中的世界，生活世界是具体、直观、丰富多彩的，它富于情境性、情感性和不规则性。于此相对应的是科学世界，科学世界是建立在数理逻辑基础之上的，由概念原理和规律、规则构成。科学世界与生活世界有着天然的内在联系，它们相互依存，相互影响。所以，教师在课堂教学过程中可以参照这个理论一步步引导学生进入教师所创设的“科学世界”中，在一步步提示中，完成对理论的探索与认知。

生活是教学的源泉，也是学生认识世界的重要途径。在教学中创设生活化的情境，并将教学分成认知生活、探究生活和表达生活，这是对赫尔巴特“四段教学法”的进一步拓展，可以充分地把课堂知识转化为学生的生活体验。

（3）课堂内容要关注学科知识体系的完整性

有些学生会发现某些学科的知识相互联系或相互交叉，这时，教师应该因势利导，启发学生将二者联系起来一起学习。当学生解决问题遭遇瓶颈时，教师可以引导学生进行相关的联想，以通过其他事物发现解决方法。

所以，教师要关注学科体系的完整性，不能故步自封，使学科走向自我封闭。

教师要对学生的生活世界、生活经验加以引导。学生的生活世界、生活经验是一个相互缠绕的整体，很难在其中分辨和区分哪部分是数学经验，哪部分是语文经验、哪部分又是关于艺术的经验，通常各种学科会交叉、缠绕、融合在一起。在教学过程中，教师不能陷入学科中心主义，导致学科与学科之间、学科与生活之间相脱节。

个别教师会一味地强调某一门课程的重要性，这就束缚了学生的联想。其实很多时候，教师可以通过另一门学科来解决现有学科的难题，或者通过对相关事情的联想来帮助解决问题。

(4) 师生共同开发、总结课程内容

教师和学生不是单纯的课程执行者和接受者，同时也是课程内容的开发者和总结者。很多时候，在教学进行到最后一个部分时，教师通常会进行一番总结，把之前的知识点进行梳理，然后一股脑地“打印”到学生的脑海中。这样传统的总结方式，容易使学生产生依赖心理和厌倦心理，使课堂变成单方面的讲授，教师与学生之间缺乏互动和沟通。

在特定的教育情境中，每一位教师和学生对给定的内容都有自己的理解，对给定内容的意义都有自己的解读，进而对其不断进行变革与创新，转化为“自己的课程”。因此，教师和学生不是外在于课程的，而是课程的有机组成部分，根据这个原则，教师和学生一起对知识进行总结会使教学更有效。

(5) 将课程内容应用于生活实践中

学习的目的是为了把学到的知识运用到实际生活中。所以，作为教师，应该教会学生实际运用知识的能力，使学生把学到的知识真正运用起来，而不是只将其存在脑海里用于应付考试。这体现了赫尔巴特四段教学法的最后一个阶段——“方法（应用）”。

知识的运用有很多种方式。首先，它可以以语言的方式实现。即应用已学过的知识去完成有关口头和书面的作业，也就是用言语去回答提出的问题或解答习题。其次，以实际操作的方式实现。即把课堂上获得的知识应用到各种实习作业、实际操作中去。比如，学了物理电学后，去安装电灯，安装或维修半导体；学生依据压力的定义，通过实际操作去测定某一重物对支持物所产生的压力。还可以把所学的知识应用到社会实践中去。比如，学过化学后，参加化工厂的生产劳动，进行实际操作；运用所学的生理学、化学知识去从事某种农业技术的改革和品种的改良；运用物理学中的力学原理进行工具改革，等等。

赫尔巴特从其观念、兴趣、统觉等心理学思想中寻找其教学论的理论依据，试图将其教学论建立在心理学基础之上，这是赫尔巴特一个极为重大的理论贡献。从柏拉图、亚里士多德到夸美纽斯、卢梭、洛克，他们往往以自然类比法来推导和建立各自的教学论，只有赫尔巴特才第一次使裴斯泰洛齐“我要使教育心理学化”这一伟大目标由空想走向科学。

在现代中国教育的发展进程中，赫尔巴特的影响也同样重要。这不仅是因为他是最早被系统介绍到中国的西方教育家，更主要的是他对 20 世纪初期中国建立新式学堂和发展近代师范教育发挥了无人可及的巨大作用。但作为现代教师，应客观看待赫尔巴特的教学思想，在实践中，取其精华，去其糟粕。

让学生有联系地学习

——维果斯基“最近发展区理论”

（一）维果斯基及“最近发展区理论”概述

利维·维果斯基（1896—1934），苏联心理学家，“文化—历史发展理论”的创始人。他主要研究儿童心理和教育心理，着重探讨思维与言语、教学与发展的关系等问题。

维果斯基的主要著作有《意识是行为主义心理学的问题》（1925）、《儿童期高级形式注意机制的发展》（1929）、《高级心理机能的发展》（1931）、《精神分裂症的概念障碍》（1932）、《心理学讲义》（1932）、《思维与语言》（1934）等。这些著作中，包含着维果斯基异常丰富和颇具创造性的心理学思想，受到全世界心理学家的高度重视。

维果斯基的主要贡献是他所创立的文化—历史发展理论，这一理论强调认知过程中学习者所处的社会文化历史背景的作用。基于这一理论，维果斯基提出了“较低相对于较高的心智功能”“语言是中心”“教育引导发展”“最近发展区”等理论和观点。其中，核心之一——最近发展区理论对各国教育教学理论研究、发展和实践的影响最为直接和深远，至今仍然具有巨大的指导作用。

最近发展区理论是维果斯基在1931—1932年将总的发生学规律应用于儿童的学习与发展问题时提出来的。

在维果斯基之前，关于教学与儿童智力发展的观点主要有三种：无关论，认为教学不参与儿童智力发展的过程，发展是一种纯粹的外部过程；

同一论，认为任何教学皆有发展性，对二者不加区分，把儿童的发展归结为“各种习惯的积累”；折中论，认为教学、发展既相互独立，又相互联系，即教学可形成儿童新的行为方式，从而推动儿童的发展，而发展又使一定形式的教学成为可能。

维果斯基批判了前两种观点，指出第一种否定了教学对儿童的发展的影响，从而否定了发展教学的存在；第二种赋予任何教学以发展功能，抹杀了发展的特殊性。对于第三种观点，维果斯基也采取了批判态度，认为它只是指出了两者既相互独立又相互联系的关系，而“未能正确指出教学是怎样给发展带来原则上的新东西的”，即未能真正解释教学对儿童发展发挥积极促进作用的条件、途径与机制，所以实际上还是未能真正解释教学与发展之间存在的辩证统一关系——两者由于缺乏联系的中介而未能真正地统一起来。

在对此三种观点批判的基础之上，维果斯基提出了自己的关于教学与发展的重要思想，即最近发展区理论。维果斯基将最近发展区定义为“实际的发展水平与潜在的发展水平之间的差距。前者由儿童独立解决问题的能力而定，后者则指在成人的指导下或是与能力较强的同伴合作时，儿童能够解决问题的能力”。

维果斯基认为，要使教育对学生的发展起到主导和促进作用，就必须确立学生发展的两种水平：一是学生已经达到的发展水平，表现为学生能够独立解决问题的智力水平；二是学生可能达到的发展水平，但要借成人的帮助，在集体活动中，通过模仿，才能达到解决问题的水平。他特别指出：“我们至少应该确定儿童发展的两种水平，如果不了解这两种水平，我们将不可能在每一个具体情况下，在儿童发展进程与他受教学可能性之间找到正确的关系。”

从以上观点出发，维果斯基提出：“教学应当走在发展的前面。”也就是说，教师在整个教学过程中，不应只着眼于学生现有的知识水平，还要着眼于促进学生的发展，引导学生建立知识间的联系，使学生“跳一跳”能达到一个相对稍高于他本人的水平。

由于英年早逝，维果斯基并没有具体就最近发展区理论如何在教学中实施展开论述，因此相对来说，这一理论仍然比较抽象。为此，他的学生及其他学者对他的理论进行了进一步的研究和实验。

维果斯基的学生苏联著名教育学家赞科夫主持开展了“以儿童一般发展为目标的小学教学论体系”的实验研究，试图解决“如何使教学达到学生发展上的理想效果”这一问题。在进行大量实验后，赞科夫提出了新的教学论原则，即5条相互联系的教学法则：在高难度上教学；理论知识起主导作用；高速度学习教材；让学生理解学习过程本身；系统地致力于全体学生的发展。赞科夫还根据新的教学论原则制订了小学课程教学大纲。

维果斯基学派学者达维多夫重点研究最近发展区理论思维的发展。他认为，传统的小学教学不能真正影响学生智力的发展，因为传统教学着眼于学生思维发展的现有水平，忽视了最近发展区的作用。为此，达维多夫主张在小学开设活动教学，认为应该根据从抽象上升到具体的辩证的叙述逻辑，重建教学内容及学习活动结构，从而使教学有效地作用于儿童心理发展的潜在水平，即心理的最近发展区。由此出发，达维多夫提出了一系列相关的教学原则：掌握一般与抽象的知识应先于了解比较局部与具体的知识；知识不能作为现成的东西传授给学生；应善于揭示教材中最初发生的普遍关系；应善于凭借物质形式再现普遍关系；应善于将普遍关系具体化；应善于完成智力动作与外部动作之间的相互转化，等等。

罗格夫、布鲁纳等一些西方学者将最近发展区理论与教学实践相结合，提出教师应该完成的三项任务——评估、学习活动的选择、提供教学支持。

以布鲁纳为代表的建构主义学者还在最近发展区理论的基础上发展了一种新的教学模式——支架式教学，即通过支架（教师的帮助）把学习任务逐渐由教师转移给学生，最后撤去支架。伍德、布鲁纳等人曾设计过一个支架式教学经典实验：教3岁和5岁的儿童用内扣相连接的小木块搭建金字塔模型。在整个实验过程中，将教师的口头指导和动作演示作为支架，不断地调整任务以使其最适合儿童，并在儿童需要帮助的时候给予帮助。当孩子们掌握更多技巧的时候，对他们的帮助则随之减少，直到他们不需要帮助就可以独自熟练地完成任务。

我国学者高文认为，最近发展区理论的实质说明了儿童在其发展的阶段还不能独立解决的问题却能借助于成年人或具有相关知识的同龄人的指导与合作而学会解决。因此，“在儿童那里发展来自于合作……发展来自于教学——这是一个基本的事实……教学对于发展的全部意义正是以此为基础的，而且，这一点实际上又构成了最近发展区概念的内容”。因此，他特别指出维果斯基的最近发展区理论与合作教学的关系对于当代教育实践具有很大的影响。

从最近发展区理论对于教育实践的影响来看，它与近年来我国所提倡的素质教育要求相吻合，对当前我国素质教育与教育改革具有深远的影响。

1. 有助于教师树立符合现代教学要求的教学观

过去，以应试教育为背景的传统教学是以应付升学考试为目的，教师接受的是传统的传授式教学观，认为教学的主要任务是升学，教学的实质是传授知识。而维果斯基的最近发展区理论认为，教学与发展是一种社会活动、合作活动，它是永远不能被教给某个人的，它适于学生在自己的头脑中构筑自己的理解。在这样的教学活动中，教师扮演着促进者和帮助者的角色，以指导、激励、帮助学生全面发展。

2. 赋予因材施教以新内涵

大教育家孔子在教育教学实践中首创“因材施教”的观点。随着时代的发展，因材施教的教育艺术已经为众多教育工作者所认可并应用于教学实践。然而，无论古今，人们对因材施教的一般看法是“依据学生的实际情况，施行相应的教育”。但从最近发展区理论来看，不仅要依据学生的实际发展水平进行教育，还要超前于发展并引导发展。因此，在贯彻因材施教的原则时，教师不仅要了解学生的实际发展水平，而且要了解学生的潜在发展水平，寻找其最近发展区，从而促使学生的发展。

3. 有助于教师改变以往的学习观

根据最近发展区理论，教师应该鼓励学生主动去解决问题，在问题解决中学习，在问题解决中探索，激发他们的好奇心，引发他们对问题的深层理解，从而使学生构建起对知识的理解。这就使得教师更加注重学生主观能动性的培养及学生潜力的发掘。

最近发展区理论具有鲜明的时代先进性。它在教育问题上打破了行为主义重外在和认知主义重内在的学习理论的局限性，平衡了个体学习中内在与外在的因素，辩证地阐释了教育、学习、发展的关系。它将个体与社会、教学与发展、外部与内部、现在与将来紧密地联系在一起，突出了认知发展的社会性、发展方向的多样性、教学对发展的促进性、教师作用的主导性、合作学习的重要性，这些远见卓识对发展与教育心理学的研究，不管是现在，还是将来，都将产生久远的影响。

（二）“最近发展区理论”经典案例

【案例1】

北京市教育学院宣武分院二部特级教师刘德武在教学小学四年级数学“你的头发有多少根”一节，探讨“我们的头发有多少根”这个问题时，层层深入地为学生提供了探究学习的“支架”，通过一系列问题引导学生合作探究、交流汇报、解决问题、归纳总结，有效地使学生的“可能发展水平”转化为“现有发展水平”。以下是刘老师的经典教学片段：

“怎么能求出我们的头发有多少根呢？大家先讨论讨论该怎么办？”刘老师故意皱着眉头说。

学生分组讨论。

10分钟后，小组代表回答小组的讨论结果：

组1代表：“先算算1平方厘米有多少根头发，然后再算一算有几平方厘米的头发，最后相乘就可以了。”

组2代表：“先抓一小绺头发，数数有多少根，然后将头发分成相同的几绺，再乘一乘就知道了。”

……

经过讨论，大多数学生同意用组1的方法。于是，刘老师便按照组1的方法开始进行计算。首先板书“每平方厘米有多少根头发”。

板书完，刘老师提醒学生：“只知道每平方厘米有多少根头发就可以了吗？还要求什么呢？”

“总面积。”学生齐声答道。

听着学生的回答，刘老师在黑板上写下“有多少平方厘米（头皮面积）”，接着继续引导：“然后再怎么办？”

“乘起来。”

"不错，乘起来（板书"每平方厘米有多少根头发×头皮面积"）。那么怎样来数一数同学的头皮有多少平方厘米呢?"刘老师再次提问，"下面，我们分成六个组，每个组自愿推选出一个研究对象，你们现在赶紧找。"

学生非常感兴趣地数着本组研究对象头皮的面积，并积极地讨论着。

过了一会儿，刘老师让学生停下来，并给每组发了九张纸，每张纸表示1平方分米，上面画了100个小格。这样，学生很容易就知道了每个小格表示1平方厘米。但是，学生并不知道老师的用意。当刘老师说要把纸放在被研究学生的头皮上时，学生一下就明白了。

除了发给每组九张1平方分米的纸外，刘老师还给每组发了一个计算器。

各组很快就数出了研究对象的头皮面积：

组1：600平方厘米

组2：700平方厘米

组3：600平方厘米

组4：720平方厘米

组5：600平方厘米

组6：800平方厘米

"同学们做得很好。"刘老师表扬了全班学生，又补充道，"现在我们只完成了第一步，接下来我们还要知道每平方厘米的头发的根数。想想怎样能准确测出每平方厘米的头发的根数?"

"在纸上挖出1平方厘米的洞，把里面的头发揪出来数一下。"

"量一量1厘米的长度上有多少根头发，再求1平方厘米里有多少根头发。"

……

因为第二步比第一步做起来更难，它需要学生有足够的耐心和细心，所以刘老师一边鼓励学生，一边提示学生说："1平方厘米究竟有多少根头发，需要你们有足够的耐心和细心。1平方厘米很小，我们要充分发挥小组的作用。你们还可以这样。比如，我们这一组，测他（手指向一学生），有人在数这1平方厘米有多少根头发的时候，其他同学该做什么呢?"

"可以数另外1平方厘米有多少根头发。"许多学生应和着。

“那么你在这数，他在那数，几个地方一起数，数完以后大家的结果可能会不相同，该怎么办呢?”

“求平均数。”学生恍然大悟。

在刘老师的鼓励和引导下，各组数出了研究对象每平方厘米头皮的头发根数：

组 1：55 根

组 2：50 根

组 3：50 根

组 4：55 根

组 5：60 根

组 6：50 根

对于比较难的第一步、第二步，学生都顺利完成了。在完成第三步计算的时候，学生很快便顺利计算出了结果：

组 1：33000 根

组 2：35000 根

组 3：30000 根

组 4：39600 根

组 5：36000 根

组 6：40000 根

为了使结果更准确，刘老师让学生又求了一次平均数（各组头皮根数的平均值）。最后，学生计算出了每个人头上大约有 35000 根头发。

“你的头发有多少根?”这个问题对于四年级的小学生来说难度相当大，但刘德武老师在整个教学过程中，不露痕迹地为学生提供了探究学习的“支架”。刘老师通过设计一系列难易适度的问题，引导学生逐步认识新知，并使学生掌握、构建和内化所学的知识技能，接着又引导学生进行了更高水平的认知活动，将学生的“可能发展水平”转化为“现有发展水平”。可见，刘老师深谙维果斯基的最近发展区理论。

最近发展区理论要求教师为学生提供一定的帮助，以使学生在现有的能力基础上进一步提高。也就是说，教师在学生的整个学习过程中，要担任好助学者的角色，给学生建立一个“支架”，帮助学生构建当前所学知识

的意义，引导学生达到可能的发展水平。现在，学生是课堂的主人，教师是课堂的引导者、组织者和促进者，这就需要教师充分理解和掌握最近发展区理论，并将其运用到教学实践中。如通过创设符合教学内容要求的情境和提示新旧知识之间联系的线索等方法，帮助学生构建知识间的联系，促使学生发展，让教学走在发展的前面。

【案例 2】

海南省海口市一中高中化学特级教师夏嵚崟在教学“研究物质性质的方法和程序”时将最近发展区理论运用于自己的教学实践之中。下面是夏老师教学该课时的教学过程：

过程一：了解学生的认知结构

“过氧化钠是淡黄色的固体，它有什么样的化学性质呢？”夏老师先让学生预测一下新学物质的化学性质。

对学生来说，要准确预测过氧化钠的化学性质的确有一点难度，于是夏老师便告诉学生一些预测方法：“预测前先要将它分类，再进行类比。比如，它是由 Na、O 两种元素组成的，应当属于金属氧化物一类。如果知道了金属氧化物有什么性质，那么过氧化钠也可能具有相似的化学性质。我们已经知道的金属氧化物有哪些呢？氧化钙、氧化铁、氧化铜，还有前面所学的氧化钠，请同学们运用你们所学的知识对过氧化钠的性质作个预测，并记录下所有你的预测，如猜测它可能与酸反应可记作‘与酸反应’等。当然，这些预测越多，就越有可能预测到它的性质。”

在夏老师的引导下，学生经过讨论得出了结果，并派学生代表在黑板上写出了小组认为可能出现的化学反应，以及过氧化钠的性质。

在这一教学过程中，夏老师插入了一个了解学生认知结构的环节，即学生对元素观的相关了解。在夏老师的引导下，学生运用科学的预测方法初步认识了过氧化钠的性质，这不仅提高了学生的已有认识水平，还使教师较准确地了解到学生“已经达到的解决问题的水平”，为教学的进一步深化提供了基础。

过程二：确定最近发展区

当学生对氧化钠的化学性质有了初步了解后，夏老师又让学生用相似的方法预测与钠有关的内容，包括钠元素的存在，钠的原子结构、化学性质或物理性质等。

“有化合物氯化钠、硫酸钠等钠盐”“钠是一种金属元素”“钠的最外层电子数为1，容易失去电子”“在金属活动性顺序表里属于极活泼金属”“可以和非金属反应、与酸反应”“是金属，比较重，比较硬”“有银白色光泽”……两组学生代表在黑板上写出了本组对钠的相关认识。

了解了学生对钠的认识程度后，夏老师将其与本节课教学的“三维目标”（知识与能力：使学生认识一种钠的主要化学性质；过程与方法：通过钠的化学性质探究案例，学习研究物质化学性质的基本方法和程序，体会实验方法在化学研究中的作用；情感态度与价值观：让学生体验探究，乐于探究物质变化的奥秘）进行对比，发现有的学生具有元素观的雏形，在知识与能力方面已经能预测钠的主要化学性质，但对金属钠所特有的性质还不了解；有的学生可以从结构入手对钠的性质进行分析，或从分类的角度，再结合类比的方法判断钠的性质；有的学生想到了实验才能证明自己的想法；等等。这反映出学生已经掌握了一定的研究方法，但不系统。由此，夏老师确定本节课学生平均的最近发展区为：

（1）研究物质性质的基本方法，研究物质性质的基本程序。

（2）金属钠与其他金属性质上的相同点和不同点。

（3）探究活动能力的培养。

确定学生的最近发展区是课堂教学的关键过程。这个过程是在教师头脑中进行的，是教师个体处理教学问题的过程。在上一教学过程中，夏老师已经通过与学生交流、对话了解到他们的认知水平，在这一教学过程中，还需要将学生的认知结构与课程标准、教学大纲进行对比，找到差距，最终确定学生的最近发展区。

过程三：依据学生最近发展区进行教学

“过氧化钠会和什么物质反应呢？请同学们继续预测。”

“与酸反应。”

“与氢气反应。”

“与水反应。”

“与二氧化碳反应。”

“与氯气反应。”

“与二氧化硫反应。”

……

“不错，同学们写下了很多预测，说明大家的头脑很灵活。在这些预测中，哪些不太可能，哪些可能性大呢？我们先要进行分析。”夏老师引导着学生，“过氧化钠的化学式可有些怪，钠的化合价通常是+1价，其氧化物写作Na_2O，而过氧化钠为Na_2O_2，氧的含量很高。金属氧化物的性质与金属的活泼程度有关，氧化钙、氧化铁、氧化铜的性质有相似之处，如与酸反应生成盐和水；但又有所不同，如氧化钙可与水反应生成氢氧化钙，而氧化铜能与氢气反应生成铜。那么，过氧化钠能不能被氢气还原成金属钠呢？”

“能。”

“不能。”

学生意见不一。

“一定要能说出道理才行，认为过氧化钠能被氢气还原成金属钠的请预测化学反应方程式。”

学生讨论后，组1代表回答：“写出来的方程式是个置换反应，氢不可能置换出金属钠来，所以不可能反应。”其他各组学生也同意这个看法。

夏老师露出了满意的笑容。

“那过氧化钠能不能像氧化钙一样与水反应生成碱呢？”这次，夏老师要求学生通过做实验来证明。

分配给各组少量过氧化钠和一些试管后，夏老师就让学生开始实验。在学生做实验时，夏老师不忘提醒学生要注意安全：“过氧化钠有很强的腐蚀性，取用时要小心，别接触衣服和皮肤。”同时，夏老师在黑板上写了六个小问题：

(1) 能否较完整地描述反应现象？

(2) 这现象和氧化钙与水的反应一样吗？

(3) 反应的时候有气泡产生，这种气体是什么？

(4) 有没有碱性物质生成？如果生成碱，那又是什么物质呢？

(5) 化学方程式怎样写？

(6) 如何检验？

在实验和老师提出的问题的指引下，学生很快便发现了氧化钠与水反应的现象和实质。

在这一教学过程中，夏老师依据课堂内确定的学生最近发展区构建起主干知识体系，并设计出一系列学生最近发展区内的小问题，深深地吸引着学生，促使学生顺利完成了探究过程。这样的教学，不仅节约了课堂时间，还使学生向各自的高一级水平发展，并加快了学生探究方法的形成，提升了学生的探究能力。

本节课，夏老师在了解学生认知水平的基础上确定了学生的最近发展区，再依据学生的最近发展区确定课堂的构建目标，并选择适当的教学策略和教学方式展开教学活动，成功地将最近发展区理论运用到教学中，促进了学生的发展，使教学获得高效。

学生作为学习的主体，其认知结构不同，最近发展区也是不同的。这就需要教师深刻理解最近发展区理论，采取灵活多样的教学策略进行教学活动，促进学生能力的提升。

（三）践行“最近发展区理论”应规避的误区及高效策略

1. 应规避的误区

最近发展区理论的光芒并不能掩盖其缺点与不足，教师在运用最近发展区理论进行教学时应规避如下缺陷。

（1）提供的信息不精确

一般情况下，最近发展区只是提供区域的宽度信息，并不会对每个学生的学习能力、学习风格或目前发展水平做出精确说明，而这些偏偏是非常重要的。

（2）将成人与能力较强的儿童归为一类

在最近发展区理论中，维果斯基将成人和能力较强的儿童归为一类。其实，能力较强的儿童和成人还是存在很大差别的，如果把他们当作成人去教，效果肯定不会好。

2. 高效践行策略

（1）从学生实际出发设计教学

余文森教授指出：“一切教学都必须从学生实际出发。”他认为，这是

有效教学、优质教学、提高教学质量的铁律之一。这里的“学生实际”不仅包括学生已经达到的发展水平，还包括学生可能达到的发展水平。

人的发展是三维目标（知识与技能、方法与过程、情感态度与价值观）的整合，缺乏任一维度都会使学生的发展受损。对于学生的现有发展水平，教师应全面了解各年龄段学生的特征和心理状况，学习的客观规律和基本过程，知识经验背景和思维特点，以及兴趣点和兴奋点等，从而更准确地洞察和把握学生学习活动和思维活动的走向。

良好的教学应走在发展前面。教学的着眼点不是看学生的现在，而是要看到学生的明天，合理确定学生可能达到的发展水平。学生可能达到的发展水平其实就是学生的发展潜能，这种潜能不仅仅是维果斯基所指的智力方面，还包括态度、情感和价值观等方面，所以教师要多维度考虑教学目标。

（2）鼓励学生在问题解决中学习

维果斯基认为，学习应当被融入对日常不断产生的矛盾冲突的解决中；而教学则应当为学生提供重新解决问题的机会，鼓励学生在解决问题中学习，成为解决问题的主人。鼓励学生在问题解决中学习，对超过他们的现有知识水平和技能发展水平有重要作用。

近年来，西方的一些研究者在教学理论与实践研究中提出了“问题本位学习”“基于‘问题解决式’的教学模式”等与传统知识讲授型教学模式相对立的学习观与教学观，倡导在问题解决中学习。这类教学模式不仅引发了学生对不同类型学习的迁移，增强了学生创造性解决问题的能力，而且拓宽了学生的知识面，提高了他们的社交能力。

“问题解决”历来就是学习与教学理论流派所关注的重要课题，加涅在其学习的分类中，把解决问题视为“最高级的学习”；而创造力则被视为“解决问题能力的最高表现”。鼓励学生在问题解决中学习无疑将是培养创造型人才的最佳途径，同时也是改革我国传统课堂教学的突破口。在教学与课程改革中，教师应基于“最近发展区”这一基本理论，鼓励学生在问题解决中学习、在问题解决中探索，激发他们的好奇心，引发他们对问题的深层理解，从而使他们构建起对知识的理解和联系。

（3）将问题设计在最近发展区

根据最近发展区理论，问题应该设在学生智力的最近发展区内才是合适的。因为最近发展区是学生现有发展水平与潜在发展水平之间的正处于形成状态的心理机能和活动水平。如果教师把问题设在学生现有的发展水平区域内，学生轻易就能解决，这样既不能激发学生思考，也不能促进学生智力的发展；如果教师把问题设在超出最近发展区的区域，学生即使使劲地跳，也不可能摘到桃子，同样无法激发学生思考，不能促进学生智力的发展。只有将问题设在学生的最近发展区内，问题既不容易也不很难，需要学生跳一跳，才能摘到桃子，从而不断获得成功的体验，这样才能培养和激发学生的学习动机，促使课堂教学优质高效。

(4) 重视交往在教学活动中的作用

在教学活动中，师生之间、生生之间需要通过交往进行沟通、交流、协调，共同完成教学目标。交往，能使学生发现自我，增强主体性，形成主体意识；交往，能使学生学会合作，学会共同生活。在素质教育改革中，学生主体性的凸显，使得交往成为一切有效教学的必需要素，教学中的交往作为教育背景和手段，日益受到人们的重视。

在教学过程中，教师要了解学生的现有发展水平及正在形成或潜在的发展水平，离不开与学生的交流和对话，这就需要教师设计多样的教学活动，创设教师与学生、学生与学生进行学习和交往的情境，以促进教学的高效。

自从 20 世纪七八十年代维果斯基的著作出现英文版之后，其对整个世界的影响就从未间断，世界各地的维果斯基学会纷纷成立，我国也于 1998 年成立了全国维果斯基研究学会，并相继召开了两届大会，以至于部分学者将其称之为“维果斯基热”。

作为维果斯基诸多理论中最重要的一种核心理论——最近发展区理论更是光芒四射，成为教育心理学中的经典。随着我国教学改革的不断推进，这一理论必将在新的教育背景下不断充实、丰厚，为未来我国的教学改革提供更有益的启迪。

让学生有希望地学习

——赞科夫“发展性教学”

（一）赞科夫及“发展性教学”思想概述

列·符·赞科夫（1901—1977），苏联著名的教育学家、心理学家、儿童缺陷学家，在国际上被誉为“课程现代化”的三大典型代表之一，与美国布鲁纳和德国瓦·根舍因齐名。

赞科夫一生著作颇丰，其中《论小学教学》《教学论与生活》《和教师的谈话》，曾经是苏联教师的必读书。他的总结性专著《教学与发展》被译成多种文字，享有世界声誉。为了表彰他为苏联教育科学的发展做出的重大贡献，其政府先后授予他一枚列宁勋章、两枚劳动红旗勋章和其他一些奖章。

赞科夫一生从事教育教学工作，把毕生精力都献给了“教学与发展”问题的实验研究。

20 世纪 30 年代末，以凯洛夫教育学为代表的传统教育体系在苏联教育领域中占据统治地位。但该体系忽视对儿童心理特征的研究，在教育教学中把学生置于被动的客体地位，偏重于知识的传授，而轻视学生能力的发展。

到了 20 世纪 50 年代，科学技术迅速发展，教学与学生的发展问题成为教育学界的焦点，以凯洛夫教育学为代表的传统教育体系，显然已经无法适应社会发展的要求。赞科夫深刻地认识到了传统教学体系的弊端和重视儿童发展的重要性。他认为，必须对传统的教学理论和教学方法进行根本的改革，探索新的教学途径。

从 1957 年至 1977 年的 20 年间，赞科夫领导原苏联教育科学院普通教育研究所的“教学与发展”实验室进行了长期的、大规模的实验研究。该实验研究分四个阶段进行。

第一阶段（从 1957—1958 学年到 1960—1961 学年）：

这一时期属于摸索阶段。实验在莫斯科的一所普通学校中进行，其主题是教学结构（包括教学的指导思想、教材和教学方法）与学生一般发展水平的关系。为了排除实验中的偶然因素，实验对象选择了刚刚入学的一年级学生，实验班的教师选择了刚从师范学校毕业的年轻教师。

在这个阶段，赞科夫积累了大量资料，证明原来的小学教学存在许多影响学生一般发展的弊端：学制过长，教学速度慢；教材过易，理论知识贫乏、肤浅；只重视技能、技巧的训练；教学过程单一化；学生的主要任务是记忆，忽视了其思维活动；学生很少表现出学习的内部诱因，而是为了分数被动地学习；等等。

在这一阶段，实验室尚未编出新大纲和新教材，实验人员和教师一起分析比较了现有的大纲和教材，保留了其中的合理成分，增补了有利于学生发展的有关内容，制订了详细的教学方案，建议教师用新方法进行教学。

通过实验班与普通班的对照，证明了提高教学难度、加快教学进度后，实验班学生的一般发展水平高于普通班学生，四年的学业可在三年内完成。在此基础上赞科夫提出了关于小学教学新体系的设想，转入了实验的第二阶段。

第二阶段（从 1961—1962 学年到 1964—1965 学年）：

这一时期属于扩大阶段。这时，实验班逐渐增至 371 个并发展到莫斯科以外的其他城市。实验室编出了俄语、数学、劳动教学、歌咏等学科的实验教学大纲的初步方案，确定了自然和地理学科的教学内容，从一年级起单独开设自然和地理课。另外，实验室还编写出三本教学参考书。

1964 年，赞科夫对两轮实验进行了系统总结，建议教育部将小学学制由四年改为三年。

第三阶段（从 1965—1966 学年到 1969—1970 学年）：

这一时期属于推广阶段。1965 年，实验班增至 675 个；1966—1967 学年，实验班多达 1281 个。

为了加强实验教学论体系的完整性和科学性，赞科夫在这一阶段加快了实验教材的修订和编写工作。

第四阶段（1970 年到 1977 年）：

这一时期属于总结阶段。赞科夫采用走出去、请进来的方式，对学生进行了大量的比较调查和跟踪调查，获得了大量关于实验班学生各方面情况的真实材料。他对这些资料进行定量分析和定性判断，然后严肃认真地予以理论概括。他拒绝接受传统教学论思想的概念、术语，力图创立全新的理论体系。

1975 年赞科夫在对实验进行全面总结的基础上，发表了总结性专著《教学与发展》。这部著作对赞科夫领导的教育实验作了全面总结，说明了实验的指导思想；介绍了实验的方法和进程；阐述了实验教学论的教学原则、教学内容和教学方法，学生达到的一般发展水平和他们掌握知识、技能、技巧的情况；科学地论述了实验教学论的整体结构。由于其理论核心是着眼于学生的一般发展进行教学，以最好的教学效果来促进学生的一般发展，所以赞科夫的教育理论被称为“发展性教学理论”。

发展性教学理论继承并发展了维果斯基的“最近发展区理论”，把智力发展扩大为一般发展。关于“一般发展”的含义和内容，赞科夫本人先后多次从不同的角度进行过论述。

1963 年，赞科夫在《论小学教学》中指出：“我们所理解的一般发展，是指儿童个性的发展，个性所有方面的发展。因此，一般发展和全面发展一样，是和单方面的、片面的发展相对立的。”他又解释说：“一般发展与全面发展虽然密切联系，但又有所区别。一般发展是指问题的心理学方面，而全面发展是指问题的社会方面。”

1964 年，赞科夫在《小学教学新体系的实验》一文中指出：“一般发展不同于特殊发展，它指的是学生个性所有方面（包括道德感、观察力、思维、记忆、言语、意志）的进步。”后来，他进一步明确解释：“一般发展，不仅是指智力发展，还指发展学生智力、情感、意志品质、性格和集体主义思想。”

1975 年，在《教学与发展》中，赞科夫再次谈到，一般发展本应包括身体发展和心理发展，但是，“我们所研究的教学与发展问题是有一定局限的：我们研究的是教学与儿童心理一般发展的关系”。这表明，一般发展还应该包括身体发展。

由此可见，赞科夫提出的所谓“一般发展”，既不同于智力发展，也有别于特殊发展，又不同于全面发展，它指的是从心理学角度出发的完整的人的全面发展，是既包括智力因素，也包括非智力因素的整个身心的全面和谐发展。赞科夫认为，教学要“以最好的效果，促进学生的一般发展”，即“系统地、有目的地在学生的发展上下功夫”。

从“最近发展区”理论出发，结合自己多年的实验教学经验，赞科夫概括出了五条发展性教学原则。

1. 以高难度进行教学的原则

赞科夫认为教学不应停留在现有的发展水平上，而应建立在学生的最近发展区，走在学生发展的前头，以推动和促进学生发展。这就要求教学目标应该具有一定的难度。

对于“难度”这个概念，赞科夫认为其含义一是克服障碍，二是学生的努力。克服障碍，“首先在于展开儿童的精神力量”，使这种力量在教师的指导下有活动的余地，如果教材与教学方法不能向学生提出需要克服的障碍，学生的发展就失去了动力；学生的努力，指在教学过程中，教师“要能引起学生在掌握教材时产生的一些特殊的心理活动过程，使学生不仅仅简单地掌握知识，而且在以后的认识过程中能引起对知识的再思考，这就要求学生做智力上的某种努力”。

形象地说，这一原则就是要教师在教学中扶一把学生，让学生跳一跳，把原来够不着的桃子摘下来。当然，教师在运用这一原则时，要注意把握好难度的分寸，给学生提供的教材一定是学生所能理解的，否则只能适得其反。

2. 以高速度进行教学的原则

针对传统教学中复习的滥用，以及严重的形式主义和烦琐哲学，赞科夫提出了以高速度进行教学的原则，主张以知识的广度来巩固知识。“高速度”指教师讲的东西，只要学生懂了，就可以往下讲，不要原地踏步。这一原则要求教学要不断地向前运动，不断地以各个方面的内容丰富学生的知识，为学生越来越深入地理解所学知识创造有利条件。

赞科夫特别强调学生对教材的第一印象。他提出，教师要引导学生在学习中探索规律，有所发现，明确事物之间的相互联系，把知识系统化，从而保证教学的高速度。

赞科夫所讲的“高速度”，决不是赶进度，开快车。他认为在课堂上匆匆忙忙，赶快把尽量多的知识教给学生，是与实验教学体系格格不入的。他主张教师都要稳稳当当地工作，要不吝惜时间讲清基本概念，让学生去观察、思考、争论；要不吝惜时间，耐心地听学生把话说完；要不吝惜时间，跟学生进行推心置腹的谈话。当然，学生也要稳稳当当地学习。

3. 理论知识起指导作用的原则

赞科夫强调，理论知识在学生认识过程中具有指导作用。因为理论知识是掌握各种技能的基础，是形成各种技巧的重要条件。他认为，教师应通过教学尽量使学生掌握更多的理论知识，从而促进学生的发展。

在对实验观察材料的研究中，赞科夫得出结论：一年级的学生就能掌握许多抽象的概念，理解事物之间的某些内在联系。因此他认为，只有抽象思维才更深刻，也才更接近对事物本质的掌握；只有从抽象过渡到具体，才能更完整地认识那个具体事物，认识它与周围事物之间的具体联系。由此可以看出，理论知识起指导作用的原则，是对传统教学中要求教学要由近及远、由简单到复杂、由具体到抽象的原则的质的修正。

4. 使学生理解学习过程的原则

赞科夫要求教师必须把学生的注意力集中到学习过程本身，使学生理解学习活动的内部结构和进程。他强调，教学要教会学生探讨和总结适合自己的学习方法，培养学生的自学能力。以乘法教学为例，赞科夫作了说明：在教乘法表时，不是简单地让学生背乘法表，而是要使学生明白这节课教材编排顺序的根据，理解熟记教材某部分内容的必要性，明白掌握该部分知识时发生错误的主要原因。

按照这一原则，教师在教学中不仅应该让学生知道要学什么，还要让学生明白应该怎样学，理解教学活动结构和组织安排的合理性。也就是说，教师在教学过程中要随时告诉学生：哪些教材应该熟记，哪些教材不必记，知识之间是怎样联系的，错误是怎样发生的，应该如何防止等。

5. 使全班学生（包括学困生）都得到发展的原则

这一原则是针对传统教学对学困生采用无限制地增加操作性练习的做法提出来的。赞科夫认为，无论在教养，还是在发展方面，都要能使所有人，而不是挑选出来的一部分人，得到最大限度的发展。他特别强调，大量的操作性练习只能加重学困生的心理负担，阻碍其获得一般发展，使他们更加落后。对于学困生，更加需要教师不断地下功夫以促进他们的发展。

赞科夫认为，学困生学习落后的原因是多方面的，教师不应对其挖苦惩罚，而应该热情地对待他们，着眼于他们的一般发展，以一般发展来促进他们学习上的进步，调动他们内在的学习诱因和精神力量，使之得到转变。为了在教学过程中使学困生获得快速发展，赞科夫在具体分析了学困生的心理特点后对教师提出了以下建议。

（1）减轻学生的精神压力和思想负担，不急于提高学生的分数或让其达到及格水平。

（2）注意肯定学困生的进步，帮助他们逐步树立起学习信心。不要向学困生提他们可能回答不出的问题，以免使其产生自卑感。

（3）利用一切机会，引导学困生观察事物，积累关于事物的现象，丰富他们描述事物的语言，激发他们的求知欲和学习兴趣。

（4）改革对学困生的辅导形式。补课与习题不在多，而在“准”，要对症下药，要注意启发学困生的思维，发展他们的多种能力。

（5）吸引学困生参加课外活动小组，要求全体学生亲近和帮助他们，使他们克服“自我中心主义”。

赞科夫上述五条教学原则是一个相互联系的整体，其实质是要完成教育思想中教学目标的转变：从单纯传授知识和形成一定技能，转移到既传授知识，又使学生获得一般发展上来。

发展性教学理论无疑对传统教学理论的一次强有力的挑战和突破。它不仅将“发展”引进了教学领域，而且在更高的高度上探讨了教学与发展之间的辩证关系，促进了学生各种心理品质的发展。这既是时代的要求，也是培养有创造精神的人才所必备的。

发展性教学理论重视人的心理品质的全面发展、重视学生认识的主体作用等，符合我国当前教学提倡的“以人为本”“全面促进学生的发展”等观念，所以广大教师有必要将其合理成分为我所用，不断促进学生身心的全面健康发展。

（二）“发展性教学”经典案例

【案例1】

下面是江苏省南通师范第二附属小学特级教师李吉林教学生写《我是一棵蒲公英》这篇作文的教学片段：

一个晴朗的早晨，李老师带着学生来到开满野花的小河畔。小草上、野花上，闪耀着晶莹的露珠。学生像小鸟一样来到树林，欢笑着，蹦跳着。他们拉着李老师去看野花，并让李老师告诉他们野花的名字。

“这是婆婆纳。”

“这是荠菜花。”

“这是知风草。”

……

学生们认真地辨认着。

“大家看，那边的野花更美！”李老师把学生带到蒲公英丛生的田野一角。金色的小花立刻吸引了学生，他们围在蒲公英旁仔细地观察起来。

要使学生的观察由笼统到精细，由整体到局部，由表面到内在，是少不了教师的指导的。在学生观察蒲公英时，李老师引导学生按“叶、茎、花”的顺序观察，并让他们边看边描摹各个部分。

“蒲公英的叶子向四面展开。”

“蒲公英的茎是又嫩又细的管子。”

“蒲公英的茎青里透红，又细又长。”

“金黄色的小花，真像野菊花。”

“也像一棵小巧玲珑的向日葵。”

“我觉得像小姑娘的圆脸。”

……

学生们认真描述着。

其间，李老师有意地启发学生：“色彩呢？”“姿态呢？”“数量呢？”“有点像什么?”就这样，在李老师的启发下，学生进一步认识到观察植物要注意茎、叶、果的色彩、姿态和数量。

蒲公英的种子是富有诗意的。李老师小心翼翼地摘下一支蒲公英，站在高高的石栏上，使劲一吹，轻软的种子，便乘风飞去。蒲公英飞了，学生的心灵也插上翅膀跟着飞了……

回到教室，李老师问学生：“有许多小朋友还不认识蒲公英，如果你是蒲公英，你准备先向他们介绍什么呢?”

“先介绍‘我’的名字。”

“介绍‘我’的家。”

……

学生们抢着回答。

李老师顺势启发：“你们的家住哪儿？家里有什么人？谁是你的兄弟姐妹?”

“小草是我的兄弟。”

“婆婆纳、野蔷薇是我的姐妹。”

“蝴蝶姐姐是我家的常客。”

……

课堂气氛非常热闹，就连成绩较差的学生也争着回答。李老师的脸上露出了满意的笑容。

李老师像一位神奇的魔术师，将学生带入了形真情切的具体情境中，又通过观察情境引导学生获取作文题材，把学生带到了永不枯竭的源泉中，使学生贮存的语言一下子变得生动而富有感情色彩，内心的感受变得丰富而真切，学生因此有话可说，有话要说，有情要发。这样，学生还会害怕写作文吗？当然不会。

通过创设与教学内容相关的情境，李老师使语文教学进入情感领域，激发了学生的学习兴趣，并凭借情境，把知识的教授、能力的培养、智力的发展及道德情操的陶冶，有机地结合在一起。可以说，在对学生进行审美教育和促进学生的全面发展上，李老师也是成功的。这节课，李老师较好地运用了发展性教学的原理和方法，达到了“用最好的教学效果，促进学生的一般发展”的目的。

学生是教学的主体，教师重在“导”。让教学走进“现实情境”，与学生的个性特点、生活需要紧密联系，不仅可以激发学生的学习兴趣，培养学生的创新精神和实践能力，而且对促进学生身心全面发展有着十分重要的意义。因此，教师在教学中应在正确理解发展性教学理论及它所阐述的“一般发展”思想的基础上，学习和借鉴李老师的教学方法，注重学生各方面能力的发展及个性的发展，使学生获得真正的进步。

【案例 2】

自从在《教学与发展》一书中接触到赞科夫的发展性教学理论后，江苏省海安县实验小学特级教师许卫兵便开始进行深入研究，并将其应用于实际教学中。

1. 注重生成，让学生个性飞扬

在教学“可能性的大小”一节时，许老师设计了“分组摸球”的活动——每个小组的袋子里都有 10 个球，分为黄白两种颜色，但黄球、白球的个数不同。

小组活动完毕，各小组争相汇报活动情况，许老师很满意地在黑板上作着记录。但到第 4 小组汇报时，出现了颇富戏剧性的局面：该小组的袋里有 7 个黄球、3 个白球，但结果是，他们摸到白球的次数反而比摸到黄球的次数多。并且，该组的学生强强坚决不同意袋子里什么颜色的球多，摸到这种颜色的球的可能性就大。顿时，教学陷入了僵局。

“怎么办？是视若无睹，还是听而不闻？”刘老师脸上很快显出了坚定的表情，“应该让学生认识其中的规律，使他们心悦诚服地接受。”于是，许老师让强强重新摸一摸，再请其他学生摸一摸，经过多次实验，使学生明白了其中的偶然性。

传统的课堂教学重在观察教师教学内容的选择是否忠实于教材，强调教案的预设和完成，因此上课成为执行教材和预设教案的过程，而对教学的开放性和生成性关注不够。与传统课堂教学不同，发展性课堂教学不只是教文本，更着眼于学生的“体验”和“生成”，它促使教师和学生成为课程的有机组成部分和最具活力的部分，成为课程的开发者和创造者，因此，教学过程也成了教师与学生共同创造适合其个性发展需要的教育过程。这样的教学方式无疑会使课堂教学取得高效。

教师只有在预设过程中尽可能进行多种考虑，才能在具体的教学活动中做到游刃有余；才能敏锐地捕捉到生成的契机，冷静地分析其教育的价值和意义，弹性控制教学环节，灵活处理教学内容，给学生留有充分的想象余地和自主建构的空间，为学生的发展提供多种可能的平台。但是，课堂上的意外是会随时出现的，如果教师习惯于用一个标准去要求学生，只会把学生的创造性扼杀在萌芽状态。这样，课堂永远只能是一种声音，也可能会永远没有声音。

课堂就像一个大舞台，理应有各种各样的声音。意外就像投进湖面的石子，只会让课堂变得更精彩，更富有活力。遇到意外，教师要有一颗宽容的心，去倾听学生的不同声音，用发展性的心态和视野去呵护学生每一个创新的萌芽，促使他们获得较好的发展。

2. 资源嫁接，多学科渗透促进学生发展

在进行“用字母表示数”的课堂练习时，许老师设计了这样的题目：我们每隔76年才能看到一次哈雷彗星，在公元S年出现后，再一次出现将是公元(　　)年。这道练习题将天文知识巧妙地融合于数学之中，取得了一举两得、事半功倍的效果。

教学即将结束时，许老师送给学生一句爱因斯坦的名言：A=X+Y+Z。它们表示：成功=正确方法+艰苦劳动+少说空话。这样，学生在掌握知识、锻炼能力的同时，又受到了激励，形成了正确的价值观。

新的数学课程标准强调，教师要努力建设开放而有活力的数学课程，拓宽数学学习和运用的领域，注重跨学科的学习和现代科技手段的运用，使学生在不同内容和方法的相互交叉、渗透和整合中开阔视野，提高学习效率，初步获得现代社会所需要的数学实践能力。身为数学教师，许老师吸收各学科教学的精华，构建有利于学生思维发展的新课堂教学结构，用动态生成的观念，赋予数学学习生命的活力，使数学教学更加开放。在这样一个发展的平台上，许老师唤醒了学生的主体意识，使其成为数学学习的主人，同时也加强了师生间情感的交流，彰显了教师独特的人格魅力。

然而，跨学科教学并不是将本科教学上成“四不像”课程，而是指在保持本科特色的基础上进行跨学科的灵活、有效的糅合。这就需要教师对教材进行有效的二次“开发”，寻找恰当的契机和突破点，以有效整合本科教材与其他学科教材。不过，教师要注意不能为整合而整合，进行漫无目标地大杂烩。

3. **拓展延伸，让知识走进生活**

每教授完一节新课，许老师总要让学生提出一系列生活中与之相关的数学问题，如有的学生看到学校要兴建教学楼（现行的教室不够），就研究设计了学校班级安排的方案；有的学生看到学校在平整操场，就想到怎样安排各种运动场地；有的学生研究了在垃圾转化变废为宝过程中的赢利问题；有的学生帮助父母研究了家庭储蓄问题；有的学生帮助邻居设计了合适的购房方案等，使数学课堂在生活中得到很好的延续和拓展。

通过这种生活化的教学，使学生从中获得了进行数学研究的切身体验和能力，培养了学生敏锐的直觉和科学的洞察力，为他们的终身发展奠定了良好的基础。

五彩斑斓的生活蕴含着无穷的、丰富的、有趣的数学知识。只有让数学走进生活，走进学生的内心，才能激发他们的学习兴趣。新的数学课程标准指出，要重视从学生的生活实践和已有的知识中学习数学和理解数学强调从学生已有的生活经验出发，让学生亲身经历将实际问题抽象成数学模型并进行解释与应用的过程，进而使学生获得对数学理解的同时，在思维能力、情感态度与价值观等方面也得到进步和发展。作为数学教师，在新课程理念的指导下，只有让数学教学回归生活，才能为学生营造一个绿色的数学课堂，让他们在数学学习过程中获得愉悦的情感体验和可持续发展的动力。

发展性教学不追求课堂教学能产生立竿见影的教学效果，它重视引导学生学会学习，强调让学生带着问题走出教室，在与生活的联系中去求得问题的答案。它要求教师尽量将课内教学内容向学生课外的学习和活动延伸，引导学生结合课堂学习内容，参与生活实践活动。不仅数学教学要走进生活，其他任何学科的教学都要走进生活。因为生活是知识的源泉，也是最好的老师。只有让教学走进生活，才能使学生在学习过程中充分发挥自己的内在潜能，使理论教学成为开启学生智慧的钥匙。

受发展性教学理论的影响，我国当前教育、教学观念也发生了深刻变化：关注人的发展，关注学生个性的形成与发展，强调人在教育教学过程中社会化与个性化过程的辩证统一，强调活动与交往在人的发展中的作用等。许老师正是发展性教学理论的有力实践者，并取得了很好的教学效果。然而，对发展性教学理论的认识和研究，我们还处于初步阶段，仍需要广大教师努力去挖掘它、丰富它、创新它。

（三）践行“发展性教学”应规避的误区及高效策略

1. 应规避的误区

发展性教学理论对各国教育教学理论研究和实践的贡献是毋庸置疑的。但是，毕竟其产生的时代背景与现代教育有所不同，因而存在一定的局限性。在将发展性教学理论运用于教学实践时，教师应规避以下误区。

（1）完全抛弃“传统教学论和教学法”

因为以革新派自居，所以赞科夫把他的发展性教学理论与传统教学论、教学法截然对立起来。这是欠妥的。每一种教学理论都有其合理的一面，教师不能搞一刀切，完全抛弃原有的教学理论，而应保留其合理的地方，“取其精华，去其糟粕”。

（2）高难度教学，障碍过大

学贵有疑。赞科夫要求教师在教学中设置问题障碍，引导学生于无疑之处生疑，并对疑问展开思考和讨论，使学生的思维向纵深发展。这个出发点无疑是值得肯定的。但是，赞科夫却要求教师设置的障碍难度要大一些，其实设置的障碍难度应适可而止，如果难度过高，不仅不能激发学生的学习兴趣，还会严重阻碍学生有效参与教学的积极性，甚至会对学生造成一定的心理负担。

（3）高速度教学，忽略知识的重复

赞科夫认为教学进度太慢，将大量的时间花在单调的重复讲授和练习上，阻碍了学生的发展。他主张从减少教材和教学过程的重复以求得教学速度，进而求得知识的广度，再求得知识的深度。

重复，顾名思义就是对某一个事物或事件进行反复的运作。在心理学中，重复被认为是记忆的诀窍，是克服遗忘曲线最有力的策略方式。教学中的有效重复，可以起到巩固旧知、联系新知的效果。重复并不意味着单调和机械，有时候它也可以迸发出精彩。因此，在教学中，教师不能因为追求速度，而忽略了重复这一环节。

2. 高效践行策略

发展性教学是一种以培养和发展学生主体性为主要目标的教学理论，它尊重学生身心的发展特点和教育规律，关注学生发展的自主性、主动性、创造性和差异性，强调教学过程中学生个性化和社会化的辩证统一，力使学生最大限度地获得“一般发展”。在教学中，教师应以其为指导，以“发展学生”为宗旨，科学设计教学活动，让学生学会学习、学会创造，使学生获得最大限度的发展。

（1）营造宽松活跃的民主氛围

宽松活跃、民主和谐的教学氛围是学生积极学习、大胆探索、勇于创新的催化剂。

首先，在教学中教师要确立一种新型的、平等的、和谐的师生关系。这种关系是师生心灵的相互沟通和了解，从而达到相互依赖、相互依存的境界。

其次，教师要采取小组合作的方法，促进学生间的交流与合作。例如，把优、中、差学生按比例（“一二一”或“二二二”）进行合理搭配，组成学习小组进行合作学习，使不同层次的学生可以互相质疑，交流个人思想。此外，教师要及时反馈纠错，将小组不能解决的问题放在班中交流，使学生在教师或同伴的启发指导下解决问题，使每个学生都获得认知上的发展。

（2）尊重差异

发展性教学理论强调学生的全面发展中的个性发展，而每个学生都是一个特殊的个体，这就要求教师在教学中要尊重差异。

尊重差异具有两方面的含义：一是承认学生发展的差异性；二是承认学生发展的独特性。

在教学中，教师要尽可能发现每个学生的聪明才智，尽力捕捉他们身上表现出的或潜在的闪光点，不要追求全体学生的平均发展，也不要追求每个学生各方面的平均发展，而是让每个学生形成自己的特色和鲜明的个性。

要提醒教师的是，不能顾此失彼，应处理好全面发展与个性发展的关系、统一性与灵活性的关系、共同性与个别性的关系。

（3）创设最佳情境

第斯多惠说："教学的艺术不在于传授本领，而在于激励、唤醒、鼓舞。"教师要根据学生的年龄、知识经验、能力水平、认知规律等因素，抓住学生思维活动的热点和焦点，根据学生认知的"最近发展区"为学生提供丰富的背景材料，从学生喜闻乐见的实情、实物、实例入手，采用猜谜、讲故事、做游戏等形式，创设生动、有趣、有味的情境，既满足学生的内心需要，又激发学生的探索欲望，同时唤起学生思维的能动性。

（4）走进学生的精神生活

赞科夫认为，教学法一旦触及学生的情绪和意志领域，触及学生的精神需要，这种教学方法就能发挥高度有效的作用。在教学过程中，教师要把学生心理活动的各个方面都吸引到学习活动中，使学生的精神生活生气勃勃。为此，教师要有高涨的情绪，创造能与学生推心置腹的氛围，多与学生在情感、情绪、思想方面进行交流，培养学生积极向上的智力情绪、道德情绪和审美情绪，使学生在课堂、家庭乃至学校生活中过真正丰富多彩的生活。

（5）有效地使用间接法

间接法，就是学生在自己的头脑里把知识进行加工，利用积极的精神生活，进行独立思考与推理，探求问题的答案，从而把知识变成自己的思想的产物，而不是只靠记忆工作。但是，提倡间接法并不是排斥以机械记忆为主的直接法，教师应具体情况具体分析。

（6）积极发展学生的言语

赞科夫非常重视学生言语的发展，他指出，要把发展学生的言语与平日丰富多彩的现实生活相结合，让学生通过对现实生活的描述，通过与人的交往来发展言语。也就是说，要在使用言语中发展言语。

学习任何知识，都离不开言语。在发展学生的言语时，教师应把口头言语的自然性、生活性与对学生言语的指导结合起来。教师可以创设一定的情境，如组织学生参观或旅行，指导学生看，引导学生学说、要说、会说等。

（7）讲清基本概念，精心安排练习

讲清基本概念，精心安排练习是教师在教学中应抓好的两件事。

讲清基本概念，就是要让学生学会把概念中本质的东西和非本质的东西区别开来，学会把各个概念联系起来。这样，学生就能更清楚地掌握知识，理解知识之间的相互关系。

精心安排练习，要在学生一般发展的基础上进行，要有助于学生深刻理解知识之间的关系和变化规律。另外，练习的安排要避免使学生感到单调乏味。

与发展性教学相比，传统教学存在着诸多问题，如教学模式整齐划一、刻板和自我封闭；教学仅局限于传授书本上的知识，以培养学生的应试能力为主，不注意学生多方面能力的培养及良好品格的养成；教学脱离社会实际和学生实际；只关注教师的教，而忽视了学生的学；只面向少数学生，而忽视了多数学生；等等。发展性教学理论正是针对传统教学的弊端提出的，虽然它与传统教学“势不两立”，过于否定传统教学，但并不影响其在教学改革中的巨大指导作用。

随着我国素质教育的全面推进和课程改革的日益深入，以及教学要“促进人的发展，特别是学生潜能和个性的发展”的提出，广大教师非常有必要学习和应用发展性教学理论，从而对原有的不合理的教学模式与策略进行改革，树立“以学生发展为中心”的教育观，构建体现现代教育观的新的教学体系，促进学生生动、活泼、主动、和谐的“一般发展”。

让学生有榜样地学习

——马卡连柯“平行教育影响”

（一）马卡连柯及“平行教育影响”概述

安东·谢妙诺维奇·马卡连柯（1888—1939），苏联著名的教育革新家、作家。

马卡连柯一生著述颇丰，其主要教育著作有：《教育诗》（1925—1935）、《塔上旗》（1938）、《父母必读》（1937）等。后来，他的主要著作被收录进《马卡连柯教育文集》。

在马卡连柯的教育理论中，最受重视、被研究和运用最广泛的是他关于集体教育、纪律教育和劳动教育的理论。这些理论和经验，大部分都被充实到苏联的教育理论中，并成为其重要的组成部分。

集体教育是马卡连柯教育思想体系的重要方面。所谓集体教育，就是通过集体、在集体中、为了集体进行教育。“通过集体”即集体是教育的手段，教师不是单枪匹马地凭借个人力量去教育学生，而是凭借集体这一教育手段去教育、影响学生。“在集体中”即集体是教育的基础，对学生的教育（包括对个别学生的教育），应该在集体中进行，如果离开集体便很难收到良好的教育效果。“为了集体”即集体不仅仅是教育的手段，也是教育的目的和对象。为此，教育个人时，也应当使集体受到教育。

为了实现培养集体主义者的教育目的，马卡连柯在教育实践上把集体教育作为教育活动的基础和最基本的教育方式；在教育理论上把集体教育作为贯穿其全部教育学说始终的主线进行论述。

在集体教育理论中，马卡连柯提出了三个原则：尊重与要求相结合原则，“要尽量多地要求一个人，也要尽可能地尊重一个人”；平行教育影响原则，“每一项针对集体开展的教育活动应收到既教育集体，又教育个人的效果”；前景教育原则，“教育应当激励学生努力学习和工作，防止享乐主义情绪的产生”。其中，平行教育影响原则，即平行影响论，是集体教育的核心内容，被广泛应用在其他教育理论中。

平行教育影响原则的实质，在于教育工作者要以集体为教育对象，通过对集体的教育来教育个人，使教育者对集体和集体中每一个成员的教育影响是同时的、平行的。

运用平行影响论教育学生时，不要使学生感觉自己是被教育的对象，从而产生厌恶感，甚至使师生之间的正常关系发生疏远和破坏；而应让学生体验到自己是教育的主体，以便保护他们的自尊心，提高他们的自信心。

在领导高尔基工学团和捷尔仁斯基公社时，马卡连柯灵活运用“平行教育影响”的方法教育了两个学员。

学生瓦夏因为醉心于玩足球，而忽视了家庭作业，结果只得了两分。马卡连柯不是找瓦夏本人谈，而是利用一次很好的机会和他的好朋友舒拉谈班上的一些事情，随后很自然地谈到了瓦夏。

马卡连柯带着非常沉痛的心情和声调对舒拉说：“按瓦夏的能力来讲，他可以成为班上的优秀生，但是他沉迷于足球，结果什么都弄坏了。”接着，他又感叹地说：“难道你朋友的意志就是这样薄弱，不能克制自己吗？不，决不会，我相信瓦夏是能够克制自己的。”随后，马卡连柯又谈到其他问题上去。

谈话之后，舒拉立即将他与马卡连柯的谈话内容转告给瓦夏，并模仿马卡连柯的姿势和声调，使谈话更为有力。

从这一天起，瓦夏便能坐下来做功课，在没有做好前，他能一直不离开座位。

通过让瓦夏的好朋友向他传达自己的教育意见，马卡连柯不露声色地教育了瓦夏，并收到了很好的效果。但是，马卡连柯并不是一成不变、死板地运用这一方法。

有一天，社员彼特连柯上班迟到了。马卡连柯得知后，并没有把彼特连柯立刻找来，申斥一顿或给予适当的惩罚。而是把彼特连柯所属分队的队长叫了来，对队长说："你的队里有人上工迟到了。"

"是的，彼特连柯迟到了。"队长回答。

"以后不要再出现这样的情形。"

"是，以后不会有了。"队长保证说。

可是，彼特连柯第二次又迟到了。这次，马卡连柯仍然不把他本人找来，而是把全分队集合起来，责备了全分队，分队集体保证以后不会再有这样的情形出现。

散会后，分队成员纷纷批评彼特连柯，对他说："你上工迟到，这就等于说我们全分队都迟到了。"为了避免整个分队因彼特连柯迟到再次受到批评，该分队向彼特连柯提出了很多严格的要求。

最后，在集体的影响下，彼特连柯终于克服了迟到的毛病。

这次，马卡连柯对彼特连柯的教育是"在集体中"进行的，这时彼特连柯所在的分队成了教育的手段，体现了"通过集体"这一教育理念。彼特连柯迟到事件不仅教育了他本人，还使整个分队都受到了很好的集体主义教育，全体成员的集体荣誉感和责任感得到了一定程度的强化。

从以上两个例子可以看出，"平行教育影响"的方法不失为一种教育学生的好方法。平行教育影响理论强调了集体对个人的教育作用，而这也正符合个人"有归属感"的心理特征。因此，它对教师教育学生有很大的借鉴价值，但在实施过程中，教师必须根据具体情况，机智地对这一理论作适当选择、补充和修正，绝不能机械地、形式地照搬照用。

个人与集体是一对孪生子，相辅相成，互成因果。集体是个人的联合体，个人离不开集体，个人意志和行为的形成在很大程度上受集体的影响。个人是组成集体的细胞，集体也离不开个人，集体形象的形成和发展离不开每个成员的努力。在教学过程中，教师要充分认识集体和个人的相互影响关系，运用平行教育影响理论，着眼于发挥集体的榜样作用，利用集体教育个体，同时也不要忽视利用个体主动学习来影响集体。

（二）“平行教育影响”经典案例

【案例 1】

江苏省南京市百家湖小学特级教师刘志春在教学中不断尝试为学生构建自主开放的集体氛围，使学生在集体中受同伴影响，从而积极主动地参与学习活动。下面是刘老师教学《将相和》一课的教学过程：

环节一：交流资料

一上课，刘老师便请学生把搜集到的有关《将相和》的资料相互交流。

“我查到了关于蔺相如的资料：蔺相如，赵惠文王时的名臣，奉命带和氏璧入秦，当庭力争，使得完璧归赵。赵惠文王二十年，公元前 279 年，秦赵渑池之会，使赵王未受辱，因功位上卿，位在廉颇之上，颇出言不逊，扬言必辱之。相如以国家安危为重，处处忍让，终使廉颇愧悟，负荆请罪，遂成至交。”

“我从《中华上下五千年》中找到关于和氏壁的资料：公元前 283 年，赵惠文王得到一块玉璧，相传为琢玉能手下和在荆山采到的，所以被人们称为‘和氏璧’，此璧几经坎坷才被发现是一个举世无双的无价之宝。玉璧到了惠文王手里更是被万分珍爱。”

“我从《新编中华上下五千年》查到：和氏璧颜色光泽、纯洁无瑕，夜间生光；冬季温暖，近旁可以不生火炉；夏季凉爽，百步之内不近蚊蝇。”

“我搜集到一些关于蔺相如和廉颇的资料，由于比较长，我就不读了，下课的时候大家可以找我来了解一下。”

……

学生纷纷介绍着自己搜集到的资料。每当有学生介绍完毕，刘老师都会给予他赞美，并让其他学生为他鼓掌。

看到别人都准备了资料，且受到了老师和同学的赞扬，没有准备资料的小古后悔不已。

环节二：初读课文

学生交流完准备的资料后，刘老师提问：“请同学们说一说这篇课文讲了哪几个小故事?”

莉莉首先站了起来，说："这篇课文讲了三个故事。三个故事可以分别用三个小标题概括：第一个是'完璧归赵'；第二个是'渑池之会'；第三个是'负荆请罪'。"

"你是根据什么概括的?"刘老师紧跟着问。

莉莉自信地说："从'这就是完璧归赵的故事'可以看出第一个故事是'完璧归赵'；从'过了几年，秦王约赵王在渑池会见'可以看出渑池是这次会见的地点，所以可将第二个故事概括成'渑池之会'；从'蔺相如见廉颇来负荆请罪……'可将第三个故事概括成'负荆请罪'。"

"很好，不错。还有不同的看法吗?"刘老师接着问。

"我也是用同样的三个小标题概括这三个故事的。'读写例话'中'……也不会有"完璧归赵""渑池之会""负荆请罪"这三个故事了……'这句话直接说出了三个故事，我是从这里看到的。"晓刚站起来说。

"你很聪明，方法很快捷，不过最好能通过读课文来概括，这样更有助于提高你的阅读能力。"刘老师表扬了晓刚，并对他提出了一个小建议。

之后，又有几个学生用不同方法概括了课文的三个故事。

这时，小古也跃跃欲试，但看到其他同学都比自己回答得好，便没站起来。不过，他暗下决心，在下面的环节一定要好好表现。

环节三：自读思考

"蔺相如为什么能做到完璧归赵？这个问题是同学们提得最多的一个问题，也是整篇课文的中心内容。下面就请大家围绕这个问题，采用自己喜欢的学习方法研究一下。你可以朗读，可以默读揣摩，也可以勾勾画画，还可以在书上做笔记。"刘老师说完，便让学生自读课文并思考。

环节四：小组讨论、汇报

自读结束，刘老师首先要求学生把自己思考的结果在小组内进行交流，然后再请各组组长汇报情况，并进行评比，对回答得全面的小组给予奖励。

为了使自己的小组取得好成绩，小古充分发挥自己的能力，在小组讨论中积极发言，提出了许多独特的想法。

10 分钟后，小组组长开始汇报。

一组组长说："经过讨论，我们组认为蔺相如之所以能完璧归赵，完全归功于他的机智和勇敢。我们在课文第八与第九自然段找出了原因。

"第一处是，'蔺相如说："这块璧有点儿小毛病，让我指给您看。"'蔺相如巧妙地从秦王手中要回了和氏璧。

"第二处是，'他理直气壮地说："我看您并不想交付十五座城。现在璧在我手里，您要是逼我，我的脑袋和璧就一块儿撞碎在这柱子上。"'以此逼迫秦王用十五座城池和他换璧。

"第三处是，'蔺相如说和氏璧是无价之宝，要举行隆重的典礼，他才肯交出来'。以缓兵之计，拖延时间，为的是让手下将和氏璧偷偷送回赵国。

"我们组的若珏同学对这一点理解得比较深，下面请她说一说。"

若珏站起来说："当时，和氏璧在秦王的手中，蔺相如看出秦王丝毫没有拿城池换璧的诚意，就上前一步对秦王说和氏璧有点儿小毛病，要指给秦王看。蔺相如用这么巧妙的办法使和氏璧回到自己手中，充分体现出他的机智。而且，我认为蔺相如对秦王说这句话的时候语气一定是柔和的。"

在刘老师的示意下，若珏柔和地读起这句话。

刚读完，三组的晓川就举起了手，表示不同意。他说："我觉得像蔺相如这样的爱国使臣，是不会向秦王低三下四、奉承拍马的。我觉得蔺相如对秦王说话时的语气应当是柔中带刚。"说完，晓川在刘老师的同意下便用柔中带刚的语气读了起来。

对于晓川的不同意见，若珏反驳道："我想大家都知道当时秦国最强，赵国实力相对较弱。蔺相如说话的时候，只有用比较柔和的语气，才能使秦王听得比较高兴，才会信以为真，把和氏璧交给他。"

面对两种不同的意见，刘老师让其他学生当秦王作裁判，又让两人分别读了一遍。

"大家更愿意将璧交给谁呢？"

"若珏。"学生齐答。

……

"下面，第二组开始回答。"

二组组长说："我们组的答案是在第六自然段找到的。我认为蔺相如能完璧归赵，与他所作的充分准备是分不开的。他在还没有去秦国之前就分析了两种可能性和两种对策：'我愿意带着和氏璧到秦国去。如果秦王真的拿十五座城来换，我就把璧交给他；如果他不肯交出十五座城，我一定把璧送回来。’他想到了怎样使秦国理屈，使秦国没有动兵的理由。这充分体现了蔺相如的深谋远虑，他是胸有成竹的。”

“老师对你说的‘深谋远虑’这个词特别感兴趣，我将它写在黑板上。”刘老师赞同地说。

二组说完，轮到小古所在的组了。组长站起来说：“刚才他们两个组谈到的内容，我们组都谈到了。而且，我们还在课文第九自然段找到了一个重要的原因。关于这一点，小古同学的认识比较透彻，我们请他谈一谈。”

真没想到组长会把发言权给自己，小古既紧张，又兴奋。在组内成员掌声的鼓励下，小古大胆地站了起来。

“我认为这一句很重要：‘蔺相如知道秦王丝毫没有拿城换璧的诚意，一回到宾馆，就叫手下人化了装，带着和氏璧抄小路，先回赵国去了’。在这句话里，‘抄小路’很能体现蔺相如的机智，‘抄’是走近路的意思。蔺相如之所以叫手下人抄小路走有两个原因：一是不让自己的行动被秦国人发现；二是能尽快将和氏璧送回赵国。”小古说出了自己的独特看法。

“非常好，能抓住关键字词理解课文内容。”刘老师表扬了小古，并为他鼓掌。

听到老师的表扬，小古心里别提多高兴了。同时，他也感到为小组争光是一件多么开心的事。

小古这个组回答完，其他各组又开始陆续补充答案。

环节五：自由发言

为了使学生对“蔺相如为什么能做到完璧归赵”这个问题的认识更全面，小组汇报完毕后，刘老师又组织学生进行了自由发言。

“我从‘蔺相如捧着璧，往后退了几步，靠着柱子站定’这句话看出了蔺相如的机智。如果蔺相如直接站在秦王身边说下面那一番话，璧一定会被秦王身边的大将军夺回去，到那时，恐怕他自己的性命也会不保。而他选择往后退了几步，靠着柱子站定，就不同了。这样既可以保住和氏璧，也可以让秦王相信他会同和氏璧共存亡。”

“我觉得蔺相如说的这句话也很聪明。蔺相如上前一步说：‘这块璧有点儿小毛病，让我指给您看！’蔺相如说璧的毛病为‘小毛病’，容易使秦王相信。毛病小，才不易察觉，秦王才会让蔺相如指给自己看。如果不说是小毛病，秦王可能想‘我怎么没看出来’，就会对蔺相如产生怀疑。”

“我从蔺相如‘举起和氏璧就要往柱子上撞’看出他的机智、勇敢。因为如果蔺相如只是说话吓唬秦王，而不做动作的话，秦王会认为他是只纸老虎。只有蔺相如做出要撞柱子的动作时，秦王才会真正被吓住。而且我觉得蔺相如也做好了同和氏璧共存亡的决心，他对秦王说这段话时态度肯定非常坚决。”

……

学生各抒己见，又说出了很多不同的想法。

“原来还有这么多不同意见啊!”小古感慨道，“我以后一定要加倍努力，为自己争光，也为小组争光。”

新课标倡导自主、合作、探究的学习方式，要求教师关注学生的个体差异和不同的学习要求，保护学生的好奇心、求知欲，充分激发学生的主动意识和进取精神，努力建设开放而有活力的课堂。本节课，刘老师给予学生尽可能大的自主权利，如让学生自主交流搜集到的信息、自读思考、小组讨论、自由发言等，使学生、教师、教材之间形成了多向的信息交流。正是在这种自主开放的集体氛围中，学生形成了良好的阅读习惯和语文素养。尤其是学生小古从中获益更多。在自主开放的集体氛围及为小组出力的观念影响下，小古由后悔，到跃跃欲试，到自主学习，到积极参与讨论，再到为小组发言，最后认识到自己的不足，逐渐发现了自己的价值，认识到自己是课堂的主人。

特级教师华应龙认为，榜样的力量是无穷的，只要在适当的时机推出适当的榜样，就能够激发学生的学习动力，使学生能够以积极竞争的心态去面对学习，不断取得进步。榜样的激励作用远比说服教育更具说服力和号召力，更易引起学生情感上的共鸣，激起学生模仿和追赶的愿望。在课堂教学中，集体就是影响个人意识和行为的最好榜样。可以说，有什么样的集体氛围，就有什么样的个人。所以，教师要注意营造良好的集体氛围，利用集体影响教育个人，使个人获得良好发展。

【案例 2】

针对学生怕写作文，教师不注意调动学生作文兴趣和积极性，强迫学生作文的现象，安徽省宣城市第十二中学高级教师杨和平经过多年的论证研究，提出了“无限积分制作文批改法”，使作文教学取得了可喜的效果：

为了打破常规作文教学，杨老师对学生进行了一次问卷调查（见下表）。

一、你爱好作文原因是什么					
老师的鼓励和帮助	60人	一次偶然机会	16人	一贯爱好	4人
二、你怕写作文的原因是什么					
未被肯定过	90人	无话可说	18人	不知如何下笔	12人
三、当作文本发下来后，你最关心的是什么					
分数	160人	评语	26人	改动	14人

通过调查，杨老师发现绝大多数学生非常在意教师给的分数，他们把获得“作文的高分”作为学习的动力之一。但是，现实往往是另一种情况，许多教师都很吝啬自己的分数，对学生要求过高，不愿给予学生肯定和表扬。

在调查中，杨老师通过与学生交流还了解到，长期的低分政策使学生认为：反正作文是得不到高分数的，努力不努力都一样。这大大影响了学生作文的积极性。

于是，杨老师提出了“无限积分制作文批改法”这一构想，并展开了实验。在实验班的作文教学中，杨老师顺应学生关注分数的心理特点，尽可能用高分数鼓励他们，保护他们的自尊心。

无限积分制作文批改法包括三个部分。

1. 作文批改

对于一篇作文，杨老师提出1～3个要求，学生每做到一点就给100分的基础分。在此基础上，杨老师就文章的立意、选材、结构、技法、语言等方面发现优点，每个优点加50分，如立意好、选材新，甚至一个新鲜生动的比喻都会加分。而作文的缺点、不足之处只批改，不减分。这样，学生作文的得分没有上限，优点越多得分越高。每次作文批改结束，杨老师还以得分高低公布前20名。

2. 日记批改

对于日记，杨老师一周批改一次，具体批改方法是：学生写满一页给50分；较优秀的日记奖五角星一颗，加100分；优秀的日记奖五角星两颗或更多，加200分；坚持一天一篇日记，加100分；书写认真，加50分；最后累计得分为本周日记成绩。例如，一学生该周日记写了14页，一天一篇，书写认真，有两篇较优秀日记，一篇优秀日记，他的得分应是1250。月底，杨老师还要统计每个学生的日记得分总和，并公布前20名。

3. 学生批改

杨老师不仅自己批改学生作文，还让学生相互批改作文。对于学生相互批改作文，杨老师是这样进行的：看是否符合本次作文的几点要求；找优点；修改不足之处，或提出建议；写总评，累计分数；作者自查，与批改者交换意见，集体讨论；师查，总结讲评。（批改方法同“作文批改”；一次作文批改用一课时；学生可以自改，也可以互改）

通过对实验班为期两年的教学，无论从横向比较，还是纵向比较，无限积分制作文批改法都取得了较理想的效果。这种作文批改法迅速地调动了学生的作文兴趣，提高了学生的作文能力。实验班学生作文的自觉性远远大于对照班，他们的作文、日记的交纳率，所写日记的数量均远远高于对照班，他们的综合语文能力（乃至综合素质）也远远强于对照班。

该方法对后进生的促进作用更为明显。一些后进生每次看到别人不断上升的作文分数，以及前20名学生的作文和日记，就会激起内心的竞争意识，从而以别人为榜样，充分调动自己的作文热情，发挥自己的长处，迅速进步。另外，一些后进生在进行“学生批改”时，会在别人的影响和建议下，发现自己的优缺点，从而发挥优点，弥补缺点，慢慢进步。

现在，杨老师的无限积分制作文批改法已经由实验转为实施，得到了许多一线教师的充分肯定。特级教师蔡澄清认为它具有开拓创新意义，方向正确，如能取得成功，将是对语文教学实施素质教育的一大贡献。

从表面看，无限积分制作文批改法似乎仅仅是作文批改中的给分标准问题，实际上，分数只是手段。这种作文批改法能够培养学生的作文兴趣，给学生以作文的动力。让学生变得乐写、爱写的最根本原因是教师抓住了其渴望看到成功（高分数）的心理，这远远强于其他感觉信号。所以当学生看到作文、日记分数不断上升时，就会体验到成功，并在成功的愉悦中作文，同时又在赶超别人的激烈竞争中作文。即使有个别学生实在不喜欢作文，也会在人人想得高分的氛围中激起竞争欲望。案例中，后进生的转变就是一个很好的佐证。

长期以来，作文教学中的“牛不喝水强摁头”现象极为普遍，许多学生被动应付，缺少应有的兴趣，把作文当作一件苦差事，自然难以爱上作文，更不会写好作文。只有培养起学生的作文兴趣，让学生积极参与写作活动，进入最佳的写作状态，作文训练才能奏效，作文教学效率才能提高。无限积分制作文批改法就是针对这种作文教学现状提出来的。它从学生的内部兴趣入手，将这种兴趣变为一种集体影响，调动学生的积极性，激励学生的作文欲望，从而变“要我写”为“我要写”。

不仅作文教学如此，其他教学也应如此。在教学中，教师要能真正发掘学生的内心渴望，并把这种渴望变为一种合理的集体影响。这样，学生就会在集体共同追求的氛围中激发兴趣，产生欲望。

（三）践行“平行教育影响”应规避的误区及高效策略

1. 应规避的误区

任何教学方法都不可能是十全十美的，都会受到时间，地点、对象等因素的影响，“平行教育影响”自然也不例外。

（1）过于强调集体对个人的影响作用

平行教育影响理论着重强调集体对个人的影响作用，比较片面。实际上，集体不是影响个人的唯一因素，还应包括教师、家庭及家长、精神生活（如书籍）、社会交往、受教育者个人等因素。

（2）个别学生口服心不服

实际运用平行教育影响这一方法时，有时可能会产生一些消极作用。例如，个别学生受集体压力的影响，虽然暂时屈服了，但却口服心不服，甚至会造成其与集体的对立。这就要求教师在运用平行教育影响进行教学时，要注意不能过于强迫学生屈从于集体，否则，就会适得其反。

2. 高效践行策略

马卡连柯说：“必须创造一种方法，它既是一般的和统一的，同时又能使每一个人有发展自己的才能、保持自己的个性、按照自己的意愿前进的可能，这种方法就是集体教育的方法。”这里的集体教育方法指的就是平行

教育影响方法，是个人在集体中获得全面发展的手段。那么，教师如何正确运用平行教育影响通过教育集体影响个人呢？

(1) 让学生正确认识个人和集体的关系

个人和集体密不可分，个人离不开集体，集体离不开个人。教师要让学生正确认识个人和集体的关系。

在教学中，教师应让学生明白“团结就是力量”“为集体就是为自己”的道理，从而引导学生以集体利益为重，自觉维护集体的荣誉和利益，为集体尽己所能。

(2) 建立一个良好的集体

马卡连柯认为，要使学生养成一个集体主义者的良好的行为习惯，除了通过集体生活与活动的锻炼外，别无他途。要通过教育集体影响个人，教师首先要建立一个良好的集体，使集体具备以下特征。

①有共同的目标

个人的目标决定于集体的目标。教师要向全体成员提出集体的目标，使其朝着同一个目标努力。

②有纪律和作风的约束

马卡连柯说：“纪律是集体的面貌、集体的声音、集体的动作、集体的表情和集体的信念。集体中的一切，归总起来，都摆脱不了纪律的形式。”“集体只有培养出集体作风，才能真正成为教育的因素。”集体的纪律和作风主要表现为五个方面。

第一，集体应当朝气蓬勃，充满强烈的快乐情绪。

第二，集体成员之间应当团结和睦。

第三，集体成员应当具有坚定不移地主持正义的观念。

第四，集体成员要具有积极性。

第五，集体成员应当养成“抑制的习惯”。

③有美德

这种美德就是每个人都要忠于集体利益、维护集体利益、尊重集体权利。

④有核心

领导者是集体的核心。马卡连柯十分强调加强集体的领导者的作用。

他认为，在保持严格的从属关系和一定的责任制度的原则下，领导者使学校的公共力量、舆论、教师集体、学校刊物、个别人的积极主动和广泛的学校自治制度，都能有广阔的活动范围。任何一个集体都要有一个领导核心，他要能使集体打成一片，更能把教师和学生团结起来。

在形成集体的过程中，教师应把比较有影响力的学生，如成绩优秀的学生、有特长的学生、有良好品德的学生等，作为助手和集体中的积极分子组织起来，然后在这些积极分子的帮助下，再将整个集体组织起来。

（3）不可有私心

利用教育集体影响个人，教师不能有私心，不能把集体当作表达自己不合理意志的工具，借“集体”之名，行个人意志。教师应以尊重学生为前提，以真诚的、关爱的态度为指导，以合理的要求为手段，通过集体教育去影响个别学生。

（4）站在学生的角度处理问题

苏霍姆林斯基曾经说过，儿童的过失与成年人的过失是有区别的，不能把成年人的道德法律标准搬进儿童集体中，利用儿童集体惩罚儿童过失。儿童的世界和成人的世界是不同的，教育学生时，教师应站在学生的角度，从学生的年龄特征、心理特征出发，选择适合他们的教育方法。

（5）有效开展互帮互学活动

作为集体中的一分子，每个人都有自己的优势，可以为他人提供帮助；每个人也都有自己的劣势，需要向他人学习。为此，教师应多开展学生之间的互帮互学集体活动，如做游戏、合作做实验、小组间进行辩论比赛等，力使每个人的特长得到发挥，不足得到弥补，在集体的帮助下完善自身，促进发展。

（6）发现学生的优点

平行影响是双向的，在强调集体对个人的影响的同时，教师也不能忽视个人对集体的形成和发展的作用。良好集体的形成是诸多个人优点的综合。因此，教师要善于发现每个学生身上的优点，多表扬其优点，并以他作为集体学习的榜样，促使其他学生向他学习。

（7）注重教师集体建设

马卡连柯强调，在各种集体中，教师集体是一个最重要的机构，是正确的学校教育工作的重要条件。要建设良好的学生集体，教师也要注重自身集体的建设，这样才能更好地开展各项教育工作。在教师集体中，教师要有统一的工作方法，不但要对自己的班级负责，而且要对整个学校负责。

当然，教师集体和学生集体并非两个集体，而是一个集体，一个教育集体。教师应辩证地看待它们之间的关系。

（8）有效保持和发展集体

良好的集体来之不易，一旦建立起来，就要爱护它，注意它的活动进展，使它可以长久地保持下去。那么，如何保持已经建立起来的集体呢？

第一，要保护集体的灵活的核心，要注意经常有训练好了的一辈去接替前一辈。也就是说，集体中要有若干水平日益提高的成员——有教师，也有学生。

第二，要遵守规章和传统。“任何东西都不像传统那样能够巩固集体。培养传统、保持传统是教育工作最重要的任务。”这就需要教师强调集体的继承性原则。

集体不仅要得到保持，还应是发展的。马卡连柯认为，“要建立起整个集体的前景，使它逐渐扩大”。也就是说，教师要不断给学生集体提出新的远景，使它不断前进。这样，集体的影响才会更宽广，才会一直延续下去，

马卡连柯认为，集体作为教育的目的，体现着无产阶级政党的教育方针和教育目的——动员和组织全体成员一致努力；集体作为教育的手段，能培养每个成员的意志和自豪感；集体作为教育的主体，具有极大的说服力，它能克服坏人坏事；一旦建立起统一的学校集体，就能在学生的意识中唤起舆论的强大力量，它是支配学生行为并使它纪律化的一种物质的、实际上可以感触到的教育因素。

集体就是学生锻炼的健身房，教师要学习和发展平行教育影响理论，通过集体去组织教学活动，以锻炼学生、发展学生。

让学生在探究中学习

——马赫穆托夫“问题教学”

（一）马赫穆托夫及“问题教学”思想概述

马赫穆托夫是苏联著名的教育科学博士，他在专著《问题教学》中提出了“问题教学”理论。“问题教学”理论经过广大教育工作者多年来的不断充实、完善和发展，目前已成为一种典型的普通教育理论，并在基础教育中得到广泛应用。

20世纪60年代中期，在苏联教学理论界，问题教学的研究特别活跃。问题教学的产生，是苏联教学论发展的一个阶段。问题教学的产生，一方面取决于社会对人才的实际需求，另一方面是教学论本身发展的结果。

每一种教学理论都有它的历史演变过程。马赫穆托夫的“问题教学”思想可以追溯到古希腊苏格拉底的对话式辩论——产婆术。

苏格拉底的母亲是一个接生婆。他从小便跟着母亲到别人家去接生，帮忙递器械，打下手。这一时期的生活经历在苏格拉底心中留下了深刻的印象。后来，他从助产中得到启迪，创立了一种教育方法——产婆术。

在当时的雅典，人们普遍认为智慧是天生的。苏格拉底则认为，知识和美德是能通过受教育而得到的，唯一的困难是缺少既懂美德的概念又能将它教给别人的人。尽管他认为自己没有智慧，不足以施教于人，但却甘愿去尽一个社会道德教师应尽的义务。于是他经常同青年交往、接触，教育、引导他们。在实践中，苏格拉底形成了一种独特的教育方法，其基本原则是：回答问题必须简洁、明快、干脆；回答对方所提出的问题，不能提出其他问题，不许反对对方的问法；两个人可以轮换提问，但须双方都同意。这种方法包含了辩证的色彩，能帮助对方纠正错误观念，并产生新的艺术。整个过程仿佛产婆帮助孕妇生产婴儿一样。它分四个步骤。

一是讥讽，即通过不断提问，使对方陷入自相矛盾之中，并迫使其承认自己对这个问题一无所知。

二是助产，就是帮助对方抛弃谬见，使他们找出正确、普遍的东西。换句话说，就是帮助真理产生。苏格拉底曾对朋友说："我母亲是产婆，我向她学到了接生术。所不同的是，她是肉体的接生者，我是智慧的接生者。"

三是归纳，即从个别事物中找出共性，通过对个别善行的分析、比较来寻找一般美德。

四是定义，就是把单一的概念归纳到一般的东西中去。

有一个故事生动地反映了这种方法的应用过程。

一天，苏格拉底和一个非常自负的、名叫尤苏戴莫斯的青年讨论"人需不需要学习，学习时需不需要请教师"的问题。其中有一段关于正义与非正义的对话，苏格拉底写下"正义"与"非正义"两个词，然后问道："虚伪应放在哪一边?"

尤：显然应放在非正义一边。

苏：那么欺骗呢?

尤：当然是非正义一边。

苏：偷盗呢?

尤：同上面一样。

苏：奴役人呢?

尤：也是如此。

苏：看来这些都不能放在正义一边了。

尤：如果把它们放在正义一边，简直是怪事了。

苏：那么，如果一个被推选为将领的人，率领部队去奴役一个非正义的敌国，能说他是非正义的吗?

尤：当然不能。

苏：那么他的行为是正义的了?

尤：当然。

苏：倘若他为了作战而欺骗敌人呢？

尤：也是正义的。

苏：如果他偷窃、抢劫敌人的财物，他的所作所为不也是正义的吗？

尤：不错。不过，开始我以为所问的都是关于我们的朋友呢。

苏：那么，前面我们放在非正义方面的事，也都可以列入正义这一边了？

尤：好像是这样。

苏：那么，我们重新给它划个界线——这一类事用在敌人身上是正义的，用在朋友身上就是非正义的。你同意吗？

尤：完全同意。

苏：那么当战争处于失利而又无援的时候，将领发觉士气消沉，就欺骗他们说援军要来了，从而鼓舞了士气。这种欺骗行为应当放在哪一边呢？

尤：我看应放在正义一边。

苏：小孩子生病不肯吃药，父亲哄骗他，把药当饭给他吃，孩子因此恢复了健康。这种欺骗行为又该放在哪一边呢？

尤：我想这也是正义的行为。

苏：又如，一个人想自杀，朋友们为了保护他而偷走了他的剑，这种行为该放在哪一边呢？

尤：放在正义那边。

苏：可你不是说对朋友任何时候都要坦率无欺吗？

尤：看来是我错了。如果您准许的话，我愿意把说过的话收回。

苏格拉底的“产婆术”，又称“问答式教学法”，这种方法对后世的教学思想产生了很大影响，成为西方启发式教学的开端。自问世以来，“产婆术”曾被世界各国学校广为采用。它的实质在于启发学生的积极思维，从而使学生自觉地获得知识。“产婆术”对培养学生的分析能力、推理能力、概括能力具有积极作用，但是也存在一定的局限性，它只适用于人们已知的东西，而不适用于未知的东西。因此，马赫穆托夫在此基础上提出了具有创新性的“问题教学”理论。

1. “问题教学”理论的产生

基于新时代的要求和先进经验的不断涌现，马赫穆托夫及其他学者决定开展“问题教学”的实验。他们首先形成了一个基本构想：知识中相当大的一部分可以不用现有的教学形式传授给学生，而由学生在问题情境下，在独立的认识活动过程中去获得，从而增强学生作为学习主体的作用和教师作为学生独立认识活动的组织者的作用。其实验和研究所依据的初步思路如下。

（1）教学中，教师传授现成结论与学生独立获取知识结合进行，但注意增强后者的作用。

（2）变重复熟记式掌握知识的原则为通过独立智力活动掌握知识的原则，后者应成为起主要作用的原则。

（3）以“问题教学”思想为实施依据。“问题教学”思想建立在辩证法、现代形式逻辑学、发展性教学理论、思维与活动心理学的基础上。

就这样，马赫穆托夫及其同事们开始了“问题教学”课题的研究，并最终形成了自成体系的“问题教学”理论。

马赫穆托夫是“问题教学”理论的创始人之一，其总结性专著《问题教学》于1975年问世，分上、下两编，上编着重探讨反映论问题和认识过程的矛盾问题，人的思维能力的发展规律及科学认识与教学的相互关系等问题；下编论述“问题教学”思想本身，包括“学习性问题”概念的内涵，问题式学习的逻辑，激活学生学习、认识活动及培养创造能力的方法。重点放在对问题教学过程作为教学体系和教学方法新结构的理论论证上。

此后，问题教学的理论研究逐步深入，并在各级各类教育机构的实践中得到推广。

2.“问题教学”体系

马赫穆托夫用控制论描述了“问题教学”过程，强调“问题教学”是一个复杂的体系，在此体系中有两个主体：一是教师；二是学生。教师有两个受控客体：一是学生；二是学生的活动。

在“问题教学”条件下的师生系统中，控制过程的形成取决于教学过程的逻辑——心理内容。如果采用控制论的术语，则问题教学的算法式指令就具有了周期结构。

（1）指令。即教师创设问题情境（通过提问、布置任务或作业等形式来实现）。

（2）完成指令。学生概述问题，提出解题假设。

（3）反馈联系。包括外部的和内部的联系。

（4）新的外部或内部指令，或二者交错在一起（如学生说："下一步怎么办?"教师说："应当怎样解决?"）。

学生的活动不仅受教师的外部指令，还受自己内部指令的驱使。可见，"问题教学"具有自控系统的特征。那么，"问题教学"的确切含义是什么?

马赫穆托夫认为，问题教学是一种发展性教学。在这种教学中，学生从事的系统的独立探索活动是与其掌握现成的科学结论配合进行的，它是建立在问题情境的创设、问题的提出与问题的解决基础上的教学方式。为了创立"问题教学"理论，马赫穆托夫十分重视学习性问题与科学性问题的相近之处，但也强调二者的不同。

二者的相同点：（1）都具有问题的主观性质及问题的客观基础，科研过程与问题式学习过程一样，是通过矛盾的产生、发展、克服来实现的；（2）问题客观上既是科学性认识，又是学习性掌握的开始阶段；（3）在分析问题情境和分辨问题时，思维活动的方法和方式是相同的；（4）表述问题、提出假想、寻找问题解决途径的原则是相同的；（5）都必须在实践中检验假想（科学上直接进行，教学中通常间接进行）。

二者的差别：（1）科学性问题中总是含有为科学和人类所未知的知识，而学习性问题的内容仅对学生来说是未知的；（2）二者分别完成着不同的功能，分别具有不同的社会意义；（3）学习性问题在其本质上因自身所含矛盾的性质不同而有别于科学性问题；（4）学习性问题在具有与科学性问题同样的内容（从历史的角度来看）的情况下，还可能具有自己的特殊结构；（5）二者在问题情境产生的根源、问题的表述过程上是各不相同的；（6）影响问题解决的条件不同（如探寻未知因素时有不同的外部刺激和内部动机，学生解决学习性问题时有教师指导）。

总之，问题式学习过程具有与科学研究过程共同的认识论基础，但就其逻辑心理学特征和教学论特征来说则是不同的。在问题教学中，必要时教师也要对最复杂的概念加以解释，但大多数时候是组织者、引导者的角色，需预先创设问题情境，组织学生开展独立认识活动。学生基于对事实的分析，独立对概念、规则、定理、规律的定义作出概述（在教师帮助下），或在新的情境中独立地运用已有的知识（如从事发明、设计、计划、制作），或用艺术方式反映现实（如写诗、作文、绘画、表演）。这样的经常性的学习活动最终会引起学生思维活动结构的变化，促进学生的发展。

问题教学顺应时代潮流，以系统论、控制论、信息论为依托，强调师生的双边协作活动，突出学生的主体作用，使传统教学论产生了巨大变化，成为当今世界的一个热门课题。如今，问题教学已经成为世界范围内发展性教学中的一个流派，它对发展性教学过程及其实施方法作了深入探讨，值得广大教师在教学实践中广泛运用。

（二）“问题教学”经典案例

在教学“估算”这一内容时，特级教师吴正宪运用问题教学法，巧妙地创设问题情境，使课堂变得生动异常，下面是吴老师的精彩教学片段：

师：我们已经学过“估算”，但吴老师不知道，在之前的学习过程中，你碰到过哪些困难、问题。凡是有关“估算”的问题，你们都可以提出来，我们一起来研究，好不好？好，谁愿意提问题？

生：为什么估算要用斜的等于号呢？

师：斜的等于号是什么样的？

生：那种弯弯的。

师：弯弯的？哦，你说的是这个吗？（教师板书“≈”）是这样的吗？这个问题提得好！还有吗？

生：我想回答这个问题。

师：不急，我们先把问题都提出来，一会儿讨论之后再来解答。谢谢你。好，最后那个男生，你有什么问题？

生：我想问一下，估算是在什么时代开始使用的？

师：估算是在什么时代开始使用的？我帮你记在这里。

（教师板书“什么时候开始使用”）

师：还有问题吗？

生：我的问题是，如果是十五或者二十五之类的，要怎样估呢？

师：你的问题是估算时应该把十五看成什么，怎么样来估对不对？我也给你记在这，到底怎么样来估呢?

生：估算的由来?

生：谁发明估算的?

师：还有问题吗?

生：是哪个国家先提出来的?

生：估算的时候，为什么要在下面画一条横线?

师：估算都要画横线吗?不画横线就不能估?谁定的?

(全场笑)

师：哦，你们估算的时候都要画一条横线，(教师板书“______”)一会儿你看看别人怎么画，我还不大懂。好，其他同学继续提问。

生：如果是整百的数，怎么估?

师：你的问题是，估算有什么好的方法。

生：估算为什么要变成整十?

师：还是方法问题，怎么样来估，对吧?还有没有?没有?有朋友问我，既然学习了精确计算，还学估算干什么?对呀，既学估算，又学精确计算，那我们什么时候用估算，什么时候用精确计算呢?你们碰到过这样的问题吗?

(有的学生说有，有的学生说没有)

师：这个问题我也记在这，(板书“什么时候用估算”)同学们一下子提了这么多问题，现在我们就带着这些问题，一起走进数学课堂，看看这些问题能不能得到解决。

大屏幕播放一小朋友逛超市的录像：大家好，我是青青，我和妈妈去逛超市，欢迎你们和我一起去购物。

(学生认真看录像)

师：青青和妈妈选了五种商品，可妈妈只带了200元，够不够买这五种商品呢?收银员到底该怎样把这些数据输入收银机中呢?大家看下面的几种情况，你认为，哪种情况下使用估算比精确计算更有意义?

屏幕显示：

1. 当青青想确认200元是不是够用时。

2. 当收银员将每种商品的价格输入收银机中时。

3. 当青青被告知应付多少钱时。

师：你们认为，哪种情况使用估算比较合适？用手势告诉我，开始！

（学生做手势表示）

师：大部分学生选择了1，四位同学选择了3。好，我选三个代表过来。

（教师选出分别选1、2、3的三位同学，把他们请到讲台上）

师：你们三个分别选择了1、2、3。现在根据你们的选择，分别给你们命名为学生1、学生2、学生3。我们先来问问学生2。假如你只花了186元，186元接近哪个整百？

生：200元。

师：那我就往收银机中输入200吧，行不行？

生：不行。

师：这时候是精确值，还是估算出来的值？

生：是精确值。

师：不估算了？

生：不估算了。

师：学生2说不用估算了，那学生3，我要问你了，你本来花了186元，我算了算，哦，186接近200，就给200元好吧！学生3你给不给？

生：不给。

师：为什么不给呢？估一估，给我200元好了。

生：不行，不划算。

师：你只花186元，我要你200元，你要说什么？

一生插话：没找钱，没有钱搭车回家了！

（全场笑）

师：没找钱不能走，是不是啊？那这时候，我要告诉你需要付多少钱时，应该是精确值，还是估算的值？

生：精确值。

师：同意吗，学生3？

生：同意。

师：这个时候一定是精确值，对不对啊？

生：对！

师：我再问一下学生1，在你确认200元够不够用的时候，是估算还是精确算啊？

生：用估算就可以。

师：大家同意吗？这么一分析，我们就明白了。

师：继续看题目，这个图你们知道是什么吗？

（课件出示："曹冲称象"图）

生：曹冲称象。

师：对，是曹冲称象。经过你们的仔细观察，大象和石头的质量相等吗？

生：相等。

师：你根据什么判断它们的质量相等啊？

生：称大象时他在船舷齐水面的地方做了一个标记，然后把大象赶下船，往船上装石头，直至船身下沉，船舷上的标记与水面平行时停止，这说明大象和石头是一样重的。

师：回答得非常好。既然大象和石头的质量相等，那么，称称石头就可以知道大象的质量了。称啊称啊称，石头一共称了六次，结果在这里，你知道这头大象大约有多重吗？

课件显示：

次数	1	2	3	4	5	6
质量	328	346	307	377	398	352

师：下面每位同学拿出练习本，把你们估的过程写出来，愿意写在黑板上的可以直接上来写，看看你有哪些方法可以较快地估出大象有多重？开始！

（学生开始思考、估算；几名学生上前板书出自己的估算方法）

师：刚才老师绕了一圈，有的同学还没估出来，估算出来了的同学的结果也不一样，看来大家可能碰到了一点困难，我们一起来看看好不好？

师：我们看一看你们遇到的困难，在这里能不能解决？下面，我圈上谁的算式，谁就站起来，好不好？

（教师圈出"300×6"）

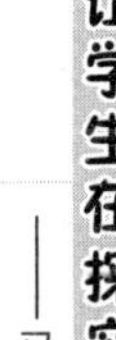

师：这是谁写的？

生：我把所有的值都估成300，再乘以6。

师：为什么乘6啊？

生：因为有6个数。

师：所以是——

生：300乘以6。

师：得到——

生：1800。

师：这位同学不仅能写出算式，还能用语言清晰地表达他的思考过程。把6个数都看成300，300乘以6，可不可以？

生：可以。

师：好！6个数值本来都比300大，对不对？这位同学把数值都往小估了，大家给他这种估法取个有特点的名字吧。

生：小估。

(全场笑)

师：小估就小估，挺有特点的。你看，本来都比300大，你都往小估了，那就叫小估，好不好？

生：好！

(教师圈出“400×6”)

师：这是谁估的？请站起来说一说。

生：我把它们全都估成400，因为共有6个数值，所以就是400乘以6等于2400，单位是千克。

生：应该说约等于。

师：在这里用哪一个写法最合适呢？

生：用等于更合适（指的是400×6=2400）。

师：这个地方为什么要用直直的等号？“400×6”和“2400”，前面和后面的结果是一样的，对不对？既然完全一样，就应该用直直的等号来表示。那什么时候用弯弯的等号呢？一会儿我们一定会碰到它，到时候我们再来讨论，好不好？

生：好！

师：刚才那位同学是往小估，现在的这位同学是——

生：大估。

师：大估，你这方法也不错。

（教师圈出“300×3＝900，400×3＝1200，900＋1200＝2100”）

师：那这位同学呢？

生：前三个数比较接近300，我就把它们都估成300；后三个数比较接近400，我就把它们都估成400，然后再把算出来的得数加起来，是2100。

师：说得真清楚！他说，接近300的就往小估，接近400的就往大估，可以吧？

生：可以。

师：你们能给他这种估法取个名字吗？

生：大小估。

（全场笑）

师：看来大家比较倾向于大小估。

（教师板书“大小估”）

师：那我再圈一个，（教师圈出“350×6”）这是谁写的？你是怎么想的？请站到前面来说。

生：因为6个数值中，3个比350大，3个比350小，所以我把它们都估成350，然后再乘6。

师：大家听懂了吗？他不往小估，也不往大估，这个特点很鲜明，就叫——

生（齐）：中估。

师：可以，这个特点就是中估。

（教师板书“中估”）

师：不过，350×6和2100中间是用弯弯的等号，还是用直直的等号？

（有的学生说用“弯弯的等号”，有的学生说用“直直的等号”）

师：“350×6”得多少？

生：2100。

师：“350×6”结果是2100，那应该用什么符号？

生：要用“直直的等号”。

师：那什么时候用弯弯的等号呢，别着急，我们一定会见到它的。

（教师圈出“330＋350＋310＋380＋400＋360＝2130”）

师：你是怎么想的？

（学生欲言又止……）

师：遇到困难了！但是我想大家通过对这个算式的讨论，一定会有意外收获的。你能告诉大家为什么把328看作330吗？

生：我就是把28估成30了。

师：那你怎么把352估成350了呢？

生：352比较接近350。

师：看来，在这个同学心中，一定有一个他自己的标准，是这样吗？那我请问，当末位是8时，你就往——

生：往大估。

师：当末位是2时，你就——

生：往小估。

师：那末位是7的时候，你是往大估还是往小估？

生：中等吧。

师：是吗？我看看，377，你把它估成了380，是往大估还是往小估呢？

生：往大估！

师：你这个标准很好！给我们很大启发。末位是9的时候呢，是往大估还是往小估？

生：大估。

师：1呢？

生：往小估。

师：3呢？

生：往小估。

师：4呢？

生：往小估。

师：6呢？

生：往大估。

师：8呢？

生：往大估。

师（放慢语气）：5 呢？

（学生争议声起，有的认为应该往大估，有的认为应该往小估）

生：不估。

（众生笑）

师：有道理，你要说什么（指另一学生）？

生：可以往大估，也可以往小估。

师：我听懂你们的意思了，反正 1、2、3、4 就——

生：往小估。

师：6、7、8、9 就——

生：往大估。

师：到 5 的时候你们就有分歧了，对不对？你要说什么（指一名举手的学生）？

生：我觉得末位是 5 的时候应该往大估。有一次我问爸爸，到 5 的时候，该往大估还是往小估？爸爸告诉我，反正到 5 就得提高，这是估算的规则。

（全场笑）

师：我告诉大家，1、2、3、4 往小估，你们有没有意见？

生：没有意见。

师：6、7、8、9 往大估，你们有没有意见？

生：没有。

师：5 的时候，大也罢，小也罢，都没关系，但是爸爸说了，一般的时候，末位数是 5 往大估，那我们就这样做好不好？

生：好。

师：谁能根据这些特点起个名字？

生：双单估。

生：大小估。

师：大小估！什么时候小？

生：1、2、3、4 小。

师：什么时候大？

生：5、6、7、8、9大。

师：再简单点，到几就小？

生：没超过5就小。

师：太啰嗦了！到几就小？

生：4就小。

师：到5就怎么样？

生：5就大。

师：你想说什么？

生：4小5大。

（全场笑）

师：我们就叫它4小5大，也可以叫四下五上，其实，我们今后要学习一个很重要的词——

生：双估。

（全场笑）

师：你就只记得双估呵！

（学生笑）

生：我好像记得有一个词叫四舍五入。

（全场掌声）

师：真棒，是四舍五入。

（教师板书“四舍五入”）

师：末位是4的时候，就把个位的数舍去，变成0；末位是5、6、7、8、9的时候怎么办呢？

生：就入上去。

师：这儿还有一位，300×7＝2100，这是谁写的？请你来说说吧！

众生：是老白写的。

师：你们叫人家老白？这么小的年龄怎么被叫作老白呢？300×7，同学们数一数（指黑板），这是几个数啊？

生：1、2、3、4、5、6，六个数。

师：那怎么会出来7啊？多的一个300在哪儿呢？

生：就是把比300多的那部分加起来，大约是一个300。

生：把它们全部看成300，剩下的也差不多是一个300。

师：大家的意思是将多出来的数调整调整、凑合凑合，加一加，又多了一个300，对吗？

生：对。

师：那你说，在估的过程当中，还同时调一调、凑一凑，这种估法你能起一个名字吗？

生：多估。

生：凑估。

生：凑加估。

（全场笑）

师：我明白了，反正你不仅在估，还要凑合凑合，对不对？干脆就叫凑估吧。

师：这还有一种特殊的算法呢！

（教师圈出“328＋346＝674，674≈700，700×3＝2100”）

师：那这位同学是怎么算的呢？

生：我是先把前面两个数加起来，得出结果674，大约等于700，再乘以3，就是全部数大约的和。

师：你是先精确计算，对吧？我们先来看看，他先将“328＋346”精确计算，然后再估成700，那这种方法可以叫——

生：先精后估。

师：刚才，许多同学都估不出来，现在一交流，方法有——

生：小估，中估，大估，大小估，四下五上估，凑估

（学生笑）

师：有这么多的方法，对不对？条条道路通罗马，只要你们开动脑筋，就会有很多方法的。你们估的时候，我的电脑也在悄悄地工作着，算出了大象的重量。

（电脑屏幕显示：20108千克、2108千克）

师：第一次算出是20108千克，第二次算出是2108千克，你认为哪一个值可能是正确的？

（学生用手势表示，大部分选第二个）

师：为什么你们都选第二个呢？

生：第二个是用估算的。

师：第二个不是估算，是精确计算的。

生：20000多千克就是20多吨，大象没有那么重。通常来说，最重的大象也就是四五吨。

师：他说，从实际出发，大象没有那么重，其他人有没有不同的结论，或不同的解释？

生：第二个数比较接近我们估的得数。

师：真聪明！

（全场笑）

师：这位同学发现，我们估的数都在2000左右，不可能有20000多，用自己的经验选择了第二个答案，这种从经验出发去学习的方法很好。同学们，你估的结果和2108相比，你想说点什么吗？

生：我觉得，这只大象也太轻了！

师：你能对自己估的结果说点什么吗？

生：我用的是小估，估的结果有点小了。

生：我用的是大估，估的结果有点大了。

生：我用的是凑估，估的结果还差不多。

师：说得好！你们有没有想过，我们既学精确计算，又学估算，为什么？我们就带着这个问题来继续研究，请看屏幕——

（电脑屏幕显示题目：每辆车有56个座位，共有7辆车，356个同学坐够不够）

生：够。

师：请说说你的理由。

生：把56看作60，7辆车就是60×7=420座位，足够350个人坐。

师：在这里，他将56估成60。还可以估成多少？

生：50，那就是350个座位，刚刚好。

师：有道理，这里小估一点可以，大估一点也可以。请看（课件显示：56×7≈420），这里“56×7”是精确等于420，还是大约等于420？

生：是大约等于420。

师：所以，我们要用——

生：弯弯的等号。

师：好！这种情况，我们是把56往小估成50好呢，还是往大估成60比较好？

生：往小估比较好，大估有时会不够坐，往小估，最多就是有几个空位。

师：意思是说在这里用小估比较好，是吗？

生：把56估成60，座位有可能不够，但估成50，座位一定够。

（教师板书“一定”）

（电脑屏幕显示一座公路桥）

师：继续看，这座桥限重3吨，一辆车上装有6个箱子，一个箱子重285千克，车重986千克，这辆车能安全通过吗？

生：把285估成300，300×6=1800，车重估成1000，1800+1000=2800，这座桥限重3吨，还余200千克，加上司机体重，也能安全通过。

师：说得真好！这里我们用大估还是用小估比较好？

生：用大估比较好，大估比较容易。

生：用大估比较好。如果估成300都能通过，那285肯定能通过。

师：刚才这两题，一题小估比较好，一题大估比较好，要是碰到第三种情况，你到底是用大估，还是小估呀？

生：中估。

生：大小估。

生：我们要看情况，用大估一定够时用大估，用小估一定够时用小估。

（学生鼓掌）

师：现在我们来看看你们课前提出的问题：估算是在什么时代开始使用的，是哪个国家发明的，是谁先提出来的？你们把吴老师问住了，我真的不知道哎……

生：我知道，是阿拉伯人发明的。

师：谢谢你，你真棒！

生：前面那道题我觉得应该用小估。因为如果那座桥还有其他车辆通过的话，不就被压断了吗？

（全场笑）

师：我明白你的意思了！在这种情况下，通常只考虑一辆车经过时的限重。谢谢你！

师：到底是谁先发明的估算呢？你们可以回去问问你们的爸爸、妈妈，也可以问问旁人，好不好？

生：还可以上网查资料。

师：上网查，多时尚啊！这节课我们就上到这里，下节课我们再一起讨论这几个问题。

教学是师生双方相互交流、相互沟通、相互启发、相互补充的灵动的过程。有效的教学，其课堂必然是一个灵动的课堂。灵动的课堂，就是真正的人人参与、师生互动的课堂，它意味着平等对话，意味着合作构建，意味着自主创新。

在吴老师的课堂，灵动随处可见：课始，学生针对新课所提出的问题，基本涵盖了估算教学的关键；课中，教师巧用青青和妈妈在超市购物的真实情境，使学生初步明白了什么时候用估算，什么时候用精确计算；接着，教师与学生一同对《曹冲称象》中大象的重量的估算展开全面、深入、个性化的估法大发现，每一种估法的背后，都是独特思维与视角的展示，都是创新意识的彰显，都是生命激情的涌动；课末，教师凭借两道习题，让学生更进一步理解和掌握什么时候应该“大估”，什么时候应该“小估”，使学生学以致用，体会到数学中有生活、生活中有数学的道理。这样灵动的问题情境教学，使学生的学习更真实、更有效。

在吴老师的课堂上，学生可以自由质疑，提出许多不一定正确，但融合个人体验与感悟的问题和见解。当学生对估算有了探究兴趣后，伴随着欢笑声，小估、中估、大估、大小估、四下五上估、凑估……一种种估法纷纷“闪亮登场”。对学生来说，这是一次快乐的学习经历。

问题情境是问题教学中的重要内容，对于教师来说，问题情境是由自己创设出来的。教师可以运用各种各样的问题情境：批判的情境、意外的情境、不对应的情境、选择的情境、冲突的情境、反驳的情境，等等。那么，教师创设问题情境的基本方式有哪几种？

（1）使学生遇到需要理论解释的现象和事实。例如，物理课上学习

“离心力”时，学生看到教师演示飞轮转动时，飞轮上面的胶泥环箍向四周飞散，于是引出问题情境：这种现象与学生已学过的向心力现象有矛盾。

（2）利用实践性作业产生问题情境。例如，数学课在学习“截锥体的体积”之前，给学生布置家庭作业：在周围生活中找出截锥体的物体并试求其体积。上课时学生列举出大量实例，但无法确定其体积，于是产生问题情境和解决问题的内在需要。

（3）布置旨在解释某种现象的问题性作业。

（4）激发学生分析现象中的事实，使学生发现日常观念与科学概念之间的矛盾。

（5）提出假想，概述问题，并对结论加以检验，产生问题情境。

（6）激发学生对照事实、现象、行为进行比较，由此引出问题情境。

（7）让学生将已知事实与新事实进行对比并独立作出概括。

（8）组织学科之间的联系，利用其他学科与本学科有联系的事实和资料，创设问题情境。

如今，问题教学早已形成体系，它是一种手段，是发展性教学的主要组成部分。“问题情境”和“学习性问题”是问题教学的基本概念。

在教学中，问题贯穿整个教学过程，既是教学的起点和主线，也是教学的终点和延伸。它的提出和解决不仅仅是为了让学生学会知识，更为主要的是能够引发出更多的新问题，进而拓展学生思维，激发其创新能力。此时学生分析问题、解决问题的探究过程，就是对信息进行筛选、综合、重组的过程，同时也是学生思维能力的锻炼和发展过程。

（三）践行“问题教学”应规避的误区及高效策略

1. 应规避的误区

“问题教学”成败的关键取决于问题设计得是否科学、合理。在实际教学中，有些教师在问题设计的整体性上做得不够，从而陷入一些不必要的误区。问题设计的整体性指围绕课标对问题的设计作整体的考虑。教师要在把握总体目标的基础上，在设计问题时把总目标细分成一个个小目标，并把每个小目标细化为一个个容易掌握的问题，通过探究这些问题来实现总的学习目标。在教学时，对于较复杂的问题，应细化为多个简单问题，这样有利于培养学生的自主学习能力和探究能力，从而提高学生的信息意识和综合素质。

为规避“问题教学”的误区，教师在进行问题设计时，要以学生为中心，以兴趣为主线，统筹兼顾，让学生积极主动地探索和获取知识，让他们在探究问题的过程中掌握知识、技能、方法，并学以致用，这样才能使学生熟练掌握知识并终身受用。

2. **高效践行策略**

问题教学法，是教师遵循学生的认知规律，通过设置疑难、创设问题情境、激发学生思考、启发学生分析问题的症结所在、寻找假设、进行检验，以求解决问题的教学方法。从其心理机制看，这既是一种探究性的教学方法，又是一种启发式的教学方法，能使学生积极分析和思考，达到既掌握知识又培养能力的目的。为使“问题教学”达到高效的目的，教师应遵循以下策略。

（1）精心设置问题情境，明确发问目的

“学起于思，思源于疑。”平铺直叙的讲解方法一般不会引起学生的学习兴趣，只有根据课程教材特点，通过创设情境，设置悬念，揭示矛盾，才能使学生产生强烈的求知欲望。所以教师在进行问题教学时，应根据学生的实际知识水平、思维进程精心设置问题情境。提问要有启发性，少一些“是什么”，多一些“怎么办”“为什么”等形式的发散性提问。

（2）鼓励质疑，培养学生敢于问问题

培养学生的问题意识，关键在于消除他们的自卑与紧张心理。针对这些情况，教师可以采取分组合作法，把竞争机制引入课堂。由于学生年纪小，有时候他们提出的问题可能十分幼稚或不切主题，对此，教师可以先让他们在小组内评议一下：哪些问题比较简单，就在组内解决；哪些问题比较难，大家觉得需要全班讨论的，整理后再提出来。这样既培养了学生独立学习的能力，又能逐渐引导学生学会质疑。

在学生质疑的过程中，教师要发挥好主导作用，使学生做到非“疑”不质，是“难”才问，养成良好的提问习惯。同时应给予学生充分的时间考虑，尤其要关心中下游的学生，积极鼓励中下游学生质疑，并及时解决他们在学习中遇到的问题。

（3）提出对话设计和认识性作业，引导学生分析讨论问题

教师要围绕学生提出的问题，设计出不同的对话性作业和认识性作业，以引导学生开展动手活动，感知某些科学知识和生活经验，达到让学生在活动中获取知识、形成技能、发展能力的目的。

①对于多数学生有兴趣且有现实意义的问题，以全班共同讨论的方式进行。这样既有利于学生的群体心理沟通和信息共享，也有助于问题的解决。

②对于部分学生有兴趣且有一定讨论价值的问题，以小组讨论的方式进行。每个小组选择一个讨论题目，讨论完毕后派一名代表发言。每个小组分别讨论不同的问题，可以有效地提高学习效率。

③有些问题是有一定难度的，或需要运用学生的知识结构中所不包含的内容来解决，这时就需要教师来亲自解答。

④对于有些学生认识上比较偏激或极端的问题，一般采用个别解答的方式，这样的问题并不多。

（4）提示规律，启发学生解决问题

提问只是手段，解决问题才是目的。对于学生在学习过程中所提出的疑问，教师可以根据学生所提问题的特点，运用以旧带新、比较讨论、观察发现、启发诱导等教学方法进行释疑；也可以根据学生问题的类型，分别运用发散求异、逆向求异、对比求异的方法解决相同的问题，使学生感受到学科思维的严密性和灵活性。教师通过这样的教学，不仅使学生加深了对知识的理解，还能使学生在释疑时，学会运用转化的思想，提高解决问题的能力。

（5）做好练习反馈、归纳小结，考核学生的领悟情况

当问题基本解决时，教师可结合学生回答问题的情况，分层次进行练习，这样不仅能巩固新知，还能让学生亲身体验学习知识的思维过程，使学生主动参与学习，充分发挥主体作用。同时，教师要及时进行归纳或小结，注意纠正学生一些不正确的认识，以加深学生对问题的认识和了解。

教师的小结应点到为止，不给学生过多的结论性的东西，不限制学生的算法。

为使学生成为“理解”和“发现”客观世界的促进者和引导者，教师要努力在教学中“唤醒”学生的“问题意识”，让他们具有探究心；要“创设”丰富的问题情境，使学生能更好地发现问题；要“启发”认知冲突，大力发掘学生的创造潜能；要“点拨”问题的关键处，使学生提出深层次的问题；要“鼓励”学生积极发现新问题，大胆提出问题；要“引导”问题定向，让学生在自主探究中分析、解决、拓展问题，以便学生更深刻地理解问题。总之，问题教学要以学生主体主动参与学习为前提。

问题教学法源远流长，随着新课改的开展和实施，其优势已日渐凸显，它是革除传统教学弊端的手段之一，也是激发学生学习的内在动力之一。

让学生在应用中学习

——夸美纽斯"泛智教育"

（一）夸美纽斯及"泛智教育"思想概述

扬·阿姆司·夸美纽斯（1592—1670）是17世纪捷克著名的教育家，是教育学的奠基人。他依据自然适应性原则，第一个提出了较为完整的教学原则体系。他的教育思想内容丰富、结构完整，为近代教育理论体系奠定了基础，在世界教育史上占有重要的历史地位。

在夸美纽斯大量的教育专著中，尤以《大教学论》成就最高。《大教学论》以严谨的结构系统阐述了适应新资产阶级要求的教育观点，提出教学必须"遵循自然"。《大教学论》首次提出了一个比较系统的教育理论体系，是近代第一部教育学著作。

夸美纽斯认为必须对当时经院主义学校那种教师教的学生太少，又教得十分费力的教学方式进行彻底改革。他深入研究，积极寻找一种"使得教员因此可以少教，但是学生可以多学"的方法。为此，他提出了有关学校教学工作制度、教学组织形式、教学原则和方法等一系列主张，并且根据自然适应性原则进行了详细的论述，其中不少见解在一定程度上反映了教学工作的客观规律，对后来教学理论和教学实践的发展产生了巨大影响。

夸美纽斯强调："我们希望有一种智慧的学校，即泛智学校，也就是泛智工场。在那里，人人可以受教育，可以学当前和将来生活中所需的一切学科。"由此出发，他提出了"人人均应受教育""人人均学习一切"的主张。他认为要实现这一主张，必须做到"教育适应自然"。这个"自然"，有两方面的含义：一是指自然界及其普遍法则，比如，人模仿鱼在水里游学会了游泳和造船，模仿天空的闪电和雷鸣学会了使用火药，教育一定可以模仿和借鉴自然的秩序，人类应找到自然的规律而不能违背；二是指人与生俱来的天性，他把人比作一粒种子，教育就是要让人的潜能发挥出来。

在夸美纽斯之前，欧洲各国普遍采用个别施教的教学形式，这种教学形式缺乏统一的教学组织形式和教学计划，学校教育的效率很低。为了提高泛智教育的效率，夸美纽斯总结前人经验，明确提出了班级授课制。他把学生按年龄和成绩分组，将成绩相近的学生结合为一个整体，以便更容易地引领学生学习相同的内容；要求每个教室都有讲台和足够数量的凳子，讲台比凳子高一些，供每个班级中固定的教师面向学生而坐。这些做法至今沿用。

夸美纽斯的基本教育思想是泛智论。他崇尚广博的教学，认为要“把一切事物教给一切人类”，使人类获得“真正的知识，高尚的行谊和最深刻的虔诚”，他称之为“泛智教育”。

1.“泛智教育”的内涵

所谓“泛智”，也就是使广泛、全面的关于自然和社会的百科全书式知识得到充分发展的智慧。“泛智教育”就是使所有的人获得广泛、全面的知识，并使智慧得到普遍发展的教育。用夸美纽斯自己的话来说，“泛智教育”就是要“把一切事物教给一切人”。“泛智教育”主要有以下两方面含义。

第一，要求人们掌握现实生活所必需的一切有用的知识。夸美纽斯主张“人人都应学到关于人的一切事项”“我们应该借助科学研究接近对各种事物的普遍认识，接近‘泛智’，接近包罗万象的而且各部分协调的完全的智慧”。

第二，这些广博有用的知识应为所有的人掌握。夸美纽斯认为“不仅有钱有势的人的子女应进学校，而且一切城镇乡村的男女儿童，不分富贵贫贱，同样都应进学校。”

总之，夸美纽斯主张，每个人都应掌握一切有用的知识，同时要求把一切有用的知识教给一切人，这就是“泛智教育”思想的要旨。

2. “泛智教育”的内容

（1）认识事物

夸美纽斯“希望知识领域里的全部精华都能在头脑里生根”，即让学生学习“一切知识领域中的精髓的总和”，包括自然科学知识、社会生活及历史知识。他主张学生应掌握“一切必须熟悉的东西，理解一切事物的原因，懂得一切事物的真正有益的运用”。

（2）行动熟练

夸美纽斯反对“死读书，读死书”，他主张把“知”和“行”结合起来，“认识事物必须加上实践活动，没有这一活动，哪怕通晓事物的人，在事物面前也会茫然不知所措”“要使我们的学生在这个教学场所不是为了学校而学习，而是为生活而学习”。

夸美纽斯强调教给学生的知识必须是有用的，教师要在教学中向学生指出知识的实际用途。他认为教学内容必须对实现人们的“实际目的”，即实际生活有用，“如果所学的知识对于实际的目的没有用处，那就是再无用不过的了”。

（3）语言优美

语言优美就是“使所有的人语言完美，达到善于言词，能令人愉快”，也就是能够正确运用语言，使语言达到令人满意的能言善辩的地步。

（4）“圆周式”排列教材

夸美纽斯认为各级学校或各教学阶段所学习的知识程度虽有所不同，但都应该是完整的、统一的、渐进的，并认为完美的教学应当自然地而不是强制地进行。为此，他开创了“圆周式”排列教材的方法。

夸美纽斯力求通过教材改革推动教学改革。他建议为各个学校的各个科目编写统一的教科书和教学指导书，教材应该是百科全书式的，内容要充实、知识要实用、叙述要明晰、编写要有系统性、形式要美观、印刷要精良。

他深入研究，提出了学校教学工作制度、教学组织形式、教学原则和方法等一系列主张，并根据自然适应原则进行了详细论述，在一定程度上反映了教学工作的客观规律。他所提出的学年制和班级授课制等构想，反映出其在课程论、教学过程理论、教学组织形式等方面已达到了前所未有的理论高度。

3. **“泛智教育”的教学原则和方法**

夸美纽斯不仅对“泛智教育”的内容作了许多论述，还对“泛智教育”的教学原则和方法作了一些探讨。他认为，以培养人为主要任务的教育教学工作应遵循自然适应性原则，只有这样，教育才会合理可靠，才会发挥其应有的效力。

由此，夸美纽斯认为正确的泛智教学方法必须遵循自然的秩序，尊重人类自然生长、发展的规律。在这种思想的指导下，他提出了一些具体的教学原则及方法。

（1）教学原则

①基本的先于其他的。夸美纽斯主张，教学应先教基本的。哪些是基本的呢？他说：“与理性的相较，感性的是基本的；与局部的相较，整体的是基本的；与复杂的相较，简单的是基本的。”他受朴素的感觉论影响，认为感官对事物的知觉先于概念，因为人们意识到的一切，无不是先感觉到，所以“应先教学生感性的，然后是理性的”。他从生活经验中得出这样的结论：谁都宁愿要整体，而不愿要局部，因为整体比局部大且先与感官接触，给人留下深刻的印象，所以应先教整体的，后教局部的。他还认为，简单的知识容易学，适当地先讲这些基础知识，是一种极其轻松愉快、明白易懂的教学方法。

②重要的先于不重要的。夸美纽斯要求挑选各门知识中最重要、最有益于人生的内容先教给学生。

③相联系的同时学。夸美纽斯认为，把相联系的事物同时进行教学，就可以将学习知识、理解知识和运用知识结合起来，使学习变得更容易。如果在说出某一类事物的情况时，能把具有同样情况的一切事物一齐说出来，这样就有希望使一切事物变得简洁且更有依据。

夸美纽斯的泛智教学原则，是以引证自然的方式归纳出来的，具有一定的借鉴意义。当今世界，科技日新月异，信息瞬息万变，各种文化相互渗透交融。所以只能选择那些基本的、重要的知识进行教学，以培养学生的创造性思维为主，让学生在掌握基础知识的同时能触类旁通，掌握获得知识和技能的基本方法，构建自己的柔性智力结构。

（2）教学方法

夸美纽斯认为“泛智的课程需要泛智的方法”。基于这种思想及其教学实践经验，他特别重视以下教学方法。

①直观教学法。夸美纽斯非常强调感官的作用，认为一切知识都是从感官的感知开始的。他认为人具有通过对外物的感觉而获取无限知识的能力，而这种能力的获得必须通过直观感受才能实现。他说：“存在心里面的事情是没有不先存在感觉里面的。”所以他认为教学必须从观察实际事物开始，如果不能进行直接观察，则应用图片或模型进行教学。这种教学方法的价值是不言而喻的，这一点由直观教学法现已被广泛运用于教学活动便可知道。

②分组教学法。夸美纽斯说：“凡是学过的东西都应该由一个学生传授给另一个学生，使没有知识不被利用。”由此，他主张学生应分组进行学习，每个人在学习之后将所学的知识教给其他人。他认为通过这种方式去运用知识，学生获得的知识将永久难忘。这种教学方法实际上是夸美纽斯关于班级授课制的初步构想。

③对比教学法。夸美纽斯认为，教学中应注意对相近或相反的各种事物进行对比，“如果能做到一个问题的学习与另一个问题相联系，则二者都会留下深刻的印象，并能长久地保持于记忆之中”。同时，他认为教学中应注意使学习的每一步都在为下一步作准备，后面的学习应建立在以前所获得知识的基础上。这种方法与他提倡的“相联系的同时进行教学”原则一致。

④巩固教学法。夸美纽斯说：“所教学科若不常有适当的温习与练习，教育就不能彻底。”他主张教师在课后应给学生适当的辅导，以使学生巩固课堂中所学的知识。

虽然夸美纽斯提出“泛智教育”距今已有300多年，但他的教学原则和教学方法还是很值得借鉴的。特别是“知行结合，为生活而学”这一思想，至今仍起着重要的指导意义。

（二）“泛智教育”经典案例

【案例1】

小学数学特级教师夏青峰非常注重学生动手实践能力的培养，努力做到使学生“知行结合，为生活而学”。下面是夏老师教学中的一些精彩片段：

片段一：“轴对称图形”的教学

师：现在咱们来做个实验。在纸上滴一滴墨水，然后马上将纸对折，再展开，我们能发现什么？

（学生做实验）

师：谁来交流、展示一下，你们是怎样做的？发现了什么？

（学生展示图1，回答略）

图1

图2

图3

（多媒体出现图2）

师：小明用颜料在两张纸上分别画了以上图形后，很快将纸对折然后再展开，这两张纸上会出现什么样的图形呢？

（学生回答略）

（屏幕出示图3）

师：你能用这样的方法画出屏幕上的三个图形吗？

（学生回答略）

师：你还能用这种方法画出其他图形吗？能画出我们曾经学过的平面图形吗？

（学生画，教师组织交流）

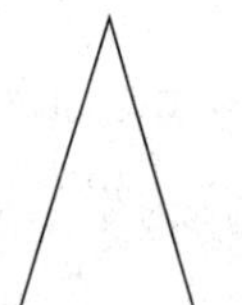

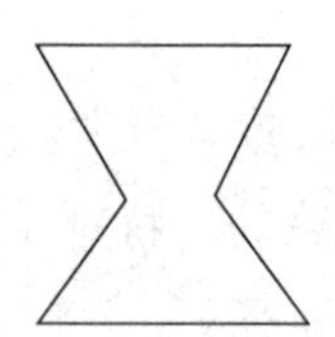

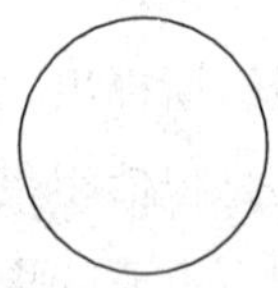

图4

（屏幕出示图4）

师：小华用这种方法画出了这样的图形。想想看，他是怎样画的？又是怎样折的？你能把折痕描出来吗？

……

片段二："8 的组成"的教学

师：同学们，帮老师想个问题。如果老师在两个盆子里各撒一把米，有 8 只小鸡跑来吃米，每个盆子边会有几只小鸡在吃米呢？

生：每个盆子边有 4 只小鸡。

师：一定吗？

生：不一定。还可能是一边 3 只，一边 5 只。

师：还有什么可能呢？

……

师：一共可能有多少种情况呢？同学们能分别把它们画出来吗？

（学生画，教师组织交流）

……

片段三："三角形的面积"的教学

师：怎样求三角形的面积呢？我们来思考一下这几个问题：（1）我们原来是怎样求平面图形的面积的，它对我们有帮助吗？（2）我们学过哪些平面图形的面积计算方法，对我们有帮助吗？（3）用三角形纸片试试看。一张有困难的话，能用两张吗？

（学生动手操作）

师：能求出三角形的面积吗？谁愿意交流一下？

……

片段四："长方体的认识"的教学

（出示长方体框架教具）

师：你们能利用手中的材料，搭出一个长方体框架吗？

（每 4 人一小组，每小组有 20 根小棒和一些橡皮泥，小棒的长度有相同的也有不同的）

（学生以小组为单位搭建长方体框架）

师：哪个小组来交流与展示一下你们的作品？

（学生交流）

师：能谈谈你们的体会吗？

生：我们觉得相同方向的小棒的长度必须相等。

师：哪个小组没有搭建出长方体。

生：我们组没有搭建出来，因为我们组的材料里有一组只有三根小棒的长度相同，找不出第四根了……

师：我们把方向相同的小棒看作一组，每组应该有几根？这几根小棒一定要——

生：长度相同。

师：为什么？

……

片段五：“毫升的认识”的教学

师：容积单位不仅有升，还有毫升。相信大家已经搜集了很多关于毫升的资料。谁愿意把你的资料与大家分享一下？

生：我在雪碧罐上、椰子汁罐上分别看见了335ml、250ml的字样，意思是说，它们的容积分别是335ml和250ml。

生：我知道白酒瓶上一般标有500ml，而啤酒瓶上却是640ml。

……

师：同学们知道得可真多。有谁知道升与毫升是什么关系呢？

生：1L等于1000ml。

师：你是怎么知道的？

生：爸爸告诉我的。

生：我是实验出来的。

师：实验的东西带来了吗？表演给大家看看。

生：这是咳嗽药药瓶，它的容积是100ml；这是塑料酱油壶，它的容积是1L，现在我把咳嗽药药瓶装满水，倒入酱油壶中，倒10次酱油壶就满了。

师：真不错。那有谁知道1ml的水大约有多少？

生：做皮试用的注射器的容积大约是1ml。

师：我们用钢笔吸点水，然后向一只有刻度的杯子里挤滴，看看多少滴水接近1ml。先估计一下，再挤滴。

（学生动手操作）

……

师：回家后，大家想办法把家里的锅碗瓢盆等容器都计量一下，看看它们分别都能容纳多少水，明天我们再交流，好吗？

……

片段六："平均数应用题"的教学

师：今天我们学习了平均数应用题。你们能用今天所学的知识进行一些社会调查与统计吗？老师建议，你们先确立一个自己感兴趣的内容，然后进行实践活动或小课题研究，好吗？大家可以独立完成，也可以合作分工。咱们过几天交流。

……

数学是人类在生活和生产实践中逐步认识、发现、总结、发展的一门学科，小学数学是最基础的入门知识，与生活、生产有着密切的联系。夏老师结合夸美纽斯"知行结合"的教育思想，不仅让学生在课堂上动手实践，还积极让学生寻找数学在生活中的运用，创设与实际生活相联系的教学情境，帮助学生理解数学，激发他们的学习兴趣，强化他们的学习欲望，使学生更加积极主动地参与学习过程。

"听过的，忘记了；看过的，记住了；做过的，掌握了。"学生没有亲身体验，就没有积极的活动，很多知识便如同"过眼烟云"，很难扎根在其头脑中。所以夏老师把"学数学"变为"做数学"，把"书本的数学"变为"活动的数学"，让学生在做实验、动手画等活动与应用过程中去体悟知识、理解知识。这正是夸美纽斯"泛智教育"思想所大力倡导的"认识事物必须加上实践活动"，也是一线教师应积极实践的课题。

知行结合中，学生的动手与动脑应相结合。如果学生的动手实践变成简单地执行教师的口令，变成对书本的模仿与复制，只需手的运动而无需脑的思考，那教学功效就会大大降低。如片段三中，夏老师先给出了问题让学生思考，然后再引导学生动手实践，效果就非常好。所以教师在让学生动手前，需要先给学生一定的思维空间与思维坡度，使学生具备积极探索的心理状态，形成具有鲜明个性特征的思维活动，使知行结合的理念建立在自主探索的基础之上。

夸美纽斯"泛智教育"的知行结合思想，不仅仅是课堂学习中的一个环节，更是一种贯穿始终的学习方式和学习意识。它不能仅局限在课堂中，还应延伸到家庭和社区。如片段五和片段六，夏老师在教学中积极让学生用一种数学的眼光观察周围事物，将数学的活动引入学生的现实生活，使学生的能力获得发展。夏老师提倡，课堂只是学生思想交流与碰撞的一个场所，真正的功夫在课外。这也正是夸美纽斯“泛智教育”思想的根本。

结合动手操作和现实生活的教学，有利于揭示事物的矛盾，引起学生内心的冲突，容易打破学生已有认知结构的平衡状态，从而激发他们的学习内动力，使学生真正进入学习活动中，达到掌握知识、训练创新思维的目的。那么，教师在实施知行结合教育思想时需把握哪几个原则呢？

1. **实践性原则**

教师应从学生的现有生活经验出发，结合教学内容，使新知的呈现形式贴近学生的生活经验；加强知识与学生生活的联系，提高学生的实践能力，促使学生形成良好的学习习惯。

2. **探索性原则**

有价值的实践应具有较强的探索性，能启发学生的思维。教师通过创设具有探索性的生活情境，可以提高学生的判断力，发挥学生的能动性，激发学生的创造精神。

3. **趣味性原则**

根据中小学生好动、好奇、注意力不容易集中的年龄特点，教师应使教材趣味化，为学生提供生动有趣的情境，以唤起学生的学习动机，激起学生的学习欲望。

4. **开放性原则**

教师设置的课堂实践要能促使学生的思维呈现活化状态，开拓学生的思维空间，让学生可以从不同的角度提出问题、用不同的方法解决问题。

5. **动态性原则**

教师要根据所教内容、学生的生活经验和现有的条件创设教学情境，并通过多媒体演示、实物操作等方法使情境动态化。

6. **适切性原则**

教师设置的生活实践活动要符合教学目标和教学内容，要与学生的知识范围、能力标准、认知程度相一致，即要符合学生的最近发展区。

【案例 2】

夸美纽斯指出，凡是需要学生知道的事物，都要通过事物本身来进行教学。也就是说，教师应尽可能地把事物本身或代替它的图像放在面前，让学生去看看、摸摸、听听、闻闻等。杭州市拱宸桥小学语文特级教师王崧舟在教学中就特别注重夸美纽斯的这一教学思想。下面是王老师的一个精彩教学片段：

教室中间，学生每 6 人围坐成一个小组，教室四周摆放着许多新鲜的蔬菜。上课了，王老师亲切的话语响起："我们现在来到了'菜园里'，大家看，我们四周有这么多蔬菜，你们都认识它们吗？"

趁着同学们这么有兴致，王老师继续往下说："一会儿同学们可以去看一看、摸一摸这些蔬菜，再读一读旁边的小卡片，试着记住它们的名字。可不要把蔬菜的名字记错了！"学生完成观察、读蔬菜名字的活动后，王老师又说道："你们刚才认识了那么多的蔬菜，谁愿意介绍一下你认识的蔬菜？"

"我刚才认识了豆角。豆角又细又长又软，像一条鞭子。"

"我知道了南瓜是黄色的、圆形的、皮很硬。"

"我认识了西红柿。西红柿红红的、软软的。我闻了闻，还有一股清香！"

……

生活是教学的源泉，也是学生认识世界的重要途径。案例中，王老师通过先让学生去看、摸、闻事先准备的各种蔬菜，然后再提示学生深入了解蔬菜的名字和特点，最后和学生一起总结，使学生在亲身体验中加深了对这些蔬菜的认识，且能记忆深刻。整个活动过程体现了夸美纽斯的"泛智教育"思想。同时，教师将书本知识和学生的生活实际相联系，创设了生活化的情境，并将教学分成了认知生活、探究生活和表达生活三个层次，成功地把知识转化为学生的生活体验。

书本中的字、词以及文字描述来源于对实际生活的观察、提炼与抽象，对于学生，特别是低年级的学生来说，单纯的在教师的引导下读课本、读单词，是很难与现实生活中生动形象的实物建立联系的。针对这种情况，教师要布置一个生活化的情境，带领学生走进创设的"现实生活"中。这时，所要学习的内容便不再是一个个陌生的、生硬的方块字的组合，而是一个个学生急于想认识的“朋友”。当学生在教师的指导下，通过努力，了解了所学知识，就会产生很强的满足感和自豪感，有利于促进他们的学习。

联系学生实际生活的授课方式，有利于调动学生的各种学习感官。生活化的内容需要学生用眼睛去观察、用手去操作、用心去感受、用头脑去思考。在生活化的场景中，教室不能束缚学生的手脚，而应成为鼓励他们进行联想，在实际中进行探究的教学工具，使学生自然而然地掌握知识。

夸美纽斯强调教育中的行动熟练，如今这一思想已经被许多教育教学法所沿用和借鉴，并在实践中取得了很好的效果。所以在教学中，教师要寻找恰当时机创设与学生生活实际、知识背景密切相关的实践内容，使学生从“行”中感悟到“学”的乐趣，进而激发他们探索“知”的欲望，使他们主动参与学习。

（三）践行“泛智教育”应规避的误区及高效策略

1. 应规避的误区

由于受时代的制约和根深蒂固的基督教世界观的影响，夸美纽斯的“泛智教育”思想也存在许多矛盾、不彻底性和神学色彩，并带有明显的空想成分。比如，过于夸大直观教学的作用；一方面主张学习实际有用的知识，另一方面又主张加强神学的教学，宗教色彩浓厚；对儿童的巨大的学习潜力估计不足等。尽管如此，夸美纽斯仍称得上是教育界的“哥白尼”，其思想所产生的作用是划时代的，其中透射出的人文主义精神及通过教育补救社会、时代缺陷的思想，对中国当前教育的发展具有深刻的启迪意义。因此，作为教师，应认识大师思想中的不足之处，去其短取其长，让其更好地为自己的教学服务。

2. 高效践行策略

在中小学，片面追求升学率的现象仍然存在。少数教师忽视教学规律，实行“填鸭式”机械教学，搞“题海战术”，教学内容陈旧，最新的科学知识不能及时地反映到教学内容中去……这些情形使得教育难以充分适应社会发展的需要。而夸美纽斯的“泛智教育”思想正好符合当今推行的素质教育理念，重视学生知行的结合，重视学生创新思维的激发。那么，广大教师该如何践行夸美纽斯的这一教学思想呢？

（1）把握教育与生活化的关系

教育在本质上是生活的，是人的生活，因此应该在生活的层面上展开。教育的价值在于把陌生的外在世界转换成人的生活世界，建构起人与世界活泼生动、富有意义的关系，把教育与人的生活统一起来，在教育与人的生活的整合中构建人的多方面品质。所以教师首先应更新教育观念，正确把握教育与生活的关系，从本体论层面来认识和理解生活的教育价值与意义。

教师不仅要把联系学生生活、贴近学生生活的教育手段视为学生知识学习与掌握的方法或途径，更要以恰当的内容、方法和时机给学生以心灵震荡，唤醒其主体意识，使其获得生命的整体升华。

（2）联系学生生活经验

从根本上讲，任何教学内容都来源于生活，来源于社会，同时又服务于生活，服务于社会。生活中的许多问题都可以抽象或转化为教学中的知识内容，或者成为教学中的原理、规则等。落实“泛智教育”思想要求教师在教学中把教学内容与学生的现实生活和经验联系起来。

教师可通过生活实例和实际情境让学生体验“知识产生于生活中的实际需要和实际问题”，让学生把所学内容与生活经验中的实际问题联系起来，促进学生学习。

教师还可通过教学内容在日常社会生活中的用途，通过教学内容用在日常生活的什么地方、什么时间、用于解决什么问题等，使教学内容与学生的现实生活或已有经验密切联系起来，使学生深刻理解所学内容的生活意义和社会意义。

（3）为学生营造生活氛围

教师可以在教学的各个环节，如课题导入、新内容学习、知识巩固、作业练习等环节结合教学内容，调动师生生活经历和体验；可以用师生日常生活中的用具、玩具、废弃生活用品、食品袋、包装盒等制作学具或教具；可以拓宽渠道，让学生走出课堂、走出学校，使他们把所学、所知与所见、所闻结合起来，在体验生活丰富性、多面性的同时，把知识运用到生活中去。

具体来说，教师可以采用角色扮演、游戏、语言描绘、图画表现、实物演示、生活展现等方法，为学生创设或模拟生活情境，使学生在浓厚的生活氛围中体验和理解知识的价值与意义，帮助他们构建知识体系。

（4）还原生活场景

教师要根据知识与现实生活的关系，把知识和问题还原到生活原型、活动情境和矛盾冲突中，从而激发学生的认知兴趣，使学生在不知不觉中掌握知识。如教师可以把练习题改为一个个生活场景，让学生在真实的生活背景中学习知识。而对于旧教材中一些脱离现实背景的内容，教师可以对其进行“整容”，利用实物、实例、动手操作、童话故事等创设情境，或利用现代媒体再现生活。

要落实知行结合的教育思想，模拟现实生活场景、化静为动是很好的方法。如相遇问题中，“相向”“相对”“相背而行”这些概念不易理解，教师可以安排学生上讲台走一走、演一演，让他们在真实生动的情境中领悟其内涵。又如，“人民币的认识”一课，教师可以尝试设计“购物活动”，让学生轮流做售货员和顾客，在活动中体验元、角、分的关系，使学生深切感受到数学就在身边。这种知行结合的教学不仅可以激发学生的学习兴趣和好奇心，还可以增强学生对知识的理解和应用意识。

（5）联系生活实际，培养应用意识

学习知识的重要目的在于用所学知识解决日常生活中的实际问题。所以学生每学习一个新知识，教师就可以鼓励和引导学生深入生活实际，用新知去解决一些实际问题，真正做到学以致用。正如夸美纽斯所说：“只有通过行动训练，学生进入社会才能适宜于干一切工作。”

当学完“比和比例”的相关知识后，江苏省赣榆县青口镇第三中心小学的刚娟老师就带学生来到操场，指着操场边的一棵大树问：“这棵树有多高?”有的学生大胆估测：3米、5米，有学生提出用一根绳子量一量，有的学生建议把树锯倒测量。

最后，在教师的引导了，学生通过讨论总结出利用“同一时间内，树的高度和它的影长成比例”的方法计算树的高度，且准确计算出了树的高度。学生脸上洋溢着成功的喜悦，有的学生甚至说出这样耐人寻味的话：

“怎么刚学完‘比例’，在这就用上了。”

通过这些具有浓厚生活气息的实践活动，学生真正感受到了知识在生活中的价值和广泛的应用，意识到他们周围的事物中都存在着知识，使他们养成有意识地用学到的知识认识和分析事物的习惯。

（6）利用多媒体跨越时空限制

多媒体能生动地再现生活情境，也能将不同的情境进行整合，形象地展示情境的核心内容，使学生在较短的时间内在头脑中建立起相对完整的知识概念，有助于他们对知识的理解和记忆，可大大提高学生的学习兴趣和学习效率。

生活是绚丽多彩的，是学生充分展示个性的舞台。教师要充分挖掘生活素材，为学生创设生动有趣的生活情境，使他们在“知行”中学习，以更好地提高教学质量。

时代在发展，科技日新月异，教育工作者总是要在继承前人理论的基础上加以发展、改进和创新，以适应社会发展的需要，推动整个社会教育理论与实践的协调发展。夸美纽斯的教育思想具有非常重要的历史价值和现实意义，它启迪了现代世界各国的教育革新运动。其提出并阐述的一系列问题，如学校与社会的关系、智力发展等问题，仍是现代教育所面临和有待解决的问题。认识和注意这些问题，对人类未来的发展是十分必要的。

让学生简单学习

——裴斯泰洛齐“从最简单的要素开始”

（一）裴斯泰洛齐及“从最简单的要素开始”思想概述

约翰·亨里希·裴斯泰洛齐（1746—1827），出生于瑞士苏黎世的一个医生家庭，是民主主义教育理论家和教育改革家。

裴斯泰洛齐热爱儿童和劳动人民，他把自己的一生献给了教育事业，对当时的教育改革和资产阶级民主教育学的建立做出了重要贡献。在教育史上，在裴斯泰洛齐之前，人们常把教育看作被动接受知识的历程，教育是一种技术，它本身没有价值；在裴斯泰洛齐之后，人们对教育的看法发生了转变，教育被看作人的内在力量的自动发展，开始被当作人类文化的一个部门，其本身有了内在价值。人们对教育的这种认识的转变，源于裴斯泰洛齐提出的“教育心理学化”理论。在该理论中，裴斯泰洛齐第一次把教育建立在心理学基础上，使教育与心理学紧密地结合在一起。以此理论为基础，裴斯泰洛齐还创立了爱的教育理论和要素教育理论，对后世的教育、教学产生了深远影响。其中，关于和谐发展的要素教育理论是裴斯泰洛齐教育思想的核心。

裴斯泰洛齐的主要教育著作有《林哈德与葛笃德》（1781）、《葛笃德如何教育她的子女》（1801）等。其中，《林哈德与葛笃德》这本教育小说用朴实的笔调，借具有美德的模特儿——葛笃德的言行，阐述了裴斯泰洛齐建立新教育、兴办理想学校、改革社会的新观点，表达了他试图通过教育改善人民生活，提高贫苦人民子女教育水平的强烈愿望。全书洋溢着作者热爱人民、渴望拯救人民于水深火热之中的人道主义热情。《林哈德与葛笃德》一经出版，就风靡一时，以其强烈的时代感震撼了整个欧洲大陆。

在《林哈德与葛笃德》一书中，裴斯泰洛齐创立了他的重要教育理论——要素教育论。他认为，教育和教学工作必须从一些最简单的要素开始，再逐渐转到复杂的要素，以促进儿童各种天赋能力的全面和谐发展。他强调说："最复杂的感觉印象是建立在简单要素的基础上的。你把简单的要素完全弄清楚了，那么，最复杂的感觉印象也就简单了。"不过，该理论在本书中只是初步涉及，尚缺乏深度，直到《葛笃德如何教育她的子女》一书才作了系统的表述。

针对要素教育论，裴斯泰洛齐分析了对儿童进行各方面教育的基本要素。

1. **德育**

裴斯泰洛齐认为，人以及人的道德面貌的形成是整个教育的中心，道德教育是培养和谐发展的人的极为重要的方面，在整个教育中处于首要地位。在他看来，道德教育最简单的要素是儿童对母亲的爱，最终目的是通过这种爱逐渐发展到爱其他人。

关于培养学生良好的道德行为，裴斯泰洛齐明确指出："母亲的影响是引起爱的忠诚的开端的自然途径。"他还强调："家庭是培养道德的学校。"同时，裴斯泰洛齐还看到了学校德育的重要作用，认为学生道德行为的进一步发展必须在学校中实现，学校的德育首先要与家庭教育方式联系起来。他反对口头说教，要求教师利用儿童日常生活中的印象和经验，进行示范或练习，使儿童进行是非比较和反省，从而唤醒儿童内在的道德情感。

一次，阿尔德堡发生了火灾，裴斯泰洛齐把孩子们集中起来，问："阿尔德堡失火了，一定有成千上万的儿童无家可归，我们向政府请求拨 20 个人到我们这里来吧！"孩子们很感动，一齐答道："赞成！赞成！就这么办！"他接着说："但是，各位小朋友，我要你们考虑一下，我们没有那么多的钱，如果你们要这些孩子进来，你们必须努力工作，也许你们不得不缩衣节食。如果你们不是真正愿意为这些儿童忍受一切痛苦的话，最好不要随便答应他们进来。"孩子们的决心非常坚定，纷纷回答道："食物差些也好、工作增加也好、少一件衣服也好，只要那些可怜的孩子能够进来，我们什么都可以忍受。”

2. 智育

裴斯泰洛齐的要素教育理论在智育上的贡献是非常突出的。裴斯泰洛齐认为数目、形状和语言是教学的最简单要素。他用了极大的精力探究教学过程的心理化。他说：“我长期地寻找一个所有这些教学手段的共同心理根源……使从感觉印象得来的一切知识清楚起来的手段是数目、形状和语言。”为此，裴斯泰洛齐提出在教学中要培养学生的三种能力：按照外形来认识不同的物体，并认清它们的内涵的能力；说出这些事物的数目，指出它们是一个还是多个的能力；用语言表达物体，表达它们的数目和形状，并在记忆中保持它们的能力。

为了在智育中贯彻要素教学思想，裴斯泰洛齐创建了小学各学科教学法。

对于国语教学，裴斯泰洛齐认为，本族语的教学任务在于发展学生的语言，丰富他们的词汇。他主张语言教学要从语言的简单要素——语音开始。他采用拼音识字教学法，将教学分为三个阶段。

第一阶段是音调教学，即发音教学。裴斯泰洛齐认为，开始阶段的发音教学是一切阅读的基础。教学生学习发音时，应依着一个严格的顺序进行，即按照“拼音课本”进行，首先让他们练习听音，然后发音。

第二阶段是单字教学或单个事物的教学。在学生学会发音后，裴斯泰洛齐教他们熟悉周围的单字和直观图画，以及初级自然、地理和各种社会关系方面的单字名称，为以后教学作准备。

第三阶段是语言教学。在这一阶段，裴斯泰洛齐让学生正确说出熟悉的事物的数目和形状，认识其性质，教他们了解事物在数量、时间和比例上的相互联系。

对于算术教学，裴斯泰洛齐主张从感觉的直观上升到明确的思维，反对背口诀，而无明确概念的旧式教学。他提出，整数教学的要素是“1”，要先通过实物，如小棍、笔之类的东西教学，之后才是运用卡片进行教学；分数教学可以以正方形为单位，演示部分与整体的关系。在教学中，裴斯泰洛齐曾创造了一些连续的正方形分数表格，借以认识个、十、百的概念。后来，其追随者将其发展成为“算数箱”。

对于自然教学，裴斯泰洛齐主张通过先观察后绘画来讨论自然界的花、草、鸟、木等。

对于地理教学，裴斯泰洛齐主张按照由近及远、由简到繁的原则进行。先从简单的要素开始，即先从直接观察周围的地形入手，如从观察场地和乡村地形开始，使学生先熟知基本的地理概念，然后逐渐扩展到本县、本省、全国和全世界的地理知识。裴斯泰洛齐有时还让学生亲自动手做地理模型，以使学生能很容易地读懂和学会使用地图。

通过对各科教学方法的改进和创新，裴斯泰洛齐建立了自己的小学教学法体系，为小学教学指明了方向，奠定了基础。

3. 劳动教育

裴斯泰洛齐认为，儿童劳动是发展其体力、智力和道德能力的手段。他强调，劳动能教会人蔑视那些跟事实相脱节的语言，帮助人形成精确、诚实等品质。

1774 年冬天，裴斯泰洛齐不顾家境贫困成立了“贫民学校”，收容了 18 个流浪儿和小乞丐。在教育这些孩子时，裴斯泰洛齐采用学习和劳动相结合的方法，让学生边读书，边劳动。他常常在劳动之余，教学生读书、心算、写字等。

这些孩子通过劳动进行了打、拿、推、掷、挥动、角力等方面的身体训练，不仅发展了体力，还掌握了各种专门职业所必不可少的一些基本的劳动技能。这给了裴斯泰洛齐极大的安慰，更增强了他办学的信心。

4. 体育

裴斯泰洛齐十分重视体育对实现教育目的和教育任务的重要作用。他认为，体育同智育、德育及劳动教育是紧密联系在一起的。他把体育中最简单的要素称为各种关节的活动。

关于进行体育的方法，裴斯泰洛齐认为，体育要在家庭和学校共同进行。在家庭中，儿童可结合日常生活的各种动作，通过一些自然的形式，如饮食起居、劳动等进行。在学校中，学生应按学校规定的一些体育活动，如游戏、森林旅行、游泳、手工劳动、运动会等进行。

裴斯泰洛齐说：“在一切知识中，都存在着一些最初要素，如果儿童掌握了这些最简单的要素，就能够认识他们周围的世界。”各种知识包含的简单要素是学生获得各种能力的最简单的萌芽，所以教师要坚持循序渐进原则，首先从最简单的、能为学生所理解和接受的要素进行教学，进而过渡到较为复杂的要素，最终促进学生各种潜能的和谐发展。

裴斯泰洛齐的要素教育理论，是他在长期教育实践中不断探索研究的结果。在此基础上，他创立的初等教育的各科教学法，对各国初等教育的发展与普及有着重大影响。广大教师应认真学习和研究要素教育理论，抓住教学的最简单要素，力使学生简单、快乐地学习。

（二）“从最简单的要素开始”经典案例

【案例 1】

在“金陵之秋”全国小学语文名师新教材精品课教学观摩活动中，江苏省南京市北京东路小学语文特级教师孙双金执教《二泉映月》时出现了这样的场景：

“苦难给人们带来了什么？悲痛、哀伤、哭泣。但是对于一个命运的强者，对于敢和命运抗争的人来说，苦难是一笔巨大的财富。让我们勇敢地面对苦难吧！”伴随着委婉动人的二胡名曲《二泉映月》，孙老师宣布“下课”。可是，不单是学生，在座的众多听课者也沉浸在这动人的乐章中，不忍离去。

师生缘何如此动情呢？

1. 音乐：绵延不绝，渐入佳境

在这节课上，孙老师多次播放二胡名曲《二泉映月》，使其在学生与听课者脑中萦绕，挥之不去。

第一次：

“同学们，课前预习得怎么样呢？你对阿炳有了哪些了解？”孙老师问。

“阿炳是一个盲人，而且身世很悲惨。”

“他的母亲在他四岁的时候就去世了。”

……

听完学生的介绍，孙老师总结道：“阿炳是个苦难的人，是一位民间音乐家，一位盲人音乐家。他的《二泉映月》代表了其作品的最高水平，你们想听吗？”

说完，孙老师播放二胡名曲《二泉映月》，全场屏息静气，悉心聆听。

《二泉映月》第一次在会场响起，带着课前对阿炳苦难身世的大致了解，学生开始走近《二泉映月》，可谓“转轴拨弦三两声，未成曲调先有情”。

第二次：

伴随着凄苦、悲哀的旋律，孙老师在大屏幕上出示：

场景一：冬天，大雪纷飞，寒风刺骨，双目失明的阿炳是怎么卖艺的呢？

场景二：夏天，骄阳似火，烈日炎炎，阿炳是怎么卖艺的呢？

场景三：一天，阿炳生病了，发烧到39、40度，浑身发抖，他又是怎么卖艺的呢？

“选择一个画面，想象一下。说一说，你看到了什么样的场景？”

学生们深有感触地回答着：

“冬天……”

“夏天……”

“一天，阿炳生病了，发烧已经烧到了……”

《二泉映月》第二次在会场响起，带着对阿炳身世的进一步了解，带着对阿炳苦难生活的想象，曲子扣动了在场每一个人的心弦。

第三次：

“他深深地叹息，有人倾听吗？”

“没有！”

“他伤心地哭泣，有人倾听吗？”

“没有！”

“他激愤地倾诉，有人倾听吗？”

“没有！”

“他倔强地呐喊，有人倾听吗？”

“没有！”

孙老师激动地问着，学生激愤地回答着。随后，《二泉映月》又一次响起在礼堂上空。

《二泉映月》第三次在会场响起，在悲凉的曲调中，抗争、呐喊的声音已经跳出了音符，每个人听到的不仅仅是苦难，更听到了一种想要战胜苦难的精神动力。

第四、五次：

“起初，琴声委婉连绵，随着乐曲的步步升高，进入了高潮，表达了阿炳对命运的抗争，而尾声舒缓起伏，恬静激荡。谁来读一读这段课文？”孙老师问学生。

学生宝华站起来，伴着音乐，读道：“起初，琴声委婉连绵，有如山泉从幽谷中蜿蜒而来……他爱那照耀清泉的月光。”

宝华全情投入地读着，字字掷地有声。读完，礼堂内响起了热烈的掌声。

掌声结束，孙老师继续问：“‘起初，琴声委婉连绵’，你仿佛听到了什么？你仿佛看到了什么？”

学生纷纷站起来，积极回答：

“我仿佛看到了二泉优美的月夜景色。”

“我看到了阿炳对美好未来的向往。”

……

“同学们说得非常好，下面让我们听着音乐一起来有感情地读这段课文。”

随着音乐响起，孙老师、学生、听课者都陶醉在音乐声中。孙老师已经不再是授课者，而是一位顶级的指挥家，指挥棒轻轻一挥，便带着学生走进了音乐中的世界；学生已不是在学课文，而是在品味音乐，在乐曲声中深情地体会着民间艺人阿炳的悲惨身世；听课者也不是在学习名师的讲课方法，他们忘记了笔记，融进了课堂，他们与课堂上的师生同喜同悲。

阿炳的音乐和身世再一次触动着每个人的心灵，使他们真正融入了阿炳的世界，与他同呼吸、共命运。

第六次：

“人生充满苦难的人太多了，度过凄惨人生的人太多了。但是有些人被苦难压倒了，在凄惨中潦倒了，这样的人是不值得被小泽征尔跪的。小泽征尔跪的是对命运抗争、对光明向往的不屈的精神！小泽征尔说要跪下来听《二泉映月》。今天的我们该怎样去听《二泉映月》？”孙老师感慨地说。

"我们应该用心认认真真地去体会。"学生齐声回答。

"对，用心，让我们用我们整个心灵再一次感受那动人心弦的《二泉映月》。"

《二泉映月》第六次响起，它带着每个人走进了对人生的思索之中，余音绕梁，绵延不绝。

2. 朗读：以情激情，一唱三叹

白居易说："感人心者，莫先乎情。"在这节课上，孙老师用自身丰富的情感引领学生在多次"一唱三叹"的朗读中，积淀了情感，走近了阿炳，走近了《二泉映月》。

第一次：

"又是一个中秋夜，阿炳来到了二泉边，他听到了什么呢？一起把最后一句话读一读。"

学生齐读："渐渐地，渐渐地，他似乎听到了深沉的叹息，伤心的哭泣，激愤的倾诉，倔强的呐喊……"

孙老师接着问："阿炳听到了什么？"

学生齐声读着："他似乎听到了深沉的叹息，伤心的哭泣，激愤的倾诉，倔强的呐喊……"

孙老师板书"叹息、哭泣、倾诉、呐喊"后，沉痛凄凉地说："对啊，由于双目失明，阿炳再也看不到这美好的一切了。所以听着听着，渐渐地——"

"渐渐地，渐渐地，他似乎听到了深沉的叹息，伤心的哭泣，激愤的倾诉，倔强的呐喊……"学生接着孙老师的话读起来。

"阿炳坐在二泉边，他没有听到奇妙的声音，却听到了——渐渐地——"孙老师继续引导着学生。

"渐渐地，渐渐地，他似乎听到了深沉的叹息，伤心的哭泣，激愤的倾诉，倔强的呐喊……"在孙老师的引导下，学生再次齐声读着。

紧扣"叹息、哭泣、倾诉、呐喊"，孙老师饱含深情地反复引导学生回诵，步步为营，层层推进。在他的感染下，学生的情感逐渐与作者产生共鸣，走进了阿炳的内心世界。

第二次：

孙老师问："他爱着支撑他度过苦难一生的音乐。是什么支撑着他?"

"音乐。"

"当阿炳沉浸在茫茫的黑夜时，他拉起了动人的曲子，他仿佛看到什么?"

"仿佛看到了二泉美丽的景色。"

"仿佛看到了惠山树木葱茏。"

"仿佛看到了为他日夜操劳的师父。"

……

"对，是音乐给了他光明，是音乐给了他美好世界。"孙老师概括着说，"当阿炳身患疾病浑身颤抖的时候，他拉起那动人的曲子。他仿佛感到了什么?"

"我认为阿炳仿佛感到师父就在身边指导他。"

"我觉得他已经感到了他正在过着幸福安定的生活。"

"他仿佛感到了孤独慢慢地远离了他。"

……

"对，是音乐安慰了他孤寂的心。"孙老师更加肯定地说，"所以是什么支撑着他苦难的生活?'他爱　　'"

"他爱那支撑他度过苦难一生的音乐，他爱那美丽富饶的家乡，他爱那惠山的清泉，他爱那照耀清泉的月光……"学生心领神会，有感情地读着。

为了让学生读得情感饱满、酣畅淋漓，孙老师领读了一遍，又让学生读了两遍。

紧紧抓住"他爱那支撑他度过苦难一生的音乐"这句话，孙老师用低沉的声音、精心设计的提示语，把学生一步步带入了阿炳苦难的生活，感受着音乐对阿炳心灵的抚慰，一字字、一句句，将学生的情感引入高潮。这里一声声、一遍遍的朗读不是简单的堆砌，而是发自肺腑的深情表白。

本节课，孙双金老师利用音乐、朗读及精神感悟等方式，一步步引领学生走进了阿炳的内心世界，走进了《二泉映月》，并使学生与其产生情感的碰撞，发现了生命的真谛。

孙老师的课之所以如此成功，是因为他让以下最简单的要素发生了重要作用。

简单要素一：让音乐凸显作用

音乐的介入，能加深学生对客观世界的认识，促进学生智力的发展；能促进学生形象思维能力、想象能力、创造能力的发展；有助于对学生进行思想政治教育，陶冶学生的高尚情操；能丰富学生的精神生活，发展学生的个性，促进学生身心成长。在这节课中，孙老师利用六次播放《二泉映月》乐曲这个简单要素，不仅使学生认识了《二泉映月》，而且使学生从中感受到了阿炳的悲惨身世及其战胜苦难的勇气。

简单要素二：让朗读激起学生的共鸣

朗读是学好语文的一个重要因素，也是一个必不可少的环节。通过朗读，可以激起学生的情感，使之与教师的情感、作者的情感产生共鸣，从而加深学生对课文的理解，培养学生的朗读能力。在这节课中，孙老师运用"一唱三叹"的反复朗读这个简单要素，层层推进，不仅使学生深刻理解了重点语句的内涵，而且触发了学生的情感，使之感受到阿炳的苦难生活及音乐对他的抚慰。

可以看出，孙老师教授《二泉映月》一课，抓住音乐和朗读这两个要素，使课堂教学取得了很好的教学效果。这也告诉广大教师，要上好一堂课，就应抓住其最重要的简单要素。这样，教师不仅教得轻松，学生学得简单，还能使教学更高效。

【案例 2】

在教授"猜猜是单还是双"这一内容时，山东省济南市延安学校特级教师王延安凭借幽默的谈吐、有趣的游戏，使课堂成为学生快乐思维的运动场。下面是王老师教授本课时的教学过程：

"什么样的数是奇数?"说完，王老师将话筒递给第一排的小翠，示意她回答。

小翠没有作声。

王老师在小翠面前蹲下来，又问了一遍："什么样的数是奇数?"

小翠仍然不作答。

"你只举一个奇数的例子就可以了。"

小翠还是不吭声。

王老师仍然不放弃，耐心地继续问道："1是不是，3是不是，5是不是，9是不是？"

"是！是！是！是！"小翠一一作答。

突然，王老师话锋一转："250是不是奇数？"

全班学生笑了起来，小翠也笑着答道："不是！"

"那你说什么样的数是奇数？"

"单数！"小翠答道。

王老师站起来，面向全班学生说："奇数就是单数，谁还能说得更准确一点？"

蓉蓉站起来，说："就是除不尽2的数！"

"那就是不能被2整除的数，是不是？"

学生齐声回答："是！"

"好，偶数与奇数正好相反，那什么样的数是偶数？"

"能被2整除的数是偶数！"学生又齐声回答。

"嗯，很好！那么怎样能够一眼看出一个数是奇数还是偶数？"说完，王老师重复说道，"一眼就能看出来，而且不用戴眼镜。"教室里立刻响起一阵笑声。

伴随着笑声，勇勇回答道："看看它的个位是不是0、2、4、6、8，如果是的话就是偶数，如果不是就是奇数。"

听完勇勇的回答，王老师赞许地说："嗯，你说得很简练。个位上是1、3、5、7、9的数，就是——"

学生齐答："奇数。"

"个位上是0、2、4、6、8的数，就是——"

"偶数。"

"现在我们来做个游戏，研究奇数和偶数之间的一些运算规律。好不好？"

"好！"

"老师有特异功能，能用耳朵听字，你们信吗？"

学生将信将疑地说："不信！"

于是，王老师准备展示自己的特异功能。王老师请所有学生伸出自己的两只小手，并在两只小手上各写一个数，保证一个是奇数，一个是偶数。王老师还提示学生不要把数写得太大，因为“一会儿算起来就麻烦了，就像250这个数就比较大”。

学生写好后，王老师让学生把手高高举起，握紧拳头，不要给自己看见手上写的数。然后，让学生默算：将左手的数乘以3，右手的数乘以2，再把两个得数加起来得多少。

“你只要告诉我你的得数是多少，我就立马能告诉你你的左手写的是奇数还是偶数。”王老师信心十足地说。

带着怀疑，树军报出一个数：“7。”

只见王老师俯下身装作听树军左手的样子，笑着答道：“显然是一个奇数。”

“对了！”树军兴奋地说着。

“哎呀，我太厉害了，太厉害了，还有人要说吗?”王老师夸着自己。

学生又是高兴，又是不服，纷纷说出了自己的得数。

结果，王老师都准确地猜了出来。学生们都很惊讶，对王老师佩服不已。

“我的数是481。”宏伟还有些不服气，说了一个较大的数。

“你写的是一个奇数，对不对?”

“王老师，您简直是神了。”宏伟这下服了。

这时，一向爱思考的文杰突然说：“老师，我也会听，你可以让我试试吗?”

听到文杰说会听，王老师既惊讶又兴奋，同意了他的要求。

于是，王老师让其他学生给文杰说了几个数。结果，文杰也准确地猜了出来。这令大家既羡慕，又佩服。

“哎呀！文杰，你太厉害了。”王老师表扬着文杰，“唉，你真是听出来的吗?”

“不是！”文杰自信地答道。

“那你是怎么知道的呢？请你给大家说一说。”

“如果得数是奇数，那么左手写的就是奇数；如果得数是偶数，那么左手写的就是偶数。”文杰大声地说着。

听着文杰的回答，许多学生一下明白了其中的奥秘。

按照文杰的回答，王老师板书“左×3+右×2=得数”，将学生分组，要求学生验证，并发现规律。

大概10分钟后，学生们经过验证，一致同意文杰说出的规律。并且经过讨论，学生发现了更精确、更全面的规律：奇数+偶数=奇数，偶数+偶数=偶数，奇数+奇数=奇数，奇数×偶数=偶数，偶数×偶数=偶数，奇数×奇数=奇数。

“现在，大家都能根据规律准确回答出一个算式的结果是偶数，还是奇数了，很好！但是，如果老师把数字和字母混在一起，结果会怎样呢？”王老师又给学生出了一个难题，“$2a$的结果是奇数还是偶数呢？请各小组商量商量。”

过了5分钟，王老师让学生停下来。

“这个答案是偶数。”明明站起来回答。

“Why？为什么？”

“因为奇数乘偶数等于偶数，偶数乘偶数等于偶数，无论这个数是奇数还是偶数，$2a$得数都是偶数。”明明自信地说。

王老师并没有否定明明，而是提高嗓门：“对吗，同学们？”

学生齐声答道：“对！”

“$2a$——永远——是偶数对不对？”王老师故意拉长了“永远”两个字。

“对！”大部分学生还是认为是对的，不过有几个学生开始犹豫了。

“同意$2a$是偶数的同学请举手！不同意的同学请举手！”王老师一边很夸张地举起自己的手，一边不停地喊，“Me，Me，Me！我不同意！”

在王老师的“诱惑”下，志刚举了两次手。王老师发现后，把他叫了起来。王老师说：“你怎么举两次手啊？你不同意的原因是不是看到我不同意呀？”

“不是。”志刚不好意思地笑了。

“那是为什么呢？请你解释一下。”

“如果a是0的话，那怎么办？”

王老师反问：“0是不是偶数？”

学生齐答：“是！”

“志刚，你还不同意吗？”

志刚又是点头，又是摇头。

“好了，现在还有不同意的吗？”王老师继续问。

这时，文杰又站了起来。他说：“如果 a 是 2.5，那 2 乘 2.5 就是 5。”

文杰刚说完，教室里便响起了掌声。

王老师再次表扬了文杰，同时提醒全班学生：“同学们，数学本身是一个很严谨的事情，刚才对于 a 我加限制了吗？a 如果是个小数呢？将来我们还要学习分数。所以大家以后做题一定要仔细。那么，要想 $2a$ 是偶数必须对哪个数进行限制？”

“a。”学生齐声回答。

“你们的意思是说我们必须在后面加一个括号，对不对？括号里面写什么？”

“必须是整数。”

“谁必须是整数？”

“a 必须是整数。”

毫无疑问，王老师这节课取得了很好的教学效果。这节课成功的关键，一是王老师幽默的教学语言，二是有趣的游戏——王老师巧妙地借用了这两个最简单的要素。

教育家斯维特洛夫说：“教育家最主要的，也是第一位的助手是幽默。”懂得幽默，往往三言两语，鞭辟入里，使人拍案叫绝。而教师在课堂中运用幽默的教学语言，既能使自己教得开心，也能让学生学得开心，从而奏响一首快乐的学习曲。幽默的教学语言已经成为当代教师课堂教学的重要工具，并已作为一门教学艺术呈现在教学课堂中。在这节课中，王老师幽默的语言无处不在，如“一眼就能看出来，而且不用戴眼镜。”“就像 250 这个数就比较大。”“我太厉害了，太厉害了。”“Me，Me，Me！我不同意！”。凭借诙谐幽默的话语，王老师为学生营造了一个轻松快乐的学习氛围，使得学生对数学充满了兴趣，愿意积极思考、回答问题。

学生的学习兴趣是在一定的情境中产生的，而游戏是学生喜闻乐见的活动形式。它不仅适合低年级学生的年龄和思维特点，而且能使学生在愉快的情境中参与学习过程，探索、内化新知识，促使学生由形象思维向抽象思维过渡。在低年级教学活动中，教师应将游戏活动贯穿于整个教学活动中。在这节课中，王老师将数学与游戏巧妙地结合在一起，没有为游戏而游戏，活动组织有序，学生自始至终都在进行积极的思考，使教学体现出浓浓的数学味，使学生自己发现了其中的规律，并运用规律使问题得到解决。可以说，使学生在这节课中做到了在“玩中学，学中玩”。

最简单的要素，在王老师的课堂上发挥了很好的作用，值得广大教师借鉴。

（三）践行“从最简单的要素开始”应规避的误区及高效策略

1. 应规避的误区

根据要素教学理论，裴斯泰洛齐提出的找出要素、关键，逐步发展，由部分到全体等观点无疑是可取的。但是由于时代和社会的原因，要素教学理论也有它的局限和不足，教师在教学中要注意规避。

（1）重视形式研究

裴斯泰洛齐只看到了教学的表面，重视的是教学形式的研究，而没有深入教学内部。教学内容是丰富多彩的，教师不仅要看到各科的教学特点，还要看到满足学生的内心需要、营造良好的课堂气氛等要素对课堂教学的影响作用。

（2）过于重视原则

对于由近到远、由简单到复杂、由易到难、由直观到抽象等循序渐进原则，裴斯泰洛齐都主张严格遵守。一般来说，教师在教学过程中遵守循序渐进原则，有利于教学一步步深化，使学生逐步掌握知识。但是，过于遵守原则，如把难的问题过于细小化、过于放慢教学速度等，则会降低学生的学习兴趣，使教学不能按计划完成。

2. 高效践行策略

面临同样的教学内容和教学任务，如何让学生简单快乐地学习？裴斯泰洛齐的要素教育理论给广大教师提供了很好的借鉴——从一些最简单的要素开始，再逐渐转到复杂的要素。那么，教师如何充分利用这一理论，抓住教学中的简单要素进行教学呢？

（1）呈现实物

实物最能吸引学生的视线。低年级学生的自觉性和自控能力较差，注意力很容易分散，尤其是学习一些枯燥的理论知识时更甚。在教学中，教师如果采用呈现实物的形式，把抽象的知识变为具体直观的东西，学生的注意力就会被吸引，继而产生极大的兴趣，爱上学习、乐于学习。例如，英语教师在教“apple”“banana”“pear”等单词时，给学生呈现苹果、香蕉、梨的实物，当学生看到实物时，便会迫切地想知道这些东西用英语怎么说，此时教师可因势利导，让学生记住这些单词。

除了实物之外，图片、简笔画、幻灯片、玩具等其他直观教具，也会产生同样的教学效果。

（2）点、线、面结合

针对语文教学，每一篇课文都有它的点、线、面，教师应将点、线、面一体化，把精讲、议论、赏析、图解和练习熔为一炉，让学生掌握课文重点、要点，从而整体把握课文内容。

点，即文眼。教师要以文眼为核心设计课堂教学，根据学科特点和学生需要，让学生从文眼了解课文的谋篇布局和整篇文章的中心思想、段落大意。

线，即文章的主线。文眼是线索，有了文眼这条线索后，教师应引导学生顺藤摸瓜，找出贯穿全文的主线。这条主线表示着作者的思路情感，是文章的内在线索。

面，即整篇文章。了解主线后，学生便对整篇文章有了全面的了解。也就是说，把握了线索，就把握了整篇文章。

（3）做实验

通过实验，可以使学生把一定的直接知识同书本知识联系起来，以让学生获得比较全面的知识；通过实验，能够培养学生的独立探索能力、实验操作能力和科学研究兴趣。做实验是提高自然科学等有关学科教学质量不可缺少的条件。在教学中，教师应让学生掌握做实验这个简单要素，以检验知识和巩固知识。

（4）利用旧知识迁移

旧知识和新知识之间有着密切的联系。事实证明，学生对原有知识掌握得越丰富、清晰、牢固，就越能更好地学习新知识，学习也就越有信心。所以在教学中，教师应依据迁移规律设法为学生新知识的学习提供与旧知识相联系的桥梁，通过迁移这个简单要素来发挥旧知识在新知识学习中的铺垫作用。

(5）联系生活实际

生活是教学的又 简单要素。新课标强调，教学必须注意从学生熟悉的生活情境和感兴趣的事物出发，让学生有更多机会从熟悉的事物中学习和理解所学知识。因此，教学不能只局限于学校、教室、书本，而要把社会生活这一广阔的天地作为学生学习的大课堂，引导学生在生活中发现知识、学习知识。

在教学中，教师应从学生的生活实际出发，从周围的事物出发，挖掘他们感兴趣、喜闻乐见的素材，使他们把理论知识和生活实践结合起来。

教儿童学步，有一个抱着走、牵着走、扶着走、撒手让其自己走的循序渐进过程。教学生学习也要有一个循序渐进过程，要从易到难、从浅到深、从简单到复杂、从直观到抽象、从部分到整体、从理论到实践。裴斯泰洛齐的要素教育理论很好地诠释了教学应循序渐进这一原则，广大教师非常有必要借鉴和运用其科学成分，认真分析、研究课堂教学，准确找出教学的简单要素，以达到让学生快乐、简单学习的目的。

让学生生动学习

——皮亚杰“认知发展论”

（一）皮亚杰及“认知发展论”思想概述

让·皮亚杰（1896—1980），瑞士心理学家，发生认识论创始人。他先是一位生物学家，在读大学时开始对心理学产生兴趣，曾涉猎心理学早期发展的各个学派。

皮亚杰早期研究儿童语言和思维等认识的发展，并以此入手，创立了发生认识论，给后人留下了许多珍贵的文献。其因学识渊博和贡献卓越，于1968年获得美国心理学会颁发的心理学卓越贡献奖，1977年又获得该会颁发的桑代克奖。

为了致力于研究发生认识论，皮亚杰于1955年在日内瓦创建了“国际发生认识论中心”并任主任，集合各国著名哲学家、心理学家、教育家、逻辑学家、数学家、语言学家和控制论学者共同研究发生认识论，该中心对儿童各类概念以及知识形成的过程和发展进行了多学科的深入研究。在此期间，皮亚杰为研究儿童的学习原理做了四个经典实验。

1. 木棍实验：儿童学到些什么，取决于他们的发展水平

皮亚杰让实验者移动两根同样长的、并排放着的小木棍之一，使一根木棍前端比另一根木棍突出。结果是，年幼儿童会以为这根木棍现在比另一根更长一些；而稍为年长的儿童便明白两根木棍还是一样长的，并会马上关注木棍的后端。

通过这一实验得知，并不是儿童看到的每一件事情都可以充当引发儿

童作出反应的刺激。在木棍实验中，只有当儿童达到一定的认知发展阶段时，他们才能通过心理运算来进行推断，而还没有掌握可逆性概念的儿童是无法解决这个问题的。在解决这些问题之前，儿童必须具有解释这些刺激的心理运算能力。儿童的发展制约着他们所能学习的范围。8 岁的儿童根据推理知道木棍的长度不会因移动而有所改变，因而视觉扫视仅仅是“心理活动—推理”的外显，而不是不顾一切扫视所有的刺激，从而得出“学习从属于发展”的结论。另外，对于外界的刺激，并不是被经验的，而是被认识的。在为达到认识该刺激目的的思考过程中，这种能力是生物遗传的一部分，是通过与环境的交互作用而激活的。

2. 水量多少实验：学习是一种能动的构建过程

皮亚杰让实验者把水从一个口径大的玻璃杯倒入一个口径小的玻璃杯中，5 岁的儿童认为水量发生了变化，口径小的玻璃杯中水更多；而 7 岁以上的儿童则认为水量相等。

在这一实验中，那名 5 岁的儿童只关注到长度与量的关系，而未注意到瓶子口径与量的关系。在皮亚杰看来，学习并不是个体获得越来越多外部信息的过程，而是学到越来越多认识事物的程序，即构建了新的认知图式。这种新的图式不仅仅是原有图式的延续，它是创造性的，在性质上已不同于原来的图式，因而不能用信息机械累积的过程来解释。从某种意义上说，学习是思考和创造的过程，是在原有图式的基础上构建新的认知图式。由此得出“学习是一种能动的构建过程”这个结论。因而在教授儿童某种知识时，不应该一味地通过练习达到目的，而应想方设法使儿童理解这一知识，把新知识同化于儿童原有的认知图式中。

3. 碰球实验：学习是通过反复思考招致错误的缘由到逐渐消除错误的过程

三个球 B、C 和 D 并排放在一起，用球 A 去击球 B，结果球 B 和球 C 还在原来的位置，而球 D 朝前滚动了。对于这种现象，参加实验的一名儿童一会儿认为，是球 A 悄悄溜过中间两个球击到了球 D。其推理是：球 D 不可能自己移动，而中间两个球又没有显示出移动。该名儿童一会儿又认为，中间两个球也动过了。其推理是：球 A 不可能击到球 D，而球 D 本身无行动能力。

可见，儿童即便清楚地看到每一个事件，但也有可能无法理解这一系列事件之间的关系。如果允许他们通过自我调节去创建这种关系，他们也许会有可能理解所看到的事情。所以对于学习者来说，重要的是自己能够提出问题。如果学生能够提出合乎情理的问题，那就意味着这个问题已有一部分与学生已有知识联系在一起了，也就是说，这些问题是以他们已理解的某些知识为基础来构建的。由于学生理解自己所提出的问题，因而就更有可能提出各种假设以便检验。因此，学习是通过反复思考招致错误的缘由到逐渐消除错误的过程。错误会引起学生顺化自己的知识结构，并把所观察到的结果同化到修正过了的知识结构中去，所以错误是儿童学习过程中必不可少的。

4. 圆圈实验：通过否定的形式来解决矛盾、消除差异、排除障碍或填补间隙

实验者给儿童看A至G共7个一排的圆圈，圆圈A的直径是10毫米，每个圆圈直径递增1毫米。儿童很容易看出圆圈A与G大小不一样。但每个毗邻的圆圈太相似了，以致儿童不能辨别出其直径相差1毫米。主试问："A比G小?"儿童答："是的。"没有任何困难。主试问："A比B小?"儿童答："不。"这表明他看不出A和B有任何差异。提问一直进行下去，直到儿童感到答案出现了矛盾，即没有哪一个毗邻的圆圈是不同的，但A与G却是不同的。

皮亚杰认为，儿童通过否定的形式来解决矛盾、消除差异、排除障碍或填补间隙。但是他们应用否定有三种水平：第一，否认失调或矛盾；第二，承认失调，但还不能补偿它；第三，既承认失调，又能够补偿它。

通过上述实验，皮亚杰发现，所有儿童对世界的了解都遵从同一个发展顺序，会在认知过程中犯同类的错误，得出同样的结论。年幼儿童不仅比年长儿童或成人"笨"，而且他们是以完全不同的思考方式进行思维的。为了更好地了解儿童的思维，皮亚杰甚至放弃了标准化测验的研究方法，开了用临床法研究儿童智力的先河。通过细致的观察、严密的研究，皮亚杰得出了关于认知发展的几个重要结论。其中最重要的是他所提出的人类发展的本质是对环境的适应，这种适应是一个主动的过程。不是环境塑造了儿童，而是儿童主动寻求了解环境，在与环境的相互作用过程中，通过

同化、顺应和平衡，儿童的认知能力逐渐成熟起来。

皮亚杰认为智力结构的基本单位是图式，是有组织的思考或行动的模式，是用来了解周围世界的认知结构。同化是指个体将外界信息纳入已有的认知结构的过程；但是有些信息与个体现存的认知结构不十分吻合，这时个体就要改变认知结构，这个过程即顺应；平衡是一种心理状态，当个体已有的认知结构能够轻松地同化环境中的新经验时，个体就会感到平衡，否则就会感到失衡。心理状态的失衡驱使个体采取行动调整或改变现有的认知结构，以达到新的平衡。平衡是一个动态的过程，个体在“平衡—失衡—新的平衡”中，实现了认知的发展。皮亚杰认为个体从出生至儿童期结束，其认知发展要经过四个时期。

1. 感知运动阶段（0～2 岁）

处于这一时期的儿童主要是靠感觉和动作来认识周围世界。此时，他们还不能对主体与客体作出分化，因而“显示出一种根本的自身中心化”。用皮亚杰的话来说，儿童在这个时期还没有达到运演的水平，他们所具有的只是一种图形的知识，即仅仅是对刺激的认识。婴儿看到一个刺激，如一个奶瓶，就开始作出吮吸的反应。图形的知识依赖于对刺激形状的再认，而不是通过推理产生的。

2. 前运算阶段（2～7 岁）

皮亚杰认为，儿童在两岁时，发生了一种哥白尼式的革命，就是说，他们的活动不再以主体的身体为中心了。这一时期儿童的认知开始出现象征（或符号）功能（如能凭借语言和各种示意手段来表征事物）。正是由于这种消除自身中心的过程和具备象征功能，才使得表象或思维的出现成为可能。但在这个阶段，儿童还不能形成正确的概念，他们的判断受直觉思维支配。例如，唯有当两根等长的小木棍两端放齐时，该阶段儿童才认为它们同样长；若把其中一根朝前移一些，该阶段的儿童就会认为它长一些。所以在这个时期，儿童还没有运演的可逆性，因而也没有守恒性。

3. 具体运算阶段（7～12 岁）

皮亚杰认为，7～8 岁这个年龄一般是儿童概念性工具发展的一个决定性转折点。这一阶段，儿童的思维已具有真正的运演性质。换而言之，他们已具有运算的知识，能根据具体经验思维解决问题，能通过对具体事物的操作来协助思考，儿童的思维已具有可逆性和守恒性，但这种思维运演还离不开具体事物的支持。

4. 形式运算阶段（12岁～成人）

儿童在12岁左右，开始不再依靠具体事物来运演，而能对抽象的和表征性的材料进行逻辑运演。皮亚杰认为，最高级的思维形式便是形式运算。形式运算的主要特征是它们有能力处理假设，而不只是单纯地处理客体。而且，儿童在这时已有能力将形式与内容分开，用运演符号来替代其他东西。

皮亚杰在概括其认知发展阶段的理论时强调，各阶段出现的一般年龄虽因各人智慧程度或所处社会环境不同可能会有差异，但各个阶段出现的先后顺序不会变。而且，各个阶段作为一个整体结构，不能彼此互换。

皮亚杰认为，知识的获得是儿童主动探索和操纵环境的结果，学习是儿童进行发明与发现的过程。他认为，教育的真正目的并非增加儿童的知识，而是设置充满智慧刺激的环境，让儿童自行探索，主动学到知识。这意味着教师在教育中要注意发挥学生的主体性，不要把知识强行灌输给学生；相反，要设法向学生呈现一些能够引起他们兴趣、具有挑战性的材料，并允许学生依靠自己的力量解决问题。

从皮亚杰的研究可以看出，儿童的认知发展是呈阶段性的，处于不同认知发展阶段的儿童，其认识和解释事物的方式与成人是有区别的。所以教师要了解并根据学生的认知方式设计教学，如果忽视学生的成长状态，一味按照成人的想法进行设计，只会给学生带来压力和挫折，使他们感到学习是一件痛苦的事，进而扼杀学生学习的欲望与好奇心。

另外，认知发展阶段的划分是以个体认知方式而非年龄为标准的，个体认知发展的速率是不同的，有快有慢，并不是同样年龄的儿童认知水平就相同。所以教师在教学中也要注意个体差异，努力做到因材施教。

皮亚杰很重视社会交往对儿童认知发展的作用。他认为，与同伴一起学习，相互讨论，使儿童有机会了解别人的想法，特别是当他人的想法与自己不同时，会激发儿童进行思考，因为同伴间地位平等，儿童不会简单地接受对方的想法，而会通过比较、权衡进而自己得出结论，这对儿童的去自我中心性的发展具有重要意义。如果教师经常扮演权威的角色，学生会养成被动接受“正确”答案的习惯，丧失自主探索的机会。因此，在教学中教师应注意引导学生去发现知识而不是给予，同时多采取小组讨论、合作学习的形式进行教学。

皮亚杰的认知发展理论强调儿童的思维是由具体形象性向抽象逻辑性发展的。所以教师的教学应以直观形象性为基础，逐步向抽象逻辑性发展，使学生的认识能从感性逐步上升到理性。

（二）“认知发展论”经典案例

【案例 1】

在学习过程中，学生总免不了要和数字打交道，但很多学生对于用数字表达的内容都感到乏味、枯燥、难以理解。如何才能让学生对这些抽象的数字感兴趣呢？对此，浙江省特级教师钟麒生有其独特的教学方法，那就是把用数字表达的枯燥内容形象化。

在他的数学课上，学生看见的不是单一的数字，而是形象化的数学知识。如在他执教“分数的简单计算”一课时，学生看见的不仅是单纯分数的加减，还有分数运算在生活中的运用。下面是钟老师执教“分数的简单计算”时的精彩片段：

钟老师随手拿起一个学生的文具盒，把上下两层打开，指着一名学生问道：“你从中看到分数了吗？”

该生回答道：“我看见分数了，老师把它平均分成了两份，其中一份，就是它的$\frac{1}{2}$。”

“非常正确。那么现在我吃巧克力也吃出了一个分数。”说着，钟老师从自己的口袋里拿出了一块有 8 个格的巧克力，掰下 1 格放在嘴里。

这时，一个学生抢答道：“您吃了其中的一份，就是吃了这块巧克力的$\frac{1}{8}$。”

钟老师点点头，又掰了 2 格巧克力，放在嘴里。

另一个学生说道：“吃了 3 份，就是这块巧克力的$\frac{3}{8}$，吃 4 份的话就是它的$\frac{4}{8}$。”

接下来，钟老师在黑板上写下了“$\frac{4}{8}$”和“$\frac{3}{8}$”这两个分数，然后问学生：“你们看到这两个分数，想到了什么？”

一个女生站起来回答道：“$\frac{4}{8}$比$\frac{3}{8}$大。”她的同桌说：“这两个分数的分母是相同的。”

“那么这两个数可以相加吗？相加之后是多少？”钟老师问。

一个戴眼镜的男生站起来回答道：“可以相加，加起来是$\frac{7}{8}$。”

“还有不同的意见吗？”

大部分学生都同意这个答案，但有一个学生却犹豫着说出了另一个答案：“我觉得应该是$\frac{7}{16}$。”

钟老师并没有急于否定这个学生的答案，而是首先肯定了他敢于提出不同答案的勇气，然后说道：“你们能用什么办法来证明$\frac{4}{8}+\frac{3}{8}=\frac{7}{8}$呢？”学生们开始忙乎起来，画图的画图，折纸的折纸，还有的学生将自动铅笔的笔芯折断来做实验。

这时，戴眼镜的那个男生从自己的练习本上撕下一张纸，把它对折成 8 等份，小心地撕开，先数出 4 张纸片，再数出 3 张纸片，说道：“好比这张纸是钟老师刚才吃的那块有 8 个格的巧克力，钟老师先吃了 4 格，即吃了巧克力的$\frac{4}{8}$，然后又吃了 3 格，即吃了巧克力的$\frac{3}{8}$，那么也就是说老师第一次吃了 4 个$\frac{1}{8}$，第二次吃了 3 个$\frac{1}{8}$，合起来是 7 个$\frac{1}{8}$，最后的结果是$\frac{7}{8}$。”

听了他的分析，刚才提出疑义的同学立刻明白了自己错在哪里。这时钟老师趁热打铁，在讲台上用多媒体教具对刚才的实验再次做了演示，然后说道：“根据这个小实验，我们可以知道，同分母的分数相加，分母不变，分子相加。”

钟老师继续用这种形象化的教学手段讲解分数的减法。学生们一个个听得津津有味，直到下课铃响，还感到意犹未尽。

一提到怎样才能让学生在课堂上学好数学，有些教师便立刻拿出自己的绝招——上书山，下题海。在这样的数学课堂上，等待学生的是讲不完的习题、做不完的试卷。学生对着枯燥的内容乏味地一遍遍重复着，但是对于一些内容还是不能理解，只要换一种题型，他们依然算不出正确答案。还有一部分学生，对数学没有兴趣，因此听课时不是走神，就是偷偷地看课外书。有些教师对此头痛不已，但却找不到好的解决方法，只能对那些不认真听课的学生采取提醒、批评，甚至惩罚的方法。殊不知，这些教师已经违背了皮亚杰认识发展论的原理，学生的认知是需要一个形象的架构过程的。

数学本身就产生于生活之中，学生学习它也是为了在生活中应用。生活是形象化的，数学课堂也应该是形象化的。在钟老师的教学中可以看到，形象化的教学方法比带领学生一遍一遍地演算习题更能吸引他们的注意力。如果教师只是单纯讲授，学生也能记住“同分母的分数相加，分母不变，分子相加”这一定律，但他们对这种枯燥的内容能够真正地理解吗？如果不能理解，那么就算记住了，应用起来也是有困难的。而钟老师从皮亚杰的理论中认识到形象比数字更重要的道理，所以他创设了合适的情境，把数字形象化，让学生自主探究。如在验证“$\frac{4}{8}+\frac{3}{8}=\frac{7}{8}$”时，他引导学生说出“$\frac{4}{8}$是4个$\frac{1}{8}$，$\frac{3}{8}$是3个$\frac{1}{8}$，合起来是7个$\frac{1}{8}$”，并用多媒体教具再一次进行演示，让学生明白这样计算的道理，并适时制造矛盾冲突，进一步加深学生对分数意义的理解。

整堂课从形象化分析到算式，再从算式到形象化分析，钟老师力求把看似简单的课上出数学味，把学生的注意力完全吸引到分数计算上，让他们充分体会到数学的奥秘。钟老师认为，生活是让数学形象化的最大宝库，在生活中，有无数的数学问题有待我们开发利用。

皮亚杰曾说：“教育的最高要求应该使学生具有逻辑推理以及掌握复杂抽象概念的能力。智慧训练的目的是形成智慧而不是贮存记忆，是培养出智慧的探索者，而不仅仅是博学之才。”因此，他反对传统教学中教师向学生传授知识，学生被动地吸收知识的做法。在皮亚杰看来，教学不应该仅仅是知识的传授，更重要的是促进学生心智的发展；学生不应该是消极接受知识的“容器”，而要学会如何思维。为此，教师应在内容枯燥、繁杂的课堂上点燃学生的发现之火、研究之火和探索之火。而要达到这一目的，没有什么比形象生动的教学更能让学生在快乐中学习的了。

如在案例中，本来“$\frac{4}{8}+\frac{3}{8}$”这个问题，有的学生已经算对了，但是钟老师还是继续问“还有不同的意见吗?”当有学生说出不同的答案时，他不但没有否定，而且还肯定了这个学生的勇气。紧接着，他提出：“你们能用什么办法来证明$\frac{4}{8}+\frac{3}{8}=\frac{7}{8}$呢?”一句简单的话，却制造了矛盾冲突，使课堂出现了观点的交锋、智慧的碰撞。学生纷纷动手验证：有画图的、有折纸的……课堂成了一个实验室，而在这个过程中，学生把计算过程完全展示了出来，使计算原理更加直观。

这种教学方式不但使学生很好地掌握了枯燥的教学内容，而且为课堂带来了一片生机。教师教学方式的改变带来了学生学习方式的变革，学生有合作、有交流、有自主探究，课堂气氛异常活跃，学生的学习热情也进一步得到提高。

【案例 2】

从皮亚杰对儿童发展阶段的研究中可以看出，学生的学习是既要动脑也要动手的活动。而且只有做到手脑结合，才能加深他们对所学知识的印象，使他们获得良好的学习成果；才能使学生在课堂上认真听课，并将这种行为持续表现出来，直至成为一种习惯。桂林市将军桥小学的自然课老师刘宏有就是一个注重“手脑并用”的教学实践者。下面是刘老师的精彩教学片段：

刘老师从自己的实验箱中拿出一个长长的物体。物体用一块红布裹着，下面连着两根电线。学生见此情景，面面相觑，不知道刘老师这次又要带他们“玩”什么实验?

面对学生的疑惑，刘老师故作神秘地冲他们一笑，说：“请大家猜猜，老师手里拿的是什么东西?”

“电池。”

“电线。”

……

学生争先恐后地喊道。

"是吗？现在请大家观察仔细了，看看这到底是什么？"说着，刘老师拿出一把大头钉放在桌上，又把用红布包着的物体上的两根电线接在电源上。顿时，物体吸上了很多大头钉。

学生看到这一现象后，立刻把手举得高高的。

刘老师叫了一个女生。

她回答道："是吸铁石。"

刘老师没有直接评价学生答案的对错，而是在让学生回忆了磁铁的特性后，把红布拉开。展现在学生眼前的是一个缠着很多电线圈的铁棒。

"同学们，谁能告诉我这是什么东西？"刘老师问道。

虽然该物品中的每一样东西，大家都非常熟悉，都能叫出它们的名字，可是把它们组合在一起，做出的这种跟磁铁性质相似的东西，大家就不太熟悉了。看学生都没有反应，刘老师也不急于让学生说出答案，而是把所有学生分成四个小组，让他们自己动手做一个跟该物体一样的东西。分组后，学生开始忙碌起来，刘老师则在班里巡视。

有个学生看见刘老师向自己这边走过来，就顺势问道："老师，这家伙的磁性跟电线卷得松紧有关吗？"

刘老师笑了笑，回答道："你先别问我，自己动手做做看。"

在动手的过程中，并非所有的学生都能一次性成功，有的小组反复试了好几次都不得要领，不得不向那些成功的小组讨教经验，反复几次总算让那个新奇的玩意儿吸上了大头钉。

看着学生因成功而露出的笑脸，刘老师说："非常好。现在，大家都做成了这个装置。那么你们能不能给自己做的这个装置起个名字呢？"

一个学生答道："因为它是因电而产生磁性的，所以就叫电磁吧！"

另外一个学生说："因为它和磁铁一样有磁性，而且是用电产生的磁性，所以我叫它'电磁铁'。"

"大家回答得不错。其实，在物理学上，大家就叫它'电磁铁'。接下来，我们通过实验来了解一下电磁铁的特性。"刘老师开始带领学生做实验。在实验的过程中，学生发现电磁铁的磁性是变化的——有时强，有时弱。一位学生就提出了疑问："电磁铁的磁性变化跟什么有关呢？"刘老师没有正面回答，而是把问题丢给了其他同学："大家说跟什么有关呢？"

学生众说纷纭，有的说"跟电线有关"，有的说"跟电力有关"，有的还说"跟铁芯（用来缠线圈的铁棒）有关"。尽管大家争论得面红耳赤，但却没有得出一个最能说服其他同学的答案。看着争论不休的学生，刘老师笑着提醒道："大家做一下实验，不就知道结果了吗？"于是，学生们又开始了新的实验操作：一会儿增加电池的节数；一会儿加减线圈的圈数；一会儿更换不同质地的芯。功夫不负有心人，经过一番努力后，大家终于得出了一致的结论：电力越大，磁力越大；线圈的圈数越多，磁力也越大；磁力的强弱跟线圈缠绕的芯没有任何关系。

在动手操作的过程中，学生虽然遇到了很多难题，也经历了一些挫折，但他们最终自己找到了正确的答案，而且通过实际操作，加深了对知识的理解。相信在不久的将来，他们进入中学再学习电磁学时，一定会很快地把握其中的要领。

皮亚杰认为："思维是从动作开始的，切断了动作和思维之间的联系，思维就得不到发展。"从他的认识发展论可知，小学生的思维正处在具体形象思维向抽象思维、逻辑思维发展的过渡阶段，特别是低年级学生，他们的思维仍以具体形象思维为主，其抽象思维需要在感性材料的支持下才能进行，因此，小学教学，特别是抽象的理科教学更应培养学生动手、动脑、动口的良好习惯，使学生在动手中将知识形象化、认识具体化、学习生动化。

像案例中刘老师的这种实物操作教学方法，除了可以加深学生对知识的印象，还能激发他们的学习兴趣。因为它要求学生认真动手、动脑的同时，还要认真地听教师的讲解与指导，而这正是培养学生良好听课习惯的必要条件。

（三）践行"认知发展论"应规避的误区及高效策略

1. 应规避的误区

由皮亚杰通过研究构建其理论的脉络看来，他的研究均是观察儿童在自然情境（即非学校环境）之中，对周遭环境进行认知活动的心理历程。

即皮亚杰的研究，是从生物适应的观点出发，探讨儿童的认知发展的自然规律，认为“发展先于学习”，并不主张借由学习的手段加速儿童的认知发展。由此所构建出来的认知发展论当中，看不到教育之于儿童认知发展的积极作用。然而已有无数的事实证实，经过适当的教育施予儿童文化刺激，的确有助于儿童的心智发展。因此，皮亚杰的研究结果，对教育界而言只是提供了一些认知发展的现象与事实，并未进一步就教育文化的观点提供促进认知发展的建议，从这方面说，它缺乏一定的积极意义。

2. **高效践行策略**

皮亚杰的认知发展论对教学的启示是多方面的，主要有两点：一是学生认知发展阶段特征制约教学，教学必须适应学生的认知发展；二是教学又可以作为学生认知发展的一个有效条件，促进学生认知水平的提高。这两方面是相辅相成的，适应是基础，促进是目的。他的认知发展理论认为，小学阶段的学科教学应充分体现直观性原则，可将言语讲解、演示和有指导地发现经验很好地结合起来，提高学生对抽象知识的理解水平。那么，广大教师在教学中该如何践行皮亚杰的“认知发展论”呢?

（1）让学生在头脑中形成形象化的实验

头脑是学习的主要场所，甚至连观察、实验都可以在头脑中完成。所以教师可以引领学生在头脑中形成一个形象化的学习场所。

（2）用图片把表现抽象的内容形象化

在物理课和化学课上，有些内容是通过数字来展现的，这些内容的抽象化和数字本身的抽象化结合起来，往往使教学内容更加枯燥，难以引起学生的兴趣。如果教师能使用一些图片，把抽象化的内容变得形象化，学生就不再觉得内容枯燥，理解起来也就容易多了。例如，化学教师在讲原子时，可以在纸上绘制原子图，标清它的质子、中子和电子，帮助学生理解和记忆。

（3）将课程内容生活化

无论是数学、化学，还是物理，都源于生活。学习这些知识也是为了解决生活中的问题。因此，为了使授课内容形象化，教师可以把关于这些学科的生活内容引入课堂，用生活中形象化的内容化解教材上的枯燥理论。

（4）多给学生提供动手实践的机会

动手实践能将课程内容形象化，让学生探究出适合学习枯燥知识的方法。教师不应把所有的方法摆在学生面前，而应告诉学生哪些抽象的枯燥内容可以用形象化的方法辅助理解，然后，让学生自己去寻找合适的方法。在这个过程中，教师可以利用学生的好奇心强、兴趣点多、探究欲强等特点，为学生提供形式多样且新颖有趣的实践机会，最大限度地让学生在实践活动中获取知识，培养能力。

（5）教学应适应学生的认知发展

皮亚杰指出，智力在一切阶段上都是把材料同化于转变的结构中，从初级的行动结构上升为高级的运算结构，而这些结构的构成不仅是对现实的描摹，还把现实在行动中或在思想中组织起来了。在他看来，智力是一种思维结构的连续的形成和改组的过程，每一阶段都有一种相对稳定的认知结构来决定学生的行为，说明该阶段的主要行为模式，而教育则要适合于这种认知结构或智力结构，即以学生的认知结构为出发点，按照学生的认知结构或智力结构来组织教材、调整内容、开展教学。

例如，处于具体运算阶段的小学生，其思维的抽象水平已经提高，并能通过分析、综合、比较、概括等方式认知外界，在学习概念时，不再像前运算阶段的儿童那样首先要从大量的例子中抽象概念的关键属性，而是可以直接把概念的关键属性同他们的认知结构相关联，从而获得概念的意义。但是一般来说，他们要凭借具体的实际经验，也就是要凭借各种关键属性的例子，所以小学阶段的教师有借助一些反映关键属性的例子使学生掌握概念的必要。

而处于形式运算阶段的中学生，已经能进行更高层次的概念的、抽象的、形式逻辑的推理，已经开始由具体形象的智力操作扩展到以命题形式呈现的概念和规则的学习，因此，中学教学应适应抽象思维能力渐渐占优势的中学生认知的新发展，在教学中可以省去具体的实际经验，直接使用语言或其他符号陈述新知识与原先学过的抽象概念之间的新关系。

（6）教学应促进学生的认知发展

教学不仅要适应学生的认知发展，还要能够促进学生的认知发展。例如，前运算阶段的学生分类概括能力很低，要提高该能力，分类训练是一个很好的途径。对小学语文教科书中不少词汇、概念的分类练习，不仅能扩大学生的知识面，丰富他们的词汇，而且能发展他们的概括思维能力。当然，认知发展从前运算阶段向具体运算阶段的过渡，从具体运算阶段向形式运算阶段的过渡，都不是通过短期的、简单的训练所能达到的，这种训练仅能使学生掌握一些经验的规则，并不能导致其守恒概念的获得与巩固，唯有经过多种多样的长期训练，对学生认知的发展才是真正有效的。

在学生的生活中有实物概念、社会概念等多种多样的概念，虽然学生在口头上能说出各种概念，但并不等于他们真正理解了概念，特别是一些社会概念。学生的理解水平可分为四个等级：不理解、笼统理解、开始分化、开始能和某些本质属性联系起来，接近于初步定义。所以教学可以在引导学生对多种具体形象的概念进行理解的基础上，引导他们向更高概括水平上的概念发展。这种概念的形成，既丰富了学生的知识，又提高了他们的思维水平。

教学促进学生的认知发展也要有“度”，在这一点上，苏联心理学家维果斯基的“最近发展区”理论提供了相关依据。维果斯基认为，至少要确定学生的两种发展水平：第一种水平是学生现有发展水平；第二种是在有指导情况下所能达到的发展水平。这两种水平之间的差异（或中间状态）就是“最近发展区”，教学不断创造着最近发展区，教师要通过教学引导学生从现有发展水平不断向新的最近发展区靠近，从而实现学生认知上的发展，故维果斯基提出“教学应当走在发展的前面”，桃子不能一伸手就摘到，而必须跳一跳才能摘到。即把学生置于适合下一阶段学习的条件下加以训练，这样才能更有效地促进学生的认知发展。

从皮亚杰的研究可以看出，教师的教学需遵循学生的认知发展规律，努力以直观形象为基础，使学生在生动的教学中进行直观形象地学习。另外，皮亚杰的认知发展论也十分注重学生的实际操作，倡导手脑结合，所以教师应为学生构建广阔的实际操作空间，使学生在形象化的环境中学习。

让学生综合学习

——陶行知"教学做合一"

（一）陶行知及"教学做合一"思想概述

陶行知（1891－1946），安徽省歙县人，曾任南京高等师范学校教务主任、中华教育改进社总干事，是中国近代最具影响力的教育家、思想家。他先后创办了晓庄学校、生活教育社、山海工学团、育才学校和社会大学。他提出了"生活即教育""社会即学校""教学做合一"三大主张，其中"教学做合一"是陶行知教学思想的精髓。

1917年，陶行知学成归国，面对当时中国教育的严峻现实，他深知这并非"头痛医头，脚痛医脚"就可以解决的。他认为，中国教育应当有一个总反省、总忏悔、总自新，非来一个彻底改革不可。于是他向旧的教育制度发起了冲击。他针对中国教育中存在的诸多现实问题，提出了许多改革建议。尤其是当他看到国内学校里先生只管教，学生只管受教，大家普遍采用传统的"教授法"进行教学时，更坚定了改革中国教育的决心。他认为采用传统的"教授法"，好像先生是专门教学生书本知识的人，除了教以外，便没有别的本领，除了书以外，就没有别的事教，在不知不觉中将"教"和"学"分离了。

1918年，陶行知在南京高等师范学校校会上提出将"教授法"改为"教学法"的主张。但这一主张在这次会议上并未被采纳。1919年"五四运动"前夕，陶行知应蒋梦麟的邀请，撰《教学合一》一文，文中明确指出："教学两者，实在是不能分离的，实在是应该合一的。"

“五四运动”以后，陶行知把全部课程中的“教授法”一律改为“教学法”。在此基础上，他又进行了深入的探索。在这期间，他感到将“教授法”改为“教学法”并未触及传统教育的另一个更为严重的弊端，即“学校专重书本，讲书便成为教，读书便成为学”，教学完全与实际生活脱节。随着陶行知生活教育理论的进一步发展，他又把“做”引入教和学当中，提出了“教学做合一”的教育主张，随即在他所领导的乡村教育及他所创办的南京晓庄师范学校开始应用与实践。

早在创办晓庄师范学校的时候，陶行知就提出了“生活即教育”“社会即学校”“教学做合一”等理论，教导师生与劳动人民多交流，“教人民进步者，拜人民为老师”。

一次，一位朋友的夫人来看陶行知，说起她的孩子把一块新买的金表拆坏了，她非常生气，狠狠地揍了孩子一顿。陶行知听了，连连摇头说：“哎呀，你打掉了一个‘爱迪生’。”接着，他讲了美国发明家爱迪生小时候喜欢做实验，被学校开除后，在母亲的引导下，逐渐成为发明家的故事。之后，他又亲自到朋友家里，把那个小孩请出来，带他到修表店去看修表师傅修表。他们站在修表师傅身边，看着修表师傅把表拆开，把零件一个个浸在药水里，又看着他把零件一个个装起来，再给机器加上油，用了一个多小时，花了一元六角钱的修理费。陶行知深有感触地说：“钟表店是学校，修表师傅是老师，一元六角钱是学费。在钟表店看一个多小时是上课，自己拆了装，装了拆是实践。做父母的与其打孩子，还不如付一点学费，花一点功夫，培养孩子好问、好动的兴趣。这样，‘爱迪生’才不会被打跑、赶走。”

山海工学团刚成立的时候，农民的孩子有了读书的地方，烧香拜佛的红庙成了教室，但孩子们没有桌椅。上课的时候，学生从家里带来自己的凳子，有大有小，高低不一。一星期后，学校请来了木匠师傅，他闷着头做凳子，一天能做好几个。陶行知走过来，看见木匠师傅满身是汗，就递给他一杯水，说：“我们不是请你来做凳子的。”木匠师傅疑惑地望着陶行知：“那叫我来做什么？”

“我们是请你来做‘先生’的。”

“我可不识字。”木匠师傅慌了。

陶行知笑着说：“我是请你来指导学生做木工的。你教会一个人，就可得一份工钱。如果一个也没教会，那么就算你把凳子全做好了，还是一文工钱也得不到。”木匠显出为难的样子。陶行知亲切地说：“不要紧，你不识字我们教你。我们不会做木工，所以拜你为先生。我第一个向你学。”说着，陶行知拿起一把锯，对准木板上画好的线就“吭哧，吭哧”锯起来。

第二天，广场上摆着木匠工具，老师带着学生们来学做凳子。有个小朋友嘟囔着：“我们是来读书的，不是来做木匠的。”一个大人看见孩子们拿起工具，担心他们不小心弄破手，也皱起眉直摇头。这时，陶行知笑着说：“我有一首诗读给大家听听：‘人生两个宝，双手与大脑。用脑不用手，快要被打倒。用手不用脑，饭也吃不饱。手脑都会用，才算是开天辟地的大好佬。’你们看写得如何?”小朋友都拍手说好，那个大人也不好意思地笑了。

从此，学生每天都学做凳子，同时，他们也当“小先生”，教木匠师傅认字。3 个月后的一天，教室里的 50 个学生都坐着自己做的凳子。讲台上还有他们自己制作的杠杆、滑车等玩具和仪器。家长们挤在窗口、门外，信服地点头叫好。陶行知在讲台前，念起了一首刚写好的诗：“他是木匠，我是先生。先生学木匠，木匠学先生，哼哼哼，我哼成了先生木匠，哼哼哼，他哼成了木匠先生。”学生们看着坐在他们身边一起听课的木匠师傅，大家都笑了。

姚文采是陶行知的同乡，陶行知请他到晓庄学校教生物课。第一次上课，陶行知就让他先把书本摆到一边去，要他“随时教育、随地教育、随人教育”。姚老师教了 10 多年生物课，从来没有不带书本去上课的情况，他弄不懂陶行知是什么意思。傍晚，他看见陶先生与两个叫花子在亲热地交谈。陶先生和那两个人谈完话，就叫学生领他们去洗澡，然后告诉姚文采：“这是我从南京夫子庙请来的两位老师，来教大家捉蛇。晓庄附近有许多蛇，经常咬伤人，我让叫花子来教大家捉蛇，你看怎么样?”姚文采没说话。

叫花子开始为晓庄学校师生上生物课了，课堂就在山里。几天以后，最胆小的女孩子也敢捉蛇了，她们说：“只要击中要害，蛇并没有什么可怕的!”大家还懂得了蛇没有脚为什么跑得快，蛇没有耳朵怎么能听得见声音，以及蛇是老鼠的克星等知识。姚老师终于理解了陶先生的用心。于是，他带领学生采集标本，把挖草药的老农请来教学生认草药，请种花木的花匠来教学生种植花木的方法，请中国科学社的专家来教学生怎样辨别生物科别及定学名。晓庄附近的花草树木都挂起了学名牌，生物课从此上得生动活泼起来。

“教学做合一”强调“教与学都以做为中心”。作为教师，要“在做上教”“拿做来教，乃是真教”；作为学生，要“在做上学”“拿做来学，方是实学”。“不在做上用功夫，教固不成为教，学也不成为学。”陶行知强调学生在教学过程中的主体地位，“教的法子要根据学的法子”，即重视“学法指导”——教会学生学习的方法，倡导教育与生活相结合，教育与生产劳动相结合，让学生不仅通过书本学习知识，更要从生活实践中学习知识，使学生学会生活，学会做人。这种以“做”为中心的教学方法，具有创新性的内涵和本质。

1. “教学做合一”是生活教育理论的教学论

“教学做合一”用陶行知的话说，是生活现象之说明，即教育现象之说明，在生活中，对事说是做，对己之长进说是学，对人之影响说是教，教学做只是一种生活的三个方面，而不是三个各不相谋的过程。“教学做是一件事，不是三件事。我们要在做上教，在做上学。”他以种田为例，指出种田这件事，要在田里做的，便需在田里学，在田里教。

陶行知的“教学做合一”是生活法，也是教育法，其含义是教的方法要根据学的方法，学的方法要根据做的方法，“事怎样做便怎样学，怎样学便怎样教。教而不做，不能算是教；学而不做，不能算是学。教与学都以做为中心”。由此，他特别强调学生要亲自在“做”的活动中获得知识。

2. 教学做是一件事，不是三件事

“教学做合一”强调“要在做上教，在做上学。在做上教的是先生，在做上学的是学生”。从教师对学生的关系来说，做便是教；从学生对教师的关系来说，做便是学。教师拿做来教，才是真教；学生拿做来学，方是实学。从陶行知的这一教育观点看，教师与学生并没有严格的分别——会的教人，不会的跟人学。因此，教学做是合一的。做是学的中心，也是教的中心，占重要的位置。

关于“做”，陶行知强调要“注重实践”，并着重指出教师也要“做”。例如，教师亲自做教具和课件等。教师的“做”是示范。教师只有既讲又做，学生的学才能有根据，做起来也就不会感到太困难。如为了使学生能更深入地理解课文的重点及作者的写法，教师就要先设计板书，在课堂上边讲边板书，化繁为简，变抽象为形象，这样有利于学生更好地掌握课文内容。

教师坚持“在做上教”，通过多样化的活动进行教学，有利于为学生创设新的学习环境，开拓新的学习途径，帮助学生走出课本、走向更广阔的知识天地。在实践考察中，教师可以训练学生的创新思维，提高他们的创新思维能力和实践考察能力，使陶行知“教人求真，学做真人”的教育落到实处，深化素质教育。

3. 教师要实现“在做中教”，就应做到“四变”“五注重”

四变：(1) 变过去教学中学生被动接受为主动吸收；(2) 变“教师讲，学生听”为“教师导，学生学”；(3) 变“教师写，学生抄”为“教师导，学生找”；(4) 变“教师问，学生答”为“教师启，学生思”，进而达到“学生问，学生答”。

五注重：(1) 注重教师引导，学生自主学习、探究；(2) 注重教师启发评析，学生归纳掌握；(3) 注重调动学生内在的求知欲，激发学生的学习兴趣；(4) 注重培养学生的思维能力，增强学生的创新能力；(5) 注重课内外相结合，促使学生自主进行创新性学习。

教师只有做到这“四变”“五注重”，才能在教学中有效提高学生的综合素质，增强学生的创新意识和能力。对此，陶行知有一个经典的教学论就是“小先生制”。小先生制的原理是“为教而学”，可以把它简称为“教中学”，即“教也是一种做”。

传统教育是教师台上讲，学生台下听，讲台为教师所独占，教学把学生当作被动接受的“容器”，教师与学生处在相互对立而又不能互相取代的主客体关系上。陶行知对此做了尖锐的批评，并提出了自己的主张——“在劳力上劳心，以教人者教己”，还在方法上提出了“教学做合一”。“以教人者教己”的主张认为：教育者与受教育者之间没有严格的界限，教人者不但要教人，也应教己，而学人者在接受教育的同时，也能教人、觉人，即人人都是教育者，人人都是受教育者。

（二）"教学做合一" 经典案例

【案例1】

杭州市娃哈哈小学数学特级教师杜小芳在教学中始终践行陶行知的"教学做合一"思想，她认为，在教学中应渗透学法，教会学生学习是教育工作者义不容辞的责任。下面是杜老师教学的一个精彩片段：

（学生已经认识了有余数的除法，在此基础上教学"试一试"：老师有17个气球，平均分给5个同学，每人分几个，还剩几个）

师：你能列出算式，并列竖式计算吗？

生：可以。

（学生独立完成，杜老师在巡视时发现有学生的计算结果为商2，余7，便让他和另一个结果为商3，余2的学生去板演）

师：他们俩谁的答案对？

生1：商3，余2对。

生2：两种做法都对，只是分的方法不同而已。

（班内出现了两种意见，于是杜老师把学生分成正方反方，让他们采用辩论的形式，证明自己的说法是正确的）

正方（支持生1的学生）：你们拿小棒分分看，剩下的7里面还有一个5，你们没分完。

反方（支持生2的学生）：你们的分法是对的，不过我们这样分也可以，只是分法不同。（有些强词夺理）

正方反驳：照你们这样说，我商1余12也行喽。

……

（最终正方获胜）

（在此基础上，杜老师引导学生观察这两种算法的商和余数）

师：你们从中发现了什么？（提示：在数的大小上有什么特点）

生：余数要比除数小。

师：如果余数和除数相等，或者余数比除数大，说明什么问题？

生：说明余数还可以再分，商小了。

（教师板书“计算有余数的除法，余数一定要比除数小”）

“余数要比除数小”是计算除法必须遵守的法则，如果教师生硬地把这条法则讲给学生听，学生或许暂时记住了，但过不了多久就会忘记。案例中，杜老师利用学生的错误算法，引导学生进行辩论，亲身经历探索过程，不仅让他们自己得出这条法则，重要的是让他们对该法则了解得更透彻，记忆更深刻，同时也锻炼了学生的说理能力和语言表达能力。这也是陶行知“教学做合一”所倡导的，培养学生能力要与实际情境相结合，摒弃单一乏味的形式，一定要让学生有亲身的体验和经历。可以说，像杜老师这样的教学才是有效的，这样的教脱离了只为教而教的死板形式，脱离了只为说理而说理的泥潭。

数学知识的学习，对于学生来说，往往是枯燥的；数学知识的教学，对于教师来说，往往是乏味的，但教师只要用心去揣摩，试着把解决问题的方法多样化，学生就会体验到数学的趣味和作用，这对学生实践能力、创新能力和解决问题能力的培养都是很有利的，具有一定的实践意义。虽然经验的获得取决于经历，但经历解决问题的方法，比单纯让学生获得经验更为重要。案例中，杜老师没有直接告知学生哪种做法是对的，也没有直接出示“余数要比除数小”这一法则，而是让学生亲身经历这一学习过程，掌握解决问题的方法，从而使学生品尝到学习的乐趣，体验到成功的喜悦。也就是说，教师不能机械地为了让学生获得某种经验而教，而应该寓教于无形，润物无声，让学生享受到学习本身的乐趣，使学生在获得各种技能、发展各种智能的同时获得经验。

陶行知先生在《教学做合一》中写道：“教师的责任不在教，而在教学生学。”杜老师的施教策略暗合了“教学做合一”思想，施教之功在于授法。我们所有的教师都不应被“教授知识”一叶障目，而应关注更为长远的目标，使学生在不断的经历即“做”中慢慢成长。

【案例 2】

随着课堂教学改革的深入发展，山东省青岛市第二中学的曹淑霞老师一直在思考这样一个问题：如何才能使学生具有主动学习的持久动力，以不断提出新问题，在师生的互动中培养创新意识和创造能力？

带着这个问题，在实际教学工作中，曹老师进行了许多尝试和探索。

比如，在遵循启发式、讨论式教学原则的前提下，设计了许多灵活的课堂教学模式：问题教学、发现式学习、小组合作学习、探究式学习等，而且大胆地使用了论坛、故事、漫画、诗词、典故、小品、新闻发布等多种方法。

从表面上看，曹老师改革的力度不小，课堂气氛也比较活跃。学生在不停地忙，并且提出了许多有见地的观点，认识问题、解决问题的能力也明显增强。但曹老师心中明白，这只是表面现象，在这“轰轰烈烈”的背后，学生仍然是被自己“逼”着、“压”着进行学习活动的，他们被动接受的地位始终没有彻底改变。怎么才能彻底激发学生自主学习的积极性呢？曹老师仍在积极探索：

2002年新年伊始，曹老师和学校领导商量后，开始进行新的课堂教学改革尝试，即转换课堂教学角色，大胆采用“小先生”教学法。

“小先生”教学法让学生由后台走到前台，学生的角色一下子转变了，需要思考的问题和进行的活动也随之发生了变化。“小先生”如何讲课，曹老师先不去教，而是由学生自己准备，这就要求“小先生”首先要按照选“精”讲“好”的原则来选择所讲内容，并通过自学尽量自己解决重、难点问题，之后再去思考如何教给别人，悉心设计教学环节、教学方法。

曹老师本以为学生会在备课过程中遇到很多困难，但让她意外的是，“小先生”教学法极大地激发了学生的参与热情，“看我的”似乎成了每一个参与者挂在脸上难以掩饰的表情。曹老师一开始的顾虑渐渐褪去，但心情却紧张起来，因为她知道随之而来的问题答疑和“阵前”指导一定是高难度问题的博览会。

课前，备课的“小先生”通过思考、翻阅资料、外出咨询、设计图表等各种方法搜集信息并进行再创造。与此同时，曹老师也在紧张地思考，并加强与其他老师的交流和磋商。而此时，另外“一条战线”也在悄悄地酝酿着一场新的“革命”，那就是本次不讲课的学生都相约在进行着全面的预习，相互商量着如何提出高水平的问题，以便难倒上课的“小先生”。“提出高水平的问题，并创造性地解决它”成为师生共同的研究取向及发自内心深处的主动欲求。

比如，在讲授“依法纳税是公民的基本义务”这一内容时，课堂就成了各种问题交汇的辩论会。在高一（2）班，“小先生”查阅了大量资料，积累了丰富的税收知识，向大家详细介绍了中国六个主要税种的征税对象、纳税人、特点、作用和计算方法。“小先生”的语言简练，设计的教学环节环环相扣，并在教学过程中联系了许多社会现实问题，赢得大家的阵阵掌声。在高一（3）班，“小先生”在教学时，根据本班教室新安装的实物投影灯泡的价格设计了一张图表，和学生一起层层推导，计算生产企业的成本、增值额、利润，以及应缴纳的税种、税率和计税方法，课堂气氛十分热烈。在高一（9）班，两位“小先生”同时上台，有问有答，时抑时扬，像说相声一样，配合得十分默契，学生们在笑声中不知不觉地完成了学习任务。高一（11）班的“小先生”则通过现场调查学生们的税收知识，引导学生讨论“中学生与纳税是否有关”这一问题，同时展示了国内外某些特大税案中涉案人员的图片，学生们各抒己见，逐渐达成共识：依法纳税是公民的基本义务，我们应该树立纳税人的意识。高一（13）班的“小先生”则是用三个英文单词解释了税收的含义，并进行了概念的延伸：

T——tissue（n. 组织）/ takings（n. 收入）

（税） A——adjust（v. 调整）

X——X-ray（n. X 光线）

“小先生”通过学科交叉使税收这一概念立刻变得丰满起来，变得有血有肉，富有人情味儿。巧妙的思维，一下子抓住了学生们的心，他们在由衷赞叹的同时，学习新知识、探索新奥秘的求知欲也大大增强。

台上的“小先生”“讲得”有水平，台下的学生“问得”也不含糊。学生们提出了许多与课本知识密切相关或自己非常关心的问题，使课堂掀起一个又一个高潮。“虚开增值税发票到底怎样开？”“为什么我买东西的时候从来没人给我开增值税发票？”“纳税人所缴税款都能转嫁给下一个环节负担吗？什么情况下纳税人也是负税人？”“营业税较高的一档税率适用于哪些企业？有什么作用？”“个人所得税是针对个人每月的所有收入征缴的吗？如何避免偷税和漏税？”“出口退税有哪些具体规定？与 WTO 规则的要求是否相符？”“所退税款还需要缴纳企业所得税吗？”“免税商店里的商品都免了哪些税？哪些人可以购买？购买数量是否有限制？”“权利和义务具有一致性，中学生不是纳税人为什么还能享受国家财政提供的各种服务？”等

等。有的问题“小先生”早有准备，能轻松应答；有些问题“小先生”一时语塞，马上就有“盟友”站起来助阵，有时甚至一下子站起来四五个学生，相互辩论，互不相让，积极研讨的气氛非常感人。

此时，曹老师也已成为学生中的一员，有时被“小先生”提问，有时也主动举手发言，有时甚至按捺不住情绪抢着站起来参与学生的辩论，教师的“导”在这种历练中得到升华。

“小先生”教学法是陶行知“教学做合一”教育思想的具体展现形式之一。陶行知肯定了“教”是“做”的“活动”，他说：“为学而学不如为教而学亲切，为教而学必须设身处地努力使人明白。既要努力使人明白，自己自然而然格外明白了。”为学而学是被动学习，为教而学是主动学习。

“小先生”这种新的教学方法不但彻底改变了山东省青岛第二中学学生被动学习的状态，同时还提高了课堂教学的效率。在教学中，教师应以发展学生学习主动性为根本出发点，让学生以“小先生”的身份主动参与各种教学活动，并为他们创造更多的活动机会，使他们在活动中实现自我教育和相互教育，从而使学生自身素质得到全面发展。

“只要把儿童解放出来，小孩也能办大事，也能互教互学，自己当‘小先生’。”“小先生”中的“小”是年轻的同龄人的意思，“先生”乃“三人行必有我师”，能者为师的意思。陶行知曾说，学生从破蒙的第一天起便有做先生的资格，因此，这里的“先生”绝无好坏之分，其资格应面向全体学生。

近年来，新课改极力提倡“以学生为主体”，但一些教师却并没有真正确立学生的主体地位，唤醒学生的主体意识。原因有两个：一是传统的教育思想难以突破，总把学生看成知识的接收者，把教师当成知识的传播者，学生应该绕着教师转，以教师讲为主，学生被动听；二是教学重结果，忽视过程与方法，只顾求同，忽视求异，使学生的主动性受到压抑，个性与创造性难以发展。

学生的主体地位得不到确定，又怎能推进素质教育，提高学生的创新能力呢？因此，改革传统教学模式，构建新型课堂教学模式势在必行！对此，很多教师在陶行知“教学做合一”思想指导下，开始努力试行“小先生”教学法，并取得了很好的效果。

陶行知强调“事怎样做便怎样学”。“小先生”教学法需要学生从教师的角度，在学会备课、教学、设计试卷等一系列环节中，将教师的思维拷贝到自己的头脑中，体验和实践本该属于教师工作环节的过程和方法，从而达到激发学生学习情感、学习兴趣和学习创造力的目的。运用“小先生”教学法，可以让每个学生都有站起来当“小老师”的机会，可以让学生在“做”中提高“学”的效率，增强学生自主学习的积极性。

1. “做”可以增强学生的学习兴趣

让学生做“小先生”，教师从一个居高临下、距离较远的教师变成一个平等亲近的“学生”，会使学生产生好奇心、新鲜感，因而能聚精会神地关注“小先生”讲课，从而产生良好的教学效果。另外，还能加速学生与教师的双向交流、沟通和理解，有利于营造宽松、活泼、和谐的学习氛围。

“小先生”教学法为走上讲台的“老师”提供了展示自我的舞台，使他们增强了自信心，获得了荣誉感和成就感，而大多数没有上讲台的学生，看到自己的同学讲课，就会产生上讲台讲课的强烈愿望。这时，教师再适时给他们提供机会，就能鼓舞他们的斗志，使其增强信心，提高主动学习的自觉性。

2. 在“做中学”，体现了“以学生为本”的原则

在教学过程中，主动性、积极性、独立性是促进学生认识发展的动因，学生将教师代表社会对他们提出的要求转化为内在需要，这种需要同他们原有心理水平之间的矛盾，成为其认识发展的内因。无论什么样的教育教学，对学生而言都只是外因，都必须通过学生自身的体味、思考才能发挥作用。

在传统的课堂教学模式中，教师居于绝对的中心地位，学生完全是被动的，是被迫运转的“机器”。而“小先生”教学法则让学生成为主角，把学生推向讲台，使学生在“做”(研究问题—解决问题—阐述问题)的过程中成为学习的主人，真正体现了“以学生为主体”的教育教学原则。

3. 在“做”中培养学生的自学能力

学生在接到“小先生”任务后，为了能在课堂上出色地展现自我，势必会仔细研究教材，进而发现自己不明白的问题，为了解决这些问题，定会请教老师、家长或亲友，千方百计查找各种资料。对学生而言，这无疑是一个很好的自我学习过程，这种学习效果远远胜过教师在课堂上不厌其烦地讲解所能达到的效果。

此外，在这个过程中，课堂延伸到了家庭、社会，学生不仅可以收获更广博的知识，还提高了搜集资料、论证问题的能力。这种能力才是教育应达到的目的，即陶行知“教学做合一”思想中的“教育不是教人，不是教人学，乃是教人学做事”。

4.“做”可以培养学生的自信心

让学生实际去操作某事，可以很好地培养学生的自信心。如在推行“小先生”教学法时，学生勇敢地走上讲台就是他们自信的最好表现，一次成功的“授课”经历会使他们的自信心得到空前的增强。

通过具体操作，学生会尝到自己解决问题的甜头，锻炼他们搜集资料、分析总结、当众表达等能力。在“做”的过程中，学生可以摆脱对教师形成的依赖感和等待教师“喂食”的惰性，树立起真正属于自己的、用成功换来的自信。同时，也能使教师重新审视学生的能力，重新定位应该如何教学生。

“小先生”教学法脱胎于陶行知先生倡导的“小先生制”，其主要内涵是“孩子教孩子”“孩子教大人”，是一种即学即传的教育方式，旨在构建以学生为主体的教育模式。陶行知说：“得到真理的人便负有传播真理的义务。”要“即知即传，自觉觉人”，不仅自己知道了，还要让更多的人知道；自己觉悟了，还要去觉悟他人。教师不妨把讲台让给学生，让学生把在课外听到的、看到的、学到的知识拿到课堂上介绍给同学，以达到传播科学知识，拓宽学生视野，激发学生学习兴趣的目的。

（三）践行“教学做合一”应规避的误区及高效策略

1. 应规避的误区

在“教学做合一”的实践过程中，有些教师过于强调学生活动而忽视了系统知识的传授，不重视学生系统知识的学习，把“做”的过程与教学过程等同起来，使教学过程的特殊意义变得暗淡。因此，作为教师，在注重学生“做”的同时，也不能忽视对学生系统知识的培养。

2. 高效践行策略

陶行知的“教学做合一”，提倡“事怎样做，就须怎样学”。“譬如游泳，要在水里游；学游泳，就需在水里学。若不下水，只管在岸上读游泳的书籍，做游泳的动作，纵然学了一世，到了下水的时候，还是要沉下去的。”教学亦是如此，光让学生去学书本上的知识，不懂得教他们如何去实践运用，即使学生把书上的内容倒背如流，又有何用呢？因此，教师不应仅仅把书本上的知识教给学生，更应该教会学生如何去学，如何去用，在教学中真正落实“教学做合一”。

（1）积极落实新课程中的活动设计

一个活动对事说是做，对己说是学，对人说是教，这就是“教学做合一”的内涵。新课程中的各个学科都有其活动设计，这些活动为教师实现“教学做合一”提供了广阔的空间。

新课程中的活动的设计意图，就是让学生运用所学知识，去解决现实中的问题，包括一些简单的调查研究。这些活动的设计也促使教师有意识地教学生学会如何运用所学知识去解决问题，即“教师在做上教，学生在做上学”。

（2）指导学生开展实践活动

虽然学生的生活圈子比较狭小，但他们对信息的接收能力非常强，课外知识非常丰富。针对这一特点，教师应努力挖掘学生的兴趣点，积极指导学生把所知的知识和信息运用到实践活动中，即教师要在“做”上教，促使学生在“做”中学。

（3）鼓励学生主动质疑、大胆探究

质疑指发现问题、提出问题，它是学习方法中极重要的一种。正如陶行知所说：“行是知之始，学非问不明。”如果学生善于发现问题、提出问题，而教师又能做到积极回应，启发和引导学生解决问题，不仅会促使学生更加深刻理解所学知识，而且能从中培养他们独立学习的习惯，变被动的接受为主动的探索。

教师要实现“做上教，做中学”，就得培养学生主动质疑、大胆探究的精神。教学中开展的活动，不能仅仅是教材指定的，也不能仅仅是教师为学生设定的。要知道学生最喜欢、最适合开展的还是他们自己动脑筋设计的活动。

如某教师在引导学生课外识字时，一个学生展示自己在课外认识的字。有学生提问："他怎么会认识这么多字?"这一问题引起了许多学生的共鸣，于是该教师顺势让学生讨论这个问题，并且让学生思考：你们有什么好办法超过他?

经过激烈的讨论，学生最后确定方案：四五个同学组成一个小组，上街通过看店面招牌、广告牌、信息栏等，记下生字，然后小组学习，最后比比哪个小组认识的字最多。

由于这个活动方案是学生自己思考并制订的，所以在活动过程中，各个小组都认真地记下生字，并通过小组学习的方式，记住了这些生字。

在学生学习课外生字时，如果只是由教师挑选一些熟悉的字，教给学生，学生的学习就会比较被动；而根据学生提出的疑问，让学生在讨论的过程中，自己设计方案，并付诸行动，学生才能主动探究。在这样的探究活动中，学生能在"做"中学，而且会学得兴致勃勃。

（4）大胆放手，相信学生

教师应充分相信学生不仅能学，而且能教，在教学中大胆放手，尽量多地给学生提供当"小先生"的机会。如某英语教师在学习新课前，经常让"小先生"领读生词或玩游戏巩固生词；学完句型后，让学生同桌练习对话，能者为师，互教互学；学完课文会话后，由"小先生"组织各小组表演会话；等等。这样既调动了学生学习的积极性，又给他们提供了更多的语言实践机会，而教师只需"宏观调控"，无须"事必亲躬"，就可使课堂时间利用得更合理、更有效，还培养了学生自主学习的能力。

（5）开展小组合作学习

在课堂上，教师可以开展小组内的合作学习，让学生在组内踊跃发表自己的见解，以实现优势互补，培养学生的合作意识，给每一个学生创造主动参与学习过程的机会，从而促进学生的个性发展。

如某语文老师在教学时，为了让学生学会概括故事的主要内容，经常出一些填空题，让学生找文中的关键句或者关键词进行填空。这种填空题，或让学生默读课文后独立完成，或要求学生小组合作完成，然后点名让每组的四号学生（也就是学困生）进行汇报交流。学生一起研究，一起探讨，最终解决难题，很好地发挥了“做中学”的作用。而让学困生做最后的汇报员，即此项学习任务的主角，会使他们兴致高涨，学习更加主动。

学生之间相互交流、相互尊重，既充满温情和友爱，又体现关心和帮助，学习会变得轻松愉快。学困生在大家的感染下，会变得更加积极努力，不但能圆满完成任务，还学会了概括课文主要内容的方法。

陶行知指出，教育法的演进大概可分为四个阶段：第一个阶段，凭先生教授，不许学生发问；第二个阶段，师生共同讨论，彼此质疑问难；第三个阶段，师生共同在做上学，在做上教，在做上讨论，在做上质疑问难；第四个阶段，师生运用科学方法在做上追求做之所以然，并发现比现在可以做得好一些的道理。教师在日常教学工作中，应践行“教学做合一”，力求达到第四阶段，实现陶行知“先生之最大的快乐，是创造出值得自己崇拜的学生”之宏愿。

参考文献

［1］杜威著．王承绪译．民主主义与教育［M］．北京：人民教育出版社，1990.

［2］杜威著．赵祥麟，王承绪编译．杜威教育论著选［M］．上海：华东师范大学出版社，1981.

［3］杜威著．姜文闵译．我们怎样思维：经验与教育［M］．北京：人民教育出版社，1991.

［4］单中惠．现代教育的探索——杜威与实用主义教育思想［M］．北京：人民教育出版社，2002.

［5］江光荣．人性的迷失与复归［M］．武汉：湖北教育出版社，2000.

［6］方展画．罗杰斯“学生为中心”教学理论述评［M］．北京：教育科学出版社，1990.

［7］林方．人的潜能和价值——人本主义心理学译文集［M］．北京：华夏出版社，1987.

［8］赵德肃．布鲁纳“发现学习”对素质教育的启示［J］．贵州教育学院学报．2003，(05)．

［9］加涅著．皮连生，庞维国译．教学设计原理［M］．上海：华东师范大学出版社，1999.

［10］加涅著．傅统先，陆有铨译．学习的条件［M］．北京：人民教育出版社，1985.

［11］加德纳著．沈致隆译．多元智能［M］．北京：新华出版社，1999.

［12］梅云霞．有效教学特征的复杂性思考［J］．江苏教育研究．2007，(10)．

［13］洛克著．傅任敢译．教育漫话［M］．北京：教育科学出版社，1999.

[14] 赫尔巴特著．尚仲衣译．普通教育学［M］．北京：商务印书馆，1936.

[15] 任钟印．世界教育名著通览［M］．武汉：湖北教育出版社，1994.

[16] 麻彦坤，叶浩生．维果斯基最近发展区思想的当代发展［J］．心理教育与发展．2004，(2)．

[17] 顾明远，孟繁华．国际教育新理念［M］．海口：海南出版社，2002.

[18] 赞科夫著．杜殿坤译．和教师的谈话［M］．北京：教育科学出版社，1980.

[19] 马卡连柯著．耿济安等译．马卡连柯全集［M］．北京：人民教育出版社，1957.

[20] 潘世墨．在课堂讲授中引入问题教学的探讨［J］．上海高教研究．1998，(2)．

[21] 夸美纽斯著．傅任敢译．大教学论［M］．北京：人民教育出版社，1985.

[22] 裴斯泰洛齐著．北京编译社译．林哈德与葛笃德［M］．北京：人民教育出版社，1984.

[23] 裴斯泰洛齐著．夏之莲译．裴斯泰洛齐教育论著选［M］．北京：人民教育出版社，2001.

[24] 皮亚杰．发生认识论原理［M］．北京：商务印书馆，1997.

[25] 陶行知．陶行知文集［M］．南京：江苏教育出版社，2008.

[26] 金林祥．陶行知教育名著教师读本［M］．上海：教育出版社，2006.